⊙ 房地产经典译丛

住房经济学与公共政策

Housing Economics and Public Policy

[英] 托尼·奥沙利文 (Tony O'Sullivan)
肯尼思·吉布 (Kenneth Gibb) 主编

孟繁瑜 译

中国人民大学出版社
· 北京 ·

总　序

　　中国的房地产业是一个既古老又新兴的产业。早在3 000年前中国就出现了田地的交换和买卖行为，到了封建时期，已经形成了一定规模的土地和房屋买卖、租赁等经济活动，从19世纪中叶起，上海、广州等沿海城市出现了房地产大业主以及房地产开发经营组织，房地产业在社会中的作用日益显著。但是，新中国成立以后，随着计划经济体制的建立，房地产市场消失了。改革开放后，外销房开发销售标志着新中国房地产业的起步；1998年政府切断福利分房，把房地产业作为国民经济支柱产业来培育，房地产业得以快速发展。短短30年，中国的房地产业从无到有的过程也是房地产业不断发展、完善、逐渐成熟的过程，其间房地产市场也经历了起步、非理性炒作、萧条、逐渐调整和相对稳定等周期性的发展阶段。特别是步入2008年，一场由美国"次贷危机"引发的经济危机席卷了全球，我国的房地产业也进入了调整期，房地产业特别是住宅价格成为全社会关注的焦点。关于政府该不该调控房地产价格的讨论也是仁者见仁，智者见智，众说纷纭，莫衷一是。如何保证房地产市场、房地产企业的良性运行，如何运用好现代金融工具、现代企业管理、住宅政策以保证价格平稳，保障"人人有房住"，保持房地产行业的持续发展等问题摆在了全社会面前，更是房地产专业人士关注并需要特别研究的课题。

　　我国房地产业的发展繁荣带动了房地产专业人才的培养和房地产企业的发展。目前全国有近百所高校从事房地产相关专业的培养和研究。中国人民大学的房地产专业教育始于1993年，现有工程管理（房地产方向）本科专业、房地产经济学硕士专业和房地产经营管理博士研究方向，为了更系统地了解国外房地产学科经典知识，我们从国外数量众多的房地产书籍中，精心地挑选了在房地产理论与实践领域具有代表性的优秀著作，编成了这套"房地产经典译丛"。该套丛书的作者都是世界知名的专家、教授，他们的教材经过了美国等世界各国许多高校的检验，广受好评，已具备较高的学术价值。同时，该丛书具有较强的系统性、理论性、启发性和应用性，其中数本书已经多次再版，被许多高校指定为必修教材。我们组织了相关院校优秀教育骨干，他们专业英语知识扎实，在长期的教学研究和社会实践活动中积累了丰富的经验，具备较高的翻译水平，在翻译的过程中尽量保证著作原汁原味。希望本套丛书能帮助读者"走出去"，了解国外的房地产相关知识，通过消化吸收达到"请进来"的目的，促进我国房地产学科研究的繁荣。第一批所选书籍有《不动产经济学（第五版）》、《房地产金融：原理与实践（第五版）》、《房地产投资（第三版）》、《房地产导论（第七版）》、《房地产市场营销（第三版）》、《房地产开发：理论与程序（第四版）》、《住房经济学与公共政策》、《经济、房地产与土地供应》八部。

　　本套译丛由中国人民大学出版社策划和组织出版工作，在此表示诚挚的感谢。同时还要感谢挑选书目的各位专家学者、丛书的译者、校正者和出版社的编辑人员等。

　　由于制度、市场成熟度以及投资、消费背景的差别，翻译过程中难免出现误译甚至错误，望读者不吝赐教。

叶剑平

于求是楼

2009 年 5 月 26 日

本书的贡献者

理查德·贝斯特（Richard. Best@jrf. org. uk）

约克郡约瑟夫·朗特里基金及其下属住房协会约瑟夫·朗特里住房信托主任。他曾先后担任英国教会住房信托和国家住房协会联盟的主任。他在住房政策问题领域研究 30 余年，曾供职于许多政府机构、特别部门、部长宣传委员会等。2001 年被授予独立终身贵族。

格伦·布拉姆利（G. Bramley@riker. eca. ac. uk）

爱丁堡赫瑞瓦特大学规划与住房学教授，曾指导过一个住房与城市研究领域的重要研究。他最近的研究集中于住房需求、住房需求较低的区域、流向地方的基金、新建住房规划、规划和基础设施对城市竞争力的影响。现为社会融合服务研究中心（CRSIS）主任。出版著作包括《规划、市场和私人住房建设》（UCL Press，1995）、《均衡支出和地方消费需求》（Avebury，1990）以及《社会政策分析》（Blackwell，1986）。曾在《城市研究》、《住房研究》、《环境和规划》、《地区研究》、《政策与政治》等学术期刊上发表过多篇文章。

戴维·唐尼森（D. Donnison@udcf. gla. ac. uk）

格拉斯哥大学城市研究系荣誉研究员、名誉退休教授。曾先后担任辅助利益协会主席、环境研究中心主任，后任格拉斯哥大学城市和地区规划学教授。他最近的著作是《公平社会的政策》（Macmillan，1998），他最近的文章主要关注二战后的贫困问题和社会政策演变。

乔治·加尔斯特（aa3571@wayne. edu）

美国底特律市韦恩州立大学城市、劳动力与大都市事务学院城市事务克拉伦斯·希尔伯里教授，麻省理工大学经济学博士。发表过逾百篇学术文章和书籍，主攻都市住房市场、种族歧视和隔离、邻里动态、住房再投资、社区借贷和保险模式以及城市贫困问题。他参与编写了《城市住房市场疑云》（1991）、《为什么不在我的后院：互助房屋的邻里影响》等。

肯尼思·吉布（k. gibb@socsci. gla. ac. uk）

格拉斯哥大学社会与政治科学学院住房经济学教授，主要研究方向为住房市场和住房政策，近年来主要从事住房需求、公共住房经济学等领域的研究工作。吉布教授是欧洲房地产学会会员，著有《英国住房金融概论》、《住房经济学》等多部著作，并在住房经济学及相关领域发表了大量学术论文和研究报告。

威廉·格里格斯比（grigsby@poboxupenn.edu）

宾夕法尼亚大学城市与地区规划系名誉退休教授。格里格斯比教授一生在住房市场、城市政策和邻里动态方面取得了杰出成就。他于1963年编著了《住房市场和公共政策》，并且与巴拉茨、加尔斯特、麦克伦南合著了《动态的邻里变化和衰退》（1987）。

约瑟夫·吉奥科（gyourko@Wharton.upenn.edu）

宾夕法尼亚大学沃顿商学院房地产与金融马丁·巴克斯鲍姆教授。他同时也是沃顿泽尔/卢里房地产中心的主任和房地产系的系主任。吉奥科教授为杜克大学学士、芝加哥大学经济学博士。他的研究兴趣包括房地产金融、地方公共财政以及城市经济学。吉奥科教授是很多编委会的委员，曾参与编写《房地产经济学》。他是城市土地研究所（ULI）的理事成员，在房地产圆桌研究委员会工作，同时也在EII不动产证券理事会（一个房地产共同基金）任职，并为房地产评估和证券问题提供咨询。

斯蒂芬·马尔佩齐（smalpezzi@bus.wisc.edu）

威斯康星大学麦迪逊分校房地产与城市土地经济学副教授、万戈学者。马尔佩齐博士的研究方向包括经济发展、房地产价格的测度和决定因素、住房需求以及经济政策对房地产市场的影响。他与理查德·格林合著了由美国房地产与城市经济学协会出版的《简析美国住房市场与住房政策》。

杰弗里·米恩（g.p.meen@reading.ac.uk）

雷丁大学经济学院应用经济学教授，国家、地区和城市住房市场计量分析专家。他著有《住房市场空间建模：理论、分析和政策》（Kluwer Academic Publishers，2001），同时在主要的学术期刊上发表文章。杰夫是雷丁大学经济学院院长，兼任商学院的研究主任。

托尼·奥沙利文（osullivana@communitiesscotland.gov.uk）

苏塞克斯大学经济学博士，苏格兰社区委员会规划主任。苏格兰社区委员会是研究住房投资和社区重建的国家性政府机构，他于1989年加入了该机构（此前，即20世纪80年代，他曾任格拉斯哥大学住房经济学讲师）。他负责该机构全国住房条件调查等方面的研究活动，参与编著了《地方住房体系分析》（Edinburgh：Scottish Homes，1998）一书，其研究方向还包括住房补贴、燃料短缺以及公共住房销售等。

约翰·M·奎格利（quigley@econ.Berkeley.edu）

加利福尼亚大学伯克利分校经济学教授，I·唐纳德·特纳杰出教授。近期专攻房地产、抵押贷款和金融市场、城市劳动力市场以及公共财政的综合研究。他最近出版的《加利福尼亚无家可归现象》（with Raphael & Smolensky, San Francisco：Public Policy of California，2001）一书评价了低收入家庭的住房消费补贴政策。

马克·斯蒂芬斯（M.Stephens@socsci.gla.ac.uk）

格拉斯哥大学城市研究系高级讲师。他专门研究比较住房政策以及欧洲经济货币联盟对住房系统的影响。他参与编著了《英国和欧洲住房政策》（UCL

Press，1995)、《欧洲联盟与住房政策》(Routledge，1998)、《社会市场还是安全网？——欧洲背景下的英国廉租房》(Policy Press，2002)。他是《欧洲住房政策》期刊的编委，也是欧洲住房研究联盟委员会的成员之一。

涂勇（tuyong@nus．edu．sg）

新加坡国立大学环境与设计学院房地产系住房经济学副教授。研究方向包括住房市场和住房政策，近几年主要关注城市住房需求建模、价格发现和亚洲住房市场分析。

克里斯蒂娜·怀特黑德（C．M．E．Whitehead@lse．ac．uk）

伦敦政治经济学院经济系住房经济学教授，剑桥大学住房和规划研究中心主任。她在住房方面的研究方向有英国住房系统的计量经济学模型等，她也是政府住房政策评估研究组的成员。最近，她的研究专注于住房金融、公共住房的供应和私有化、可支付住房与土地利用规划之间的关系。她最近和萨拉·蒙克一起出版了《重构住房系统》(York Publishing，2000)。她是英国下议院交通、地方政府和地区事务委员会的顾问，由于住房研究工作被授予 OBE 奖。

尼克·威廉姆斯（n．williams@aberdeen．ac．uk）

曾任阿伯丁大学地理学高级讲师，现为住房和环境问题的独立顾问。他主要的研究方向为廉租房、城市可持续性和住房的环境要素。他参与编著了《苏格兰可持续住房设计指南》(London：The Stationery Office Books) 和《绿化建筑环境》(London：Earthscan)。尼克是城堡山住房协会成员和前任主席，同时也是苏格兰住房协会联盟的政策召集人。

加文·A·伍德（wood@central．murdoch．edu．au）

澳大利亚默多克大学的经济学高级讲师，澳大利亚住房和城市研究学会西部中心副主任。他主要的研究领域是住房经济学。他最近的著作集中于住房市场微观模型的设计、租赁住房代理人问题以及对住房投资征税的影响。他在国际学术期刊上发表了很多文章，并且是《城市研究》的国际编委顾问。

致　　谢

　　我们对帮助本书完成的人们和各种组织致以谢意。此书的初稿最初展示于
2001 年 11 月格拉斯哥大学举办的研讨会上。苏格兰社区委员会资助举办了此研
讨会，保证了本书终稿的质量。伊丽莎白·尼科尔森为组织和开办此研讨会提供
了资金和行动支持。吉莉恩·布莱克劳精明强干，担负了秘书工作；劳尔·佩特
森不辞辛劳地参与校对和参考资料整理工作。我们不断地从布莱克韦尔出版社
（Blackwell）的责任编辑马德琳·梅特卡夫处得到鼓励和支持。我们的家庭对于
我们繁重工作的包容和理解也远远超出了我们的期望。

　　除了为此书提供素材之外，所有那些作出贡献的人都表现出极大的热情，同
意放弃任何的著作权，把出售此书的收入全部捐给苏格兰庇护所，感谢他们的慷
慨捐助。

托尼·奥沙利文

肯尼思·吉布

序　言

　　谨以此书向跨越了多个领域鸿沟的城市经济学家——邓肯·麦克伦南（Duncan Maclennan）致敬。他架起了新古典主义经济学和制度经济学、学术界和政府、英国和邻国间以及哈德良长城两侧的桥梁。邓肯·麦克伦南创造性地应用一个领域的知识和观点去解释另一个领域，为我们理解城市现象以及城市和住房政策的制定作出了卓越的贡献。他的《住房经济学》（1982）转变了我们思考城市住房市场的方法。

　　邓肯·麦克伦南的研究和实践对于城市经济学与住房政策领域非常重要，而他的领导研究能力可能更具有影响。在指导英国最重要的住房研究项目时，他发起并推进了一个研究议程，从一个全新的角度探索了英国的住房政策问题。在进行此研究以及为经济合作与发展组织（OECD）工作的过程中，他为不同背景的住房分析家创造了一个合作平台，共同探求可以广泛应用的主题以及原则，其中有些甚至拥有相互冲突的意识形态。

　　邓肯·麦克伦南在填补知识空白和融合不同学科边界方面之所以能取得成功，部分是缘于他的智慧和热情，但是同样也由于受他影响和提拔的城市经济学家的贡献。一些受益于他多年创造的大学环境的人为纪念邓肯·麦克伦南而撰写了此书。这些论文并不围绕一个共同的主题，但是它们都反映了邓肯·麦克伦南的兴趣。同时，这些作者也选择以这种方式对他表示感激和尊敬。

威廉·格里格斯比

宾夕法尼亚大学

费城

目　　录

第 1 章

序 论

托尼·奥沙利文　肯尼思·吉布

作为一门认识社会的学科，自经济学创立以来，经济学家就致力于运用它解决现实生活中的问题。尽管住房经济学的根基可以追溯到传统古典主义和新古典主义的经济理论，但是直到最近住房经济学才真正被公认为一门独立的学科。第二次世界大战以后，经济学家特别是欧洲的经济学家们开始将注意力集中于大量急迫的社会政策问题，由此产生了研究贫穷、交通、教育以及健康问题的经济学体系。这项工作寻求应用福利经济学以及新兴的理论与实践的发展来解决多种效率和公平问题，这些问题与千万市民和消费者的日常生活息息相关。本书并非住房经济学的先驱，早在 20 世纪 70 年代，英国就掀起了对住房经济学进行独立研究的热潮。邓肯·麦克伦南从一开始就表现突出，为住房经济学的研究作出了贡献并推进了它的发展。本书希望此领域的众多贡献者能够认识到邓肯·麦克伦南所作出的贡献。

1.1 理论透视

住房在理论上面很难界定。它本身就是一种复杂的商品，一方面具有典型的空间固定性；另一方面作为一种资产，可以从投资和消费两方面理解。因此，直至今天，住房经济学对于追求提高社会公平和效率的人而言一直是一个挑战。琼·鲁宾逊（Joan Robinson）认为，在研究中用"理论时间"来代替对真实的、非抽象性的、历史性的时间作用的认识是一个粗糙手段。而且，引用麦克伦南的话来说，从住房的特性中省去空间要素会导致住房经济学成为怪异的"无意义经济学"。好的住房经济学理论还必须摒弃许多新古典主义经济学中常见的假说，因其会导致相应的工作难度增大而且"凌乱"。

麦克伦南早期的贡献源于奥地利学派的见解以及哈耶克（Hayeck）、冯米泽斯（Von Mises）等的研究。奥地利学者关于信息、知识、无知和时间的观点对他的住房寻找与选择的相关研究非常重要（Maclennan，1982）。麦克伦南认为，信息问题、住房的空间外部性、迁徙所需的交易成本是住房市场的核心特征。在这样的前提下，为了更好地理解住房现象，自然需要选取新制度经济学（Oliver Williamson，1975，1985）、演化经济学和非均衡分析作为理论基础。

现实中的住房需求不仅必然包括对空间的需求和对获得公共与私人服务的需求，还反映出住房至少部分地是一种"社会地位相关物品"（Hirsch，1976）。麦克伦南一开始就在研究中考虑了这些因素，并认识到了住房市场空间结构的含义。因此，空间和社会地位特征始终贯穿于他的研究中，共同构成了理解住房复杂性及其对家庭和市场行为的影响的关键因素。

麦克伦南从不同规模住房市场的角度考察了空间的含义。他持续研究邻里的变化过程，这里的"邻里"是指相对开放的居住性生产和消费空间。在他的职业生涯中，麦克伦南一直在寻找应用经济学模型来解释他感兴趣的问题。例如，他曾在邻里尺度下研究当附近的住房使用补助金改造结构后，未经改造住房价格的变化，以此来衡量邻里的外部性（Maclennan，1993b）。他还和美国同事（Grigsby et al.，1987）合作，共同构建了一个可更全面理解邻里变化的框架。

在城市或者说大都市尺度下，麦克伦南通过早期对住房子市场（以及"产品组群"）概念的研究清楚地阐述了空间理论，并以城市为分析层次，或明或暗地将产权选择以及住房寻找和选择的微观经济模型作为了关注焦点（大多与伍德合作）（Wood & Maclennan，1982；Maclennan & Wood，1982a）。在麦克伦南1982年的著作中，他花了很多篇幅充分定义了住房选择，将这个概念植根于实时决策、寻找和竞价行为、各种制度的积极作用以及更加适当的均衡概念。其中，均衡概念最早是由弗兰克·哈恩建立的，他认为市场均衡来自经济行为者对于信息的获知。

信息、时间和空间对于供给和需求以及对二者的正确定义均非常重要。麦克伦南从一开始就表明新古典主义理论的反证法特别不适合他亟须解决的问题。他指出，市场噪音以及市场"信号"性质和意义的不确定性导致了普遍的低效性和市场失灵（Maclennan，1982）。这些见解不断地被后人补充完善。

如何定义住房产品是构建住房需求、供给和住房市场等概念的基础。同样，充分掌握住房价格的概念也是根本。大多数经济学家渐渐地都选择使用特征价格法，但是它有一些根本的局限性。当然，这并不意味着这个方法不再适用，而是说运用该方法的时候必须要谨慎。麦克伦南经常在他的研究中运用特征价格模型，并且率先对这些局限性进行了令人信服的总结（Maclennan，1977b）。

住房补助的定义、衡量和影响（尤其是它们的理论基础）是与住房价格相关的一个特别问题。税收优惠是住房补助金常见的形式。继早期对此类住房补助的公平和效率问题进行评论后，近20年有大量的相关研究（英国的相关研究可以参见Robinson，1981；Maclennan & Wood，1982b；Maclennan & O'Sullivan，1987；O'Sullivan，1984，1987）。但仍有大量住房补助以公共住房或社会住房形式直接投入供给，尤其是在欧洲。这不仅提出了住房定价的福利含义问题，而且也提出了公共部门和私人部门住房供给效率的比较问题。麦克伦南对住房定价的研究作出了巨大贡献（Atkinson & King，1980；Grey et al.，1981；Ermisch，1984；Hills，1991，2000；Maclennan，1986b）。在由公共部门还是私人部门提供住房供给的问题上，非市场化的公共住房供给常常由政府当局运作，这为科斯（Coase）的交易成本概念的应用和奥利弗·威廉森（Oliver Williamson）的更具体的对组织效率的论述提供了绝佳实证。20 世纪 80 年代晚期，麦克伦南使用这些概念比较了英国不同住房供给者的效率（Centre for Housing Research，1989）。

当微观住房经济学在过去 20 年飞速发展时，人们也开始注意在区域和宏观尺度构建模型。在国家层面的住房研究上，随着 20 世纪 80 年代金融自由化的实施，英国和其他国家的住房研究出现了变化。麦克伦南和杰弗里·米恩（Geoffrey Meen）、约翰·米尔鲍尔（John Muellbauer）、马克·斯蒂芬斯（Mark Stephens）等人合作，确立了住房与宏观经济之间的许多联系，架起了住房经济学家与初涉住房研究领域的宏观经济学家沟通的桥梁。同时还帮助政策制定者理解抵押市场变化、住房产权流转、住房价格波动的微观基础，以及它们对消费、信贷和劳动力市场影响的传递机制（Maclennan et al.，1997）。

1.2 政策和实践

在过去的 20 年里，中央和地方政府大量的住房市场干预也是住房经济学关注的领域。各地尤其是欧洲的政策制定者认为，干预和管制住房市场，延缓、替代市场供给或与其竞争即使不是必需的，也是有效的。麦克伦南一直积极地设法影响英国和其他地区的政策制定。在这方面，他在格拉斯哥大学的职业生涯以及他对政策的定义都将他与经典经济学家相互联系起来。

起初，经济学家在政策分析中任何对实用和理论的区分失败都是不可接受的，这种失败轻则被认为是狡诈的理性主义，重则被认为是过度实践。但是，这并不意味着麦克伦南提倡限制经济学家在提高制定政策的实用性方面起到的作用。相反，他一直坚定地拥护在"政策经济学"背景下更广泛地理解和发挥经济学家的作用。此外，使用控制住房市场和宏观经济系统的假设来建立假说，本应建立在已有应用研究的基础上，但却总是被草草解决。就此而言，麦克伦南不但深刻意识到官方数据对应用研究的限制，而且是一个真正严厉的政府批评者。

2001 年，麦克伦南参与了将纳入《苏格兰住房法案（2001）》（the Housing Scotland Act 2001）的优先购买权（Right to Buy，RTB）的重新设计。从检验可获得的证据开始，他评论道：

> 优先购买权自 20 年前开始实施以来一直饱受争议。造成政策建议分歧的至少有三种不同的理由。第一，个人或者组织对于一个问题可能有不同的道德标准或政策观点，或者事实或证据可能与这些分歧的解决并不相关。第

二，许多政策决策涉及的变化对经济和社会有复杂深远的影响。具有相同价值观的个人可能由于采用的模型或分析不同，得出不同的结论。同样，这不仅要求具备选择时的判断能力，也要求一场辩论的各方具备清晰不变的分析能力。第三，即使价值观和分析方法都相同，个人也可能由于掌握着不同的事实和证据而得出不同的结论。（Maclennan et al.，2000，p. 1）

这些观点与他在 1982 年的文章中表达的观点相互照应（巧的是，那篇文章使用了当时还十分新颖的优先购买权概念来陈述观点）。

麦克伦南一向指责那些以竞争性市场为研究中心、盲目使用演绎法和一般均衡模型甚至帕累托社会福利理论来研究政策问题的经济学家和其他学科的批评家。对于他来说，

> 将政策经济学家的作用限于仅为政策制定者精确地描述市场行为是远远不够的，尽管这样做可能有助于提供大量基于演绎推理和假说的建议。相反，政策的应用经济学分析或者说政策经济学要求对更加详细的一系列问题作出分析。比如，分析中必须考虑如下问题：政府的目标是什么，为达到这些目标住房政策应该起到什么样的作用，谁是真正的住房政策制定者，什么经济和政策局限会限制实施，有什么现成的建议和信息，以及政策制定者使用什么样的住房系统模型。这些问题不应该被应用经济学家认为是微不足道的。经济学家可能推导出无限的住房政策设计的最优或者次优条件，但是，除非他们能够理解经济分析和研究是怎样被政策决策过程采纳和改变的，不然他们将面临着成果轻则被忽略，重则被误用的风险。（Maclennan，1982，p. 142）

因此，政策的影响必须从理解政策出现的制度、管理以及法制环境开始。政策的道德立场不但应是可取的（这点必不可少），而且应是透明的、诚实的。价值判断不应被粉饰为技术问题，应用研究者必须承认对重要的实证问题的忽视，并将其列入必须解决的问题。这种政策作用的观点最重要的是要求诚实，因此更加强调应用。

麦克伦南在他的学术生涯一开始就指出，政府坚持非帕累托最优目标是非常合理的，他还坚持这些目标能够清晰转化为可行措施。这在麦克伦南看来可能是政策制定者在博弈时必须传达的关键点，以保证政策制定过程对公民福利有益，而政策对于公民的影响一直是麦克伦南关注的焦点。在他的著作中，甚至是他与政府高层管理者、大臣和政治家的直接磋商中，他毫不妥协地表达了这个观点。只要保证这一点，就已经解决了大部分问题，其余问题则都有商量的余地。

一开始，政府结构和政策责任在不同等级与区域政府之间的分配从本质上阻碍了政策一致性的实现。联合政府是目前流行的政府口号，但同时也是麦克伦南在 20 年前就提出来的愿望。他认识到了既有政府系统的不作为性，以及由此导致的从制度经济学思考这个问题的需要。在英国的政策环境下，他提到：

> 英国的住房政策体系若是围绕既定可行的原则而制定，比如市场定价原

则、与收入或者财富相关的补贴体系原则，住房政策的复杂组织模型就可能是充分的。但是，在缺乏这些原则的前提下，例如在英国，补贴的分配既不能反映住房类型也不能反映家庭特征，而是运气、历史，特别是所选产权的结果。因此，虽然干预住房市场的合理性和必要性仍有争议，但我们很难相信目前的体系已无法改进，甚或政策试图弥补的不完全市场体系反而能够更有效率地进行分配和再分配。然而，在英国这个问题很可能无法回答，因为和该国的许多其他政策一样，公共支出的多少较于质量更有问题。（Maclennan，1982，p. 167）

麦克伦南在1982年的文章中，从连贯而且更广泛的角度对住房政策进行了分类。它们包括：

- 用税收、补助和管制消除特定的市场失灵。
- 用管制分配体系替代不可修正的根本性缺陷市场。
- 将住房作为调整不可分配利益（如收入再分配、地区增长平衡等）的工具。

麦克伦南在后续研究中阐明，各地常常就基于政府或基于市场制定的政策哪一个更好进行争论，由这种争论迅速得出的简单结论是没有意义的。例如，地方市场的公共垄断供给并不能保证比私人部门供给更优越。在某种意义上，麦克伦南感兴趣的政策问题不是国家干预管制能否优化住房市场（以及地方经济）的产出，而是现实世界中市场失灵或政府失灵哪一个最不妨碍达成明确目标。为了回答这个问题，他开始使用之后广为人知的"循证政策"。

从1982年开始，麦克伦南就在文章中反复指出，为了推动市场配置的决策以及告知公众行为，需要提供相互协调的市场和非市场信息。他认为，这些信息的缺失导致公共部门和私人部门作出失败的投资计划，而提供此信息本应是政府职责（如果政府还未卸任）。至于公共政策，还可能有以下后果：

在制定政策时，至少可以在两种制定策略的方法中选择其一。第一，管理者听从压力集团和利益党派的言论。在这种情况下，更有力量的不是公民，而是拥有组织和资金来展示最有说服力的情况（并不一定最真实）的团体。第二，管理层有内部政策顾问，根据他们的观点制定恰当的政策。但这些观点可能仅仅基于他们的理想主义或者关于住房系统研究的有限甚至片面的想法。（Maclennan，1982，pp. 168-169）

麦克伦南认为，问题的部分原因在于无论是在策略的制定上还是具体措施的实施上，制定和实施政策的人都缺乏适当的训练。当然，他展现出了对自己观点的信心。他曾告知大约500个非营利住房从业者，在他看来，他们的策略计划仅仅是纸上谈兵。更具建设性的观点则如下所述：

中央政府必须考虑到，许多负责政策的官员原本并不熟悉住房问题，而且在英国的公务员制度中，公务员往往刚对问题有了成熟的见解即被调职。地方政府也有同样的问题，而公共住房管理人员缺乏正式训练是这个问题的原因之一。（Maclennan，1982，p. 168）

部分鉴于以上原因，格拉斯哥大学自 20 世纪 80 年代起开设了住房学课程，包括理论、政策和实践，为住房管理和开发从业者以及国家公务员与地方官员提供了硕士研究生水平的教育。

麦克伦南严厉地抨击了 20 世纪 70 年代和 80 年代住房立法核心条例中的政策（Maclennan, 1982）。在他看来，为政府提高公共政策的质量而提供有用的模型、方法和材料是他和其他经济学家的职责。他之后的职业生涯一直致力于在国家和国际范围贯彻这项责任。在这方面，他最大的成功莫过于在《苏格兰住房法案（2001）》的修订中所起的关键作用。这次机会使他能够修改他于 1982 年曾强烈反对的优先购买权的结构，即使这个影响仅限于苏格兰。

1.3 本书的贡献

本书收录的文章的作者都曾在职业生涯中与邓肯·麦克伦南教授愉快地共事过。本书各章都针对他在近 20 年中感兴趣的某个领域，综合起来涵盖了住房经济学和政策的绝大部分内容。

●城市住房模型

该章由吉布完成，评价了现有的各种城市住房模型。吉布认为，"空间可达"的方法是很多文献分析城市住房问题的起点。该章列举了更全面的过滤模型，探讨了未来城市住房研究的发展方向。该章还对最新的城市模拟模型特别是阿纳斯和阿诺特的研究进行了探讨，同时简单介绍了由吉布、米恩和麦凯（Gibb, Meen & Mackay, 2000）建立的格拉斯哥大都市圈模型。

然而更重要的是，吉布认为，这些模型的发展并没有解决许多麦克伦南关注并反复重申（例如 Maclennan & Gibb, 1994）的问题。这并不是说它们没有提出有用的观点，而是说它们的优势和劣势与 20 年前基本没有变化。由于过滤模型还揭示出更多观点的发展潜力，因此这个领域将大大得益于创新思维。住房市场空间模型的改进是一个十分艰巨的挑战，需要考虑供需双方的调整和不均衡、信息不完全、实时市场变化的重要性以及使用可操作的方法衡量住房市场机构的作用。

●市场细分、调整和非均衡

一般来说，城市住房市场可根据单一标准或复合标准进行细分。细分标准可以是产品类型或质量等级，各子市场的区别在于消费者眼中的互相替代程度的高低。涂在该章分析了住房市场细分的原因和结果。她用人们熟知的住房作为复合商品，根据住房各种内在属性的价格高低来定义不同的住房子市场。特定属性的特征价格在相同子市场内部不变，在不同子市场之间则是不同的。非均衡极可能是常态，这是从涂对市场细分的分析中得出的重要启示之一。她还考察了住房市场的这种非均衡属性。

提及现实中细分住房市场这个难题，涂评估了几种主要的方法。她认为这些方法实质上没有一个可以超越另一个。更重要的是，她的分析表明，城市住房价格指数应该建立在子市场的层次上，并且非均衡应明确归入城市住房分析的因素中。她还认为，分析城市住房政策对当地社区的影响应以分解框架为基础。

● 交易成本和住房市场

奎格利在该章分析了交易成本的问题以及它对住房市场的重要性。除了搜寻成本之外，消费者必定还会有与其他人进行合法谈判和议价的成本。此外，由于消费者并不经常进行决策，且有关住房市场的信息与知识也会过时，因此不确定性带来的成本和预期就变得很重要（它们本来就不易度量）。奎格利陈述了这些成本的分类，并回顾了单独针对各种成本的实证文献。比如他指出，在美国的住房市场中，谈判与合法交易的平均成本占住房价值的 6%～12%，但它们可能小于搬迁和维护（改装）成本。奎格利还展示了一个简单的搬迁与否的消费者决策模型，对比了不搬迁节省的效用和搬迁节省的交易成本。他认为，这个模型为家庭交易成本的度量提供了市场调查以外的另一种可行方法。

同时，奎格利也考虑到住房交易成本是否包括大量与宏观经济相关的成本，以及是否可以制定政策来减少它们。尽管奎格利认识到有部分理论赞同奥斯瓦尔德的观点，认为 OECD 国家的住房所有者的高失业率是由其低流动性造成的（Oswald，1997b，1999）（因为负资产之类的债务约束大大提高了交易成本，降低了流动性），但是他没有找到任何可靠的实证证据证明住房所有会导致高失业率。尽管如此，奎格利仍然认为政府应该致力于降低住房交易成本、促进信息流通并制定可以简化交易的标准。

● 特征价格模型：精选应用性综述

马尔佩齐回顾了特征价格模型的研究，这是住房经济学最重要的工具之一。有大量关于构建住房价格指数的文献，以及部分检验个别参数必要性的文献。该章中，马尔佩齐清晰地阐述了应用研究中常常被忽略的基本概念和实证问题。他专门研究了公式形式的问题（由于缺乏明显可用的先验公式，人们选择公式时往往仅出于方便的考虑）。马尔佩齐还回顾了关于参数识别、参数误设、系数的弱相关、非线性以及非均衡趋势等计量经济学方面的问题。

马尔佩齐概述了特征价格模型分析的主要应用并提出了值得进一步研究的领域。他引用麦克伦南的研究（Maclennan，1977b）并指出，考虑到住房经济学对于这个经典模型的依赖，特征价格模型应该具备三个特征。第一，任何具体的应用都应该有牢固的理论基础；第二，使用前提必须清晰，否则应该充分研究实际应用的结果；第三，最重要的是，应该根据研究目的设计所需的价格模型。这些建议对于经常相互争吵的各学派的激进分子来说是十分中肯的，因为有时不同学派所拥护的参数设计严格来说并没有可比性。

住房、随机游走、复杂性与宏观经济学

在米恩写的该章中，他考察了住房市场和宏观经济之间的关系。米恩从五个主题来组织自己的论述：住房价格和消费者支出之间的关系；国家和地区层面住房对于劳动力市场的影响；国家之间住房市场的区别及其对欧洲货币联盟的影响；住房对经济周期的影响；住房和新兴商业的空间集聚之间的关系。

米恩质疑住房价格预测的可行性以及房价是联系住房市场和宏观经济的关键变量这一观点，进而考察了房价不可预测性的含义，并提供了一个新的自下而上分析住房市场的基础，认为不能将地方市场当成同样有效的市场。米恩调查了以复杂理论为基础模拟区域住房市场的可行范围，这些模型以异构代理、非线性结果（如突变）以及多重均衡（包括延期非均衡）为特征。米恩认为，突变和阈值是支持邻里住房市场从衰退转而中产阶级化的重要过程。尽管他认为新古典主义的还原论模型很可能并不适用于许多有关住房经济学的研究，然而他指出它们在特定条件下仍然有借鉴价值，并且"盲从任何方法的态度本身就不是最优的"。

税收、补贴和住房市场

伍德认为，税收是影响住房市场产出效率的阻碍因素之一，同时又有重要的分配作用。他在该章中证明了住房税收具有累退性甚至与目标相违。此外，他应用税收套利模型分析了保有权选择。在回顾并分析了住房税收的分配作用后，他表明虽然住房税收对使用者的成本影响已广为人知，但有关差别征税对所有者的成本影响的认知和研究却较少，尽管它对于租赁投资相当重要。在税收导致效率扭曲的讨论中，伍德用一个案例说明了由客户效应引起的租赁住房供给细分。而且，他认为还存在与这种细分相关的锁定效应，因为资本收益税收很少根据资本的获利来征收。

之后，伍德回顾了由住户税收支出带来的福利损失的规模的相关文献，评价了税收引致的住房投资（经常是二手住房）可能对工业或者生产资本有挤出效应的观点。他认为，这个观点的论据互相冲突，暗示着住房投资对宏观经济既有正面的外部性，又有负面的外部性。

公共住房经济学

怀特黑德在该章中应用经济学原理研究了政策的另一个重要问题：公共住房的合理性有哪些？怀特黑德集中讨论了三个问题：政府干预的理性效率；住房的再分配的作用；对经济学理论促进形成合适的住房供给管理的治理结构的看法。

怀特黑德表明，住房受制于大量的市场失灵，从已有的证据来看，这些市场失灵的影响很可能起着重要作用。但是，住房的社会投资并不能有效地解决这些市场失灵。政府常常出于住房的直接再分配功能制定公共住房政策。怀特黑德认

为，住房问题与很多人设想的不同，收入补助达到再分配目标的能力并不高于供给补助。同时，达到再分配目标的最合适办法应该基于对如下问题的实证回答：在具体的经济和住房市场里，市场失灵的相对重要性有多大。

而且，分析市场失灵的对策时必须考虑政府失灵的可能性，或者评估何种方式能够达到约定的分配目标。住房问题所需要的是对管理的正确评估。现实中，正如怀特黑德所指出的，任何管理体系都是不完美的。因此，在特定的社会、政治、市场背景下，有必要分析市场、管制和管理体系的不同要素，由此来决定成本最小的方式。怀特黑德总结说，以后在英国，至少应较少地关注公共住房本身，而较多地关注管理市场，保证充分的投资，维持不同类型的供给者（公共组织、非营利组织以及市场化组织）在成本和质量上竞争。

● 邻里动态与住房市场

加尔斯特在该章中从经济学的角度来考察邻里的概念。他把邻里定义为一系列空间属性的组合，包括阶层性质、税收或公共服务的水平、人口统计特征、居民的政治活动特征以及产权性质。他认为，邻里有很多重要的属性。这些属性在持久性以及定价表现方面各不相同，消费者在社区之间进行相互比较和消费进而改变社区的空间特征。加尔斯特表明，由这些特征可推知，邻里的成本和收益的形成直接反映了消费者的兴趣。

加尔斯特把邻里看成是动态的且处于不断变化中，同时对于潜在的消费者和投资者来说也具有高风险。他认为，城镇邻里是一个较大的住房子市场的一部分，市场将外部刺激传导进来，根本性地诱发了社区市场的变化。一旦受到这种冲击，社区内的微观变化就会接连发生。这些变化可以通过包含非线性阈值的复杂模型表现出来。加尔斯特认为，邻里这样的固有特征使得它们不太可能产生社会有效的结果。而且，由于邻里的价值是相对产生的，因此蹩脚的政策可能产生零和效果。同时，他指出，谨慎设计的目标能有效地帮助邻里走出衰退的谷底。

● 在美国获取住房所有权：观点变化对不动产权属选择约束的影响

吉奥科考察了美国获得住房所有权的决定因素。直到最近，长期收入以及占有与租赁的比较成本仍是公认的主要因素。但吉奥科研究了近期的理论和实证的著作，它们表明净值和资产价格是导致租赁转变为购买的原因。这种观点暗示，通过减少支出收入比来提高住房所有率的政策是错误的。暂且不考虑此目标的实际合理性的问题，吉奥科认为减少首付应该是更加有效的政策工具。

吉奥科继续考察这种新观点在解释美国住房所有率的种族区别中的作用。他发现，一旦恰当地控制好居民的财富，就可以消除这种区别。在这种情况下，恰当地控制财富意味着允许隔代财产继承和家庭财富净值测算的种族差异。由于财富的这些区别，黑人远不可能像白人那样去申请贷款。吉奥科找到了这方面的证据，表明在解释所有权的区别方面，这比抵押贷款市场上的歧视更为重要。

吉奥科也考虑到20世纪70年代以来，美国住房购买力的变化趋势。从以国家利率为基准衡量住房成本的重要指数到中等收入家庭购买中档住房的情况，都可以得到相当乐观的结论。然而，他的证据表明，住房购买力随收入分配不同而变化，低收入家庭表现最为糟糕。此发现增强了吉奥科在关于有住房购买意向的家庭面临的相关预算约束问题上得出的结论的重要性。

◉市场体系中的规划管制和住房供给

布拉姆利在该章中讨论了住房供给。布拉姆利指出，尽管供给方面在住房经济学以及住房市场的运行中明显具有重要作用，但是它得到的关注常常比需求得到的关注要少很多。这可能是由于在这个领域很难应用演绎模型。

布拉姆利回顾了过去关于新建住房供给的经济学研究，同时讨论了英国土地用途管制的运行，将其系统地与其他国家进行了比较。土地用途管制很可能影响新建住房发展的土地供给，但是土地和住房价格、住房密度等因素的影响规模以及福利表现并不确定。布拉姆利关注定量测算问题，应用一个面板数据模型来分析可获得土地的种类与数量对英国新建住房供给和住房价格的影响。数据根据地方分区的一个简单的归并所得到的 90 个分区进行整理。布拉姆利建立了一个直接的供给和需求体系，在此基础上，他得出结论，认为英国新建住房的供给价格弹性较小，而且可能还会变得更小。

布拉姆利在他的模型中还发现了土地价格弹性也是较小的，并得出许多关于政策的重要性的结论。第一，规划土地的可获得性是住房开发的一个重要促进因素；第二，土地供给的增加只能适度地降低住房价格；第三，重视城市土地和可再生土地的住房开发规划体系会显著地减少产出。

◉经济和住房规划

奥沙利文在该章中考察了英国的地方住房规划。在英国，一直以来大家都认为这些规划是必要的（加尔斯特在他的章节中赞同此观点），并且地方政府是执行规划的适当的机构。奥沙利文认真考虑了这些规划的案例，他着眼于规划目标，并将其与真实情况进行了对比。英国的住房规划和相关的土地利用规划几乎没有任何经济学的内容。

奥沙利文详细阐述了经济学在英国的住房规划中能够发挥的合理作用，并与现实可得的经济学工具进行了比较。然而，他指出，除非调整各级政府之间和政府内部的激励机制，否则即使有更好的工具，目标和现实之间的巨大差距也仍可能存在。他认为，住房规划本质上是必要的，美国对规划的淡漠并不是一种好方法。但是，应该强调的是规划过程，制定规划也应该根据未知事件或者是当前无法得知的将来的事件而定。

◉英国的住房优先购买权

本书的最后三章一方面明确考察了研究和学术的关系问题，另一方面详尽地阐述了政府和政策的发展问题。威廉斯所著章节着眼于英国的优先购买权，即地方政府在政策的指导下必须以远低于市场价值的价格出售存量公租房。在过去的 20 年里，优先购买权在英国是最重要的也是最有争议的住房政策。威廉斯表明，从 1980 年开始到 20 世纪末，优先购买权的研究和政策发展之间几乎没有联系。优先购买权的出现纯粹是为了增加住房保有率，而不是为了解决任何英国住房系统中具体的权益或效率问题。优先购买权规定的主要销售限制是靠老到的政治游说实现的，而非建立在事实基础上。同时，优先购买权附带的负面影响的证据大多被忽略了。

学者和专业从业者均对优先购买权持反对意见，但威廉斯认为这也是基于理想主义，而不是有证据支持的。虽然对优先购买权的研究已很丰富，并且早在1981 年就有了优先购买权对地方的影响的研究，但对此的核心研究还需继续深入。威廉斯分析了 1999 年以来苏格兰的发展，于当年成立的苏格兰议会将住房列入了工作范围，这使得更理性地制定实施优先购买权成为可能。2001 年，《苏格兰住房法案》通过，优先购买权的实施条件有了重大修改。他认为，这次修改首次以对研究证据的谨慎分析为基础，尽管这次修改是否改善了优先购买权的效率并实现了利益分配的目的还有待验证。威廉斯看待学者和政策制定者关系的更一般性的视角引出了众多有趣的问题。

● 住房研究中的政治经济

唐尼森和斯蒂芬斯在该章中致力于研究以下问题：住房研究的规模与范围根据政治和学术环境变化而呈现的时间趋势。通过研究，他们找到了影响英国住房研究演化的主要因素。他们把住房研究清楚地定位于其所在国家的具体时间的文化、政治、经济环境中。但是，他们认为随着时间的推移，学者面临着更为激烈的成为政策制定者智囊的竞争，并且更加难以将研究成果传递给大众。唐尼森和斯蒂芬斯提醒那些自认为是住房问题和住房政策分析家的学者，他们本身的人文科学家这一职业就很值得推敲。唐尼森和斯蒂芬斯认为，学者的比较优势至多是拥有广泛理解社会原理的机会和义务，以及将真相毫无保留且详尽地传达给当权者和人民大众。

● 政策和学术关系的评估

最后一章从完全不同的角度论述学者和政策制定者之间的关系。对于贝斯特来说，问题是如何最大化研究成果对政策发展的影响和二者之间的相关性。他承认学者和政策制定者之间存在紧张关系，却把这种关系看作一种共生的关系。有时学者是政策发展的活跃的直接参与者，甚至是活跃的政策制定者。贝斯特论述了这些情况的利弊，并探讨了使得角色转变能够成功的一些个人素质。他继续讨论了那些不愿意积极参与政治活动的研究者如何推动了政策的发展，认为这由四个因素决定：谁资助研究工作（以及他们的动机是什么）；研究的表现形式；研究结果发表的时间；他们对于政策制定者表现出来的执着。贝斯特举例说明了使研究能够影响政策所需的技能与只保证研究进行的技能是不同的，并且提出了与促进研究转化为政策的中介机构结成战略联盟的问题。由于这些机构的基础较薄弱，他建议在大学里组织专家承担这些任务。

1.4 重复出现的主题以及未来的关键问题

本书广泛涵盖了理论、政策和实践中的问题。在麦克伦南为住房和城市经济学作出的贡献方面，我们能够在各章中找到许多反复出现的相同的主题。

第一个重复的主题是住房市场模型与目标相符的程度。马尔佩齐指出，相符程度是建立住房价格指数的一个基本标准。简单、完美的新古典模型不能说好也不能说坏，对它们进行好坏分类就失去了意义。正如吉布、加尔斯特和奎格利所表明的，在某些意义上这些模型是非常有价值的。但是在很多住房市场的分析中，必须认识到它们的很多假设偏离了研究内容。涂和奎格利、加尔斯特、米恩和布拉姆利写的章节分别用不同的方法论证了这点。

第二个重复的主题是有关政府和市场失灵的问题，以及在特定的背景下进行次优政策选择。怀特黑德的章节很清楚地回答了这个问题，但是本质上来说，奥沙利文、加尔斯特和米恩的章节是研究这个问题的基础。如果邻里在社会福利分配上是无效的，地区住房生产和消费的利益分配效果堪忧，那么应该采取什么样的措施呢？是进行国家政府规划，还是任由市场发展？实践中这个问题并没有得出确定的答案，必须基于实际情况考虑。这是认识到目标符合性的另一个例子。

第三个重复的主题是基于现实的政策的问题。由伍德、吉奥科和威廉斯写的章节表明，如果缺乏有力的证据，政策立场可能与试图解决的问题毫不相关，或产生没有预料到或者不想要的分配和（或）效率效应。然而，正如布拉姆利在章节中指出的，制定基于现实的政策并不是一件简单的事情。

第四个重复的主题涉及更为普遍的问题，即在威廉斯、唐尼森、斯蒂芬斯和贝斯特的章节中提到的学术界和政策制定者之间的合理关系的问题。学术界和政界之间关系一直比较紧张。研究应该是政策导向，还是公众利益导向？两者可以兼得吗？在实际中，学术界有时需要向政界阐明现实，而政界有时会对此致以敬意。而且，学术和政策制定之间的关系必须符合特定情况的既定目的，但是我们都必须清楚游戏的规则。

本书中的个别章节同样叙述了住房经济学在过去的 20 年里是如何发展的。一个重要的补充性问题是，住房经济学在未来如何发展。这取决于未来人们对这个领域的兴趣，但是我们提供了以下对于这个问题的想法和愿望：

与其他应用科学相同，数据和取得数据的方法对于住房经济学是至关重要的。在过去的 20 年里，计算机能力和功能强大的计量经济学及数学软件的易用性都有了显著的提升。除了一些特例，住房市场数据集的质量并没有多么显著的改善。这部分是由于商业机密，但是同样也由于数据提供者没有认识到优质信息与政策制定和实施的相关性。在英国，对基于现实的政策的追求越来越多地体现在对公开更多的公共数据的要求，以及对地区优质实证信息的巨大需求和时间序列数据收集的增多上。然而，即使是在2001年，统计局的调查里仍没有家庭收入和资源的问题。我们希望将来英国数据的改善能够与统计学、GIS软件等科技的发展同步。但是这不太可能均衡、平稳地发生。

我们猜想，从理论和政策角度来看，空间将会变得越来越重要而不是越来越不重要。在理论住房经济学研究越来越多地试图将空间进行有意义的不同层面的整合的同时，住房分析必须和各层面的整合相协调这一点也变得越来越清楚（Meen，2001）。从城市邻里、子市场、细分住房市场到地区和最终的国家住房市场，一个完整的分析框架的建立还需要很长时间，但这是许多人梦寐以求的目标。加尔斯特在他写的章节中分析了建立框架所必需的要素，米恩在积极地研究日程表中的各个部分。但是，正如我们所说的，这是需要很多年很多人共同努力地工作。

成功建立框架的一个原因是，在英国背景下，不同空间水平的政策之间能不经意地相互抵触，甚至相互中和，或者相互提高各自成功的机遇。麦克伦南指出，"英国政策的制定一直以来都忽略地理方面的因素"，"从1980年以来直到几年前，经济政策的制定就好像经济发生在针尖大的一点上"（Maclennan，2002，p.1）。但是，与其他许多先进的欧洲经济体一样，英国开始接受"区域管理"的思想的合法性，事实上也是不可逃避的政策目标。社区重建政策如果没有明确的空间维度是不可能起作用的（加尔斯特和米恩阐明了其原因）。

> 在一个充分明了的地理系统中确定社区水平的目标是有很大益处的，例如在城市—地区框架中。如果失败的话，常常意味着政策集中于地方自然资源和设施建设上，而不是令人信服地把再建行为与更广泛的劳动力市场、交通系统以及环境联系起来。但是如果长期内要成功的话，就必须建立准确的更广范围内的系统联系。（Maclennan，2002，p.7）

当然，地方与城市层次上的政策必须从某种意义上与国家以及国际发展相联系。

> 我们需要一个思考和制定政策的新框架来综合考虑自上而下发挥作用的外部因素以及自下而上的具有新鲜并循环的内部效应的工作。（Maclennan，2002，p.6）

随着政策制定者对于空间的重要性的认识在各个层面上均不断地加深，人们越来越需要模型和理论来缔造政策制定的事实基础。

最后的需求则是对未来的终极指示器。尽管必须重视学术的独立性，但是基于现实的政策的趋势将越加明显，并且有希望产生学术和政策制定之间的积极动力。基于现实的政策出现新的里程碑后，对所需信息进行加工的研究的需求将增加。政策立场的复杂化将增加对住房市场进行更加成熟和现实的描述的需求。"目标相符"的含义会随着政策改变，可接受的住房市场描述也将随之发生改变。

第 2 章

城市住房模型

肯尼思·吉布

2.1 引言

　　住房市场多种不同建模方法的事实反映了"住房"这种商品的复杂性。奥尔森（Olsen，1968，p.612）把这种复杂性当作建立一个竞争模型的动机，这个模型与标准的微观经济学范例一致且不局限于"住房专家们使用的特殊概念"。最初，住房市场的空间模型专注于通勤对居住空间市场影响的长期均衡解释（Alonso，1964）。其他研究并不强调住房的空间特征，而是关注其耐久性和动态性，强调"过滤"的影响。"过滤"是住房特征和居住者随着生命年限而改变的现象（Arnott，Davidson & Pines，1983；Grigsby et al.，1987）。价格指数的建立和分市场的研究工作反映了住房异质性的重要。在这些领域里，"特征价格"方法一直是中心。

　　本章的目的就是要分析和评估不同类型的城市住房模型，特别是新古典空间模型以及异质性过滤。这两方面都包括了邓肯·麦克伦南的重要贡献（Maclennan，1982；Grigsby et al.，1987）。这些对城市住房市场分析的不同方法之间有争议，也有相似的见解，但是它们很少被当成是住房模型或住房现象解释的经典。

　　本章也评估了基于计算机技术的住房市场模拟模型开发的进展。麦克伦南不断强调这些模型潜在的重要性及其与住房规划、政策评估的相关性——条件是它们建立在能够反映市场过程的牢靠的微观基础上（例如，Maclennan，1986a；Maclennan & Gibb，1994）。随着这些模型的发展，它们通常含有本章介绍的一个或全部主要模型的某些要素。另外，它们试图为检验政策、方案和系统冲击的结果提供框架。这个领域在过去的 20 年里毫无疑问得到了重要的发展（Ingram，

1979；Anas & Arnott，1991，1993a，1993b，1993c，1994，1997）。

2.2　城市住房权衡模型

单中心住房模型或"新城市经济学"已有大量的文献（Alonso，1964；Mills，1967，1972；Muth，1969，1985；Evans，1973；Solow，1973；Wheaton，1974；Quigley，1979；Fujita，1987；Straszheim，1987；Wheaton & DiPasquale，1996；McDonald，1997；Anas，Arnott & Small，1998），此处不再展开叙述。本部分将集中阐明这个建模方法的某些中心概念和实证问题。

麦克伦南认为，空间可达性模型是分析地方城市住房市场的真正起点。在北美，这个模型目前是城市经济学研究的主要范式，因此分析它的用法、优点和缺点是很重要的（Maclennan，1982，p.7）。对城市经济学和城市房地产研究的评论（比如，Wheaton & DiPasquale，1996；McDonald，1997）表明这个模型的中心地位已经持续了20年。

❂ 基本的权衡模型

这个模型的本质（参见 Henderson，1985）是，以简化城市土地利用模型为前提，权衡就业及商业中心的可达性（通勤成本以时间和货币来衡量）与对土地或房屋空间的支出，从而达到效用最大化。这个模型产生的居民分布的长期空间结构能够进行实证验证。它可以进行比较静态分析，并且可以拓展到多种增加基本结构的真实性的方式（比如在经济活动地点方面以多中心取代单中心）。

在基本模型中，假设城市位于一个平坦的且其他特征都不凸显的平原，所有的就业都集中在"中心商务区"（CBD），没有交通堵塞且任何方向的单位通勤时间均一致，家庭的效用最大化受到收入和时间的约束，他们消费三种一般化的商品：城市自产的商品 x、城市进口商品 z 以及住房服务 h。其中只有住房服务的价格随城市空间而变化。住房被当作一种具有区位便利性的消费品，唯一衡量便利性的标准是闲暇时间消费，它是到 CBD 通勤时间的直接函数。在模型中，房屋租金包括了住房服务和可达性，或者是闲暇时间消费（Henderson，1985，p.3）。因此到 CBD 距离为 u 的住房单位价格 $p(u)$ 随着闲暇时间的变化而变化，闲暇时间是指除了工作和通勤之外的时间 T。到 CBD 距离为 u 的典型消费者的闲暇消费 $e(u)$ 等于：

$$e(u)=T-t(u) \tag{2.1}$$

则最大化问题是：

$$\text{Maximise}\,V(u)=V'(x,z,h(u),e(u)) \tag{2.2}$$

约束函数：

$$Y-p_xx-p_zz-p(u)h(u)=0 \tag{2.3}$$

$$T-e(u)-t(u)=0 \tag{2.4}$$

这里 $V(u)$ 是地点 u 的效用，Y 是家庭收入。考虑到 $e(u)$ 和地点 u 进行最大化，得到的第一个条件是：

$$\partial V'/\partial e(u)-\gamma=0 \tag{2.5}$$

$$-\lambda h(u)[\partial p(u)]/\partial u-\gamma t=0 \tag{2.6}$$

这里乘数 γ 和 λ 分别代表闲暇时间和收入的边际效用。解答 γ 就得到消费者的最优地点选择：

$$h(u)\partial p(u)/\partial u=\partial V'/\partial e(u)t/\lambda=p_e(u)t \tag{2.7}$$

这里 $p_e(u)$ 指的是闲暇边际效用的货币价格。在最优地点，到 CBD 增加任何一点距离都将导致闲暇的减少。减少的值是闲暇边际效用的货币价格 $p_e(u)$ 乘以减少的闲暇 $-t$。最优地点的条件表明减少的闲暇刚好被减少的住房成本抵消，因此效用是不变的，搬迁也不会带来福利的提高。

在供给方面，一般认为住房生产函数包含两种输入要素：土地和综合结构住房的资本投入，后者相对于地点来说是完全弹性的。这些因素之间的弹性替代导致了住房密度的变化，但是这个模型的最简单形式中的密度是不变的。接近 CBD 的地方住房密度大，此处土地要素被非土地要素所替代，但是随着向郊区的靠近，住房密度减小。在竞争性的土地市场中，土地竞价随着接近 CBD 而增加，以至于不同的土地使用者根据相同的效用或利润函数进行平衡，竞争不同地点的土地，最终形成了整个城市的土地租金斜线。在均衡情况下，家庭接受的价格位于土地租金斜线和他们的最优（最低）"竞价租金"或边际意愿支付曲线的切点上。一旦模型中加入收入的区分，并且假设高收入人群的住房空间需求的收入弹性大于通勤成本的价格弹性，那么高收入人群将倾向于选择接近郊区的地方。

奎格利简要总结了基本模型的成果：

> 单中心模型的主要结论是：（1）住房密度随着至中心区域距离的增加而下降；（2）住房密度以递减的速度下降；（3）住房价格随着距离增加而下降；（4）土地价格变化的梯度比住房价格变化的梯度要大；（5）高收入家庭位于离中心区域更远的地方。（Quigley，1979，p.39）

定性的比较静态分析主要取决于城市是"开放的"还是"封闭的"（Smith，Rosen & Fallis，1988）。在开放性城市中，居住在城市外的效用水平是外生的。如果效用低于一个特定的水平，人们就会搬出城市，而住房价格则下降到重新趋向均衡的水平。在封闭性城市中，人口是一定的，效用水平是内生的。麦克唐纳（McDonald，1997）使用藤田（Fujita，1987）的研究模型进行了一系列的比较静态分析。农业地租竞价的降低会降低其他地租的竞价、扩张城市范围、增加家庭平均住房消费空间和减少原城市边界内各点的人口密度。人口的增加会带来

CBD 的扩张（为增加的就业提供空间）、土地均衡租金的上升、城市规模的扩大、人口密度的增加以及家庭平均住房消费空间的减少。

● 模型的拓展、验证和批评

基本模型有许多拓展，这些拓展放宽了某些假定，使模型更加丰富和贴近现实，或者更完善地考虑与模型原则冲突的现实情况。斯特拉斯海姆评价了许多这样的拓展，认为它们是有价值的，尽管这是以对空间、投资的长期均衡建模的复杂性的增加为代价的（Straszheim，1987，p.730）。穆特（Muth，1985）也强调了这些拓展所导致的模型易处理性的丢失。

阿纳斯、阿诺特和斯莫尔（Anas，Arnott & Small，1998）在更加宽泛的历史背景下评价了空间可达性模型（参见 Maclennan，1982），并且提出了该模型能够如何诠释城市长期变化趋势的问题。他们比较了单中心模型的结论和现代城市的中心化与分散化的变化模式、经济活动的集中和分散、郊区化的现象以及"边缘城市"（多中心的就业和活动节点）的出现。基本模型不能解释多中心〔尽管藤田（Fujita，1987）的分析框架加入了分中心和劳动力市场〕，但无论如何，它仍然能为郊区化的研究带来些启示。

实证研究表明，城市的人口密度梯度有随时间逐渐降低的趋势，即使它们的经济条件各不相同。尽管这种现象可能与收入增加和交通成本减少有关，但是阿纳斯等（Anas et al.，1998）注意到，高收入人群对通勤造成的闲暇时间减少的影响更敏感。然而，分离或彻底细化交通成本一直都很困难。有证据表明，在许多城市，就业密度梯度大于人口密度梯度，但是下降速度也更快。这勉强可以解释就业岗位随人群变化而变化这一假定。其他对于分散化的解释使我们更加偏离基本模型。这些解释包括"逃避衰退"、种族歧视、贫困社区的负外部性和蒂布特（Tiebout）机制（Anas et al.，1998，p.1439）。

有许多对这个经典模型的代表性批评。概括起来有：为更易获得结果和比较统计数据，模型需要设立限制性假设；在稳定性、动态性和短期市场行为研究中表现出不足；难以解释真实世界中城市演化的某些模式，特别是分散化和多中心模式。相应地，这类模型对解决短期动态问题的无能为力可能反映了一个事实，即它们试图为城市土地利用和市场产出的长期趋势建立一个一般均衡解释，但在这方面它们也没能达到总体令人满意。其中更加根本的批评针对的是长期以来这类模型与待解决问题间的基本的相关性。换句话说，这个模型是否充分解决了城市住房市场中的重要问题（Maclennan，1982；Straszheim，1987），它是否符合我们的目标？

城市住房市场的决策不仅取决于工作地的可达性和环境的宜人程度，也与人们对于其他方面的选择有关，包括社区、住房产品的差异性、国家土地市场的深入作用、城市交通结构以及地方财政约束。在理解有关住房的一系列活动中，寻找和竞价模型、解释持久性和产品差异性的模型以及博弈模型与高度还原主义的空间竞争力模型同样重要。怀特黑德和奥德林-斯米（Whitehead & Oding-

Smee，1975）表述的住房市场的缓慢调整、内在的滞后和不均衡趋势呈现出一个十分不同的住房市场概念。麦克伦南和吉布（Maclennan & Gibb，1994）认为，空间可达性模型不能充分地解释政策和历史的广泛影响在现实中城市住房体系中所起到的中心作用。

人们同样可以质疑，与邻里这样的较低层次相比，城市是否是一个合适的分析尺度（Grigsby et al.，1987）。忽略国家和其他特征的城市尺度长期均衡的建立必然会漏掉住房市场的许多关键方面。在下一节里，笔者将讨论这些研究尺度中的一个，即过滤过程中，城市内部存量住房的动态变化。

2.3 城市住房市场的过滤模型

过滤模型关注过程和动态变化，以及新建住房、翻修住房和存量二手房之间的关系，因此远离了基于新城市经济学的关于长期均衡的研究结果［奥尔森（Olsen，1968）不同意此观点，本章将在后面讨论］。它经常是应用经济学研究的基础，在住房政策讨论方面有着颇具争议的中心地位。本节将简要介绍过滤过程和模型的发展、分类和评价，同时指出它们与研究目标的持久相关性（早期文献参见 Maclennan，1982，pp.22-35）。

霍默•霍伊特（Homer Hoyt，1939）最早进行了可以称之为"过滤"的研究。霍伊特认为，高收入人群由于收入的增加和对于新房的喜好，更钟爱于居住在新开发的郊区。下一个经济阶层将居住在他们之前居住的社区，引发一系列空置房屋的出现、住房价格和对应的家庭收入以及子市场阶级的递减（Maclennan，1982）。

麦克伦南和其他很多学者（Grigsby，1963）都认为，这个流行的模型除了具有内生和外生的假定之外，还存在许多重要的政策分歧。之前陈述的过滤过程认为，促进高收入人群的私人住房的开发能够提高整个住房体系中所有人的住房质量，暗示着需要对这类开发进行补助。劳里（Lowry，1960，p.362）认为，城市住房政策一直受到此模型的含义的干扰。

最初的自由主义的过滤模型受到了广泛的批评（Robinson，1979；Maclennan，1982；Quigley，1998）。第一，它的定义不清（Lowry，1960）。第二，它所依赖的假定和实证检验不相符合，比如收入和收入增长地区的分布以及家庭不进行搬迁的假设（Maclennan，1982）。第三，正如劳里（Lowry，1960，p.364）所说，过滤模型作为提高住房标准的一种手段，它的有效性取决于住房价格下降相对于住房质量下降的速度。如果房屋贬值速度大于单位价格下降的速度（正如许多数据显示的一样），那么过滤过程的好处就得不到体现。第四，奎格利（Quigley，1998）认为，供给行为是内生的。因此，住房的过滤不仅仅取决于需求方面的收入和消费者偏好以及供给方面的物理贬值，还取决于政策环境、供给者的成本结构和真实住房需求的异质性（p.xiv）。第五，麦克伦南从政策的角度强调，此模型暗示的补贴目标可能还存在道德上的不足，有可能引起分散化的恶化，整个体系的过滤可能也需要较长的时间（特别是考虑到系统内部下向交易的影响的时候）。

格里格斯比（Grigsby，1963）提出了过滤概念的一个不同的解释。他认为过滤是一种结果，并试图更好地解释存量住房、家庭和搬迁决策之间的实证关系。格里格斯比建立了一个矩阵模型，其中家庭在不同质量或价格的住房间进行搬迁。市场矩阵随时间而演化，家庭在系统之间移动，反过来加强了效果，使收入组合以及整个社区的平均价值发生了变化。运用这种方法，更加全面的动力学研究变得可能，比如冲击效应、外生冲击或社区重建或翻修发生后影响社区的溢出效应和回浪效应［麦克伦南（Maclennan，1982）对格里格斯比的方法进行了较好的总结］。

奥尔森（Olsen，1968）从一个完全不同的角度，引进了不可观察的住房"服务"单位的概念，用他的竞争模型来解释过滤。奥尔森认为，过滤代表着住房存量的规模的变化，因此，只有当住房存量增加（减少）时，才能发生向上（向下）的过滤。在过滤过程中，由于利益竞争的刺激，居住行为适应于需求模式，因而带来了一定数量的住房服务。对于奥尔森来说，过滤过程是一个重要的市场机制，这种机制允许利益最大化的住房供应者调整供应和维护行为，使得竞争性市场在单位住房服务的价格方面能够趋于均衡。

事实上，清晰的过滤概念定义的缺乏阻碍了过滤模型的使用。格里格斯比等（Grigsby et al.，1987，第 4 章）提供了十种城市住房市场里不同的过滤方法。

> 根据定义，过滤要么是一个过程，要么是一系列结果。如果它是一系列结果，那么这些结果包括很多不同组合之间的变化或者不变的状况，比如住房所有率、所有者的收入、居住单位的价值或者租金、住房单位的价格、社区环境等等。无怪乎这方面的文献充满了过滤是否发生或者起作用的争论。(p. 109)

同样，加尔斯特和罗滕伯格（Galster & Rothenberg，1991）在质量不同的住房子市场框架中区分了过滤的不同形式。第一，特定子市场相对于其他子市场的价格下降时，之前位于低质量子市场的家庭现在可能愿意且能够升级到价格更低而质量较高的阶层。这可以说是价格过滤。第二，某子市场内价格的相对下降同样鼓励了一些所有者改变他们居住的质量，提高他们的回报率。这是居住过滤。第三，如果住房质量转变在空间上很集中，这些社区的家庭可能由于整个居住空间价值的外部性而被动地进行了过滤。第四，长期来看，这些价格引致的变化将通过影响相关子市场的价格变化、家庭迁移和质量转换，导致这些市场出现连锁的类似过滤的动态变化。

许多城市住房模型都使用了部分过滤方法（Sweeney，1974；de Leeuw &

Struyck，1975；Ingram，1979；Anas & Arnott，1991；Rothenberg et al.，1991；McDonald，1997）。对于这些过程的讨论仍在进行（Somerville & Holmes，2001）。无论过滤概念作为一个过程还是结果，它的内在价值都使它成为研究城市住房市场的一个重要工具。当然过滤概念的真正含义仍然有待进一步认识。

2.4 城市住房的模拟模型

发展计算机模拟模型是更多地把握现实中住房市场的丰富性和依赖性的手段。它们使用参数值建立基于计量经济学、实践和判断相结合的公式，以建立城市住房经验模型。这些模型还可用于政策变化建模以及研究住房市场动态。尽管这些模型因其局限性已经受到了广泛批评（如 Maclennan，1986a；Gibb，1989），然而最近，它们内嵌经济模型的质量以及计算能力的发展大大提高了它们的效用。这类模型仍然存在很多问题，但是它们与实际问题的相关性以及自身的不断完善将使它们变得越来越有用。

● 模型的发展

住房市场模拟模型的框架为分析市场过程的短期动态路径提供了可能性。20世纪七八十年代始于美国的模型广泛应用于关于引进住房津贴计划和其他税收改革之影响的预测［英格拉姆（Ingram，1979）评论了早期的版本］。这个时期的两个城市模拟模型是城市学院（UI）模型（De Leeuw & Struyck，1975）以及国家办公署（NBER-HUDS）模型（Kain & Agpar，1985）。这两个模型都试图解决住房分配问题，同时合并了外在的供给方面。比如，UI 模型中家庭具有不同的年龄和种族，他们在六个居住区的不同住房种类中进行分配（根据不同的工作地可达性和租金）。供给者寻求利润最大化，需求者寻求效应最大化，两者在存量住房和新建住房方面寻求市场均衡。UI 模型包含了某些过滤的过程。

所有后续的这类模型都试图在一个均衡的框架下进行选择和最大化行为。史密斯、罗森和法里斯（Smith, Rosen & Fallis，1998）认为，这种模型包含了过多的黑箱方法：模型参数不能用计量方法定义。但是，

> 为了确保现实的模型结果而简单地选择这些参数，它们经常是临时的，而不是基于经济行为。(p. 39)

但是，参数估计值很可能来自其他计量经济研究。而且，这些模型有不同的目的，应该根据它们在辅助计划、预测和完善政策方面的能力进行评估。

阿纳斯和阿诺特在许多论文中，花了很大力气为城市住房模拟模型提供更可靠的理论基础。他们建立了一个强有力的住房市场动态离散选择均衡模型（Anas & Arnott，1991），这个模型为不同类型消费者分配不同类型的住房，出

清了市场，建立了一个完整的供给方（包括具有完全理性的投资者行为）。这个模型特别适用于模拟和政策实验。

阿纳斯和阿诺特（Anas & Arnott，1993c）进一步把他们的工作拓展到芝加哥住房市场模拟模型的开发和测试上。模型的关键决策是家庭在地点、房屋类型、质量和权利方式上的选择。模型说明了针对不同住房质量阶层的特定政策所引起的反馈以及二次影响（最终落实到不同的收入群体）。在阿纳斯和阿诺特1994 年的研究中，他们在其他四个美国城市测试了他们的模型，考察了住房津贴和建筑补贴的影响。他们发现，对于目标群体而言，有针对性的需求方补贴比建筑补贴更有效。1997 年，他们还将研究拓展到了税收与津贴对低收入家庭和提供住房的住房所有者的福利影响上。

米恩（Meen，1999a）在论文中通过建立伦敦和英国东南部住房市场的模拟模型，应用和拓展了英国背景下城市层次的住房离散选择模型。米恩首先证明了公共住房需求的持续下降反映了累积的下降过程，因为经济变化和再分配的过程排除了最劣势方的参与。他表示，非住房的社会和社区因素应该用来获取空间的外部性，同时突出了建模的三个含义。第一，人口模式在被研究的各地区间的差异性暗示了不同的住房新建率和住房需求。第二，驱使家庭迁移的因素包括：收入变化，地方社会关系，对更好社区、较大的房屋的需求以及个人环境的变化。第三，地区的人口迁入必须具体化和模型化。

◉案例分析：格拉斯哥城市住房需求模型

最近关于苏格兰的研究是建立在米恩的研究（及其他针对英国东南部的研究）（Meen & Andrew，1999）基础上的。他们建立了一个预测格拉斯哥市域公共住房需求的模型，其中格拉斯哥被分成三个部分：北部市区、南部市区、郊区。这个模型清楚地包含了租赁性还是业主自住性的公共住房产权形式选择（私有住房租赁被当作非持有产权的一部分，也包含在以预测为目的的分析中）。这份研究（Gibb，Meen & Mackay，2000）对移民、邻里和收入变化进行了一系列的假定，充分考虑了家庭的经济选择和住房需求的驱动力，对公共住房的需求规模进行了估计。

每个地区的住房需求有三个来源：整个格拉斯哥地区的迁出或者迁入、新建住房、原居民在格拉斯哥三个地区间选择不同的占有方式和住房类型。模型对这三个过程均进行了模拟。原居民住房选择模型表明，一方面，区内迁移的决定基于统计人口特征和收入；另一方面，占有方式和地点的选择是社区质量、收入、成本和之前的住房地点的函数。模型的供给方更加机械化。对于每个部门，当前的供给是上一期的供给加上建设部门的新增投资，加上部门的净迁入（可以是负值），减去损坏以及减少了有效存量的长期空置房。模型通过供给调整使得市场出清（假定真实住房价格是固定的）。

模型通过了检验后，以 1996 年为基期进行了应用，预测了 2009 年格拉斯哥市区和郊区的住房市场。表 2—1 概括了需求的百分比变化，提供了格拉斯哥市区的需求总数，修正了私有住房的租赁需求以便计算公共住房的租赁需求。表中的估计显示了在互不干扰的情况下[1]，1996 年数据和 2009 年预测值之间的区别。这些数据表明，格拉斯哥市区的住房所有者将从115 000 户增加到近 150 000 户；租赁住房者（含公共住房和私有住房）将从155 000 户下降到 130 000 户。郊区的住房所有者将从 1996 年的 262 000 余户增加到 2009 年的 346 000 余户；租赁住房者（含公共住房和私有住房）将从176 000 余户下降到 144 000 余户。

表 2—1 表明，2009 年格拉斯哥的公共住房租赁需求水平将比 1996 年下降18.1%，市区的住房所有将增加 30.2%。市区总户数将增加 3.7%。对于格拉斯哥郊区，公共住房租赁将下降 19.1%，住房所有将增加 30.9%，总户数增加 11.2%。

表 2—1 1996—2009 年基本住房需求变化

住房使用方式和地点	绝对值变化（户）	户数百分比变化
格拉斯哥住房所有者	＋34 681	＋30.2
格拉斯哥公共住房租赁者	－25 667	－18.1
郊区住房所有者	＋81 104	＋30.9
郊区公共住房租赁者	－32 135	－19.1

● 情景模拟

情景模拟改变系统中一个驱动变量的参数值，从而通过与前面的估计结果相对比来跟踪变化的长期影响。

简要介绍两种情景：（1）相对于郊区，格拉斯哥的社区质量的提高；（2）大格拉斯哥区住房体系中收入的增加。

在模型中，社区质量由以地理分区为基础的剥夺指数代替。情景（1）中，通过改变格拉斯哥相对于郊区的剥夺指数的分值来模拟城市社区相对质量的变化。通过检验与基准估计值的离差，可以估计占有方式和地点选择变化的结果。

表 2—2 把 2009 年估计的原始数据与指数提高 5% 的数据进行对比。模拟百分比的变化很大，但是它能清晰地传达信息。社区质量如此显著的提高将导致住房所有率的增加，主要是从郊区搬迁到市区的所有者数量大大增加。但是，一些郊区的租赁者也将迁入格拉斯哥城区并成为所有者。

表 2—2 格拉斯哥指数提高 5% 时对整体居民使用方式的影响

住房使用方式和地点	2009 年（中心）(1)	指数提高 5%（2）	差额（2－1）
格拉斯哥公共住房租赁者	116 508	108 805	－7 703
格拉斯哥住房所有者	149 607	175 325	25 718
郊区公共住房租赁者	136 380	132 599	－3 781
郊区住房所有者	346 334	333 390	－12 944

在情景（2）中，假定的收入变化将影响大格拉斯哥区所有的家庭。这比假定只有市区的行政区会受益于收入变化要合理得多。我们将 2002 年后的平均收

入提高 10%，然后把新的 2009 年住房需求结构与原始估计值相比较。表 2—3 表明，收入的增加将会增加格拉斯哥市区和郊区的住房所有数，同时住房租赁将大幅减少。收入的影响像往常一样表现为增加住房所有需求，并减少了租赁需求，但除此之外，格拉斯哥的家庭还用他们增加的收入购买更远离市区的大面积住房，这反映了格拉斯哥的住房供给的限制。

表 2—3　　　　　　　　　　2002 年以后收入提高 10%的影响模拟

住房使用方式和地点	2009 年（中心）(1)	收入提高 10%(2)	差额（2—1）
格拉斯哥公共住房租赁者	116 508	108 480	−8 028
格拉斯哥住房所有者	149 607	153 320	3 713
郊区公共住房租赁者	136 380	126 355	−10 025
郊区住房所有者	346 334	362 790	16 456

在英国，市域模型第一次认真尝试了建立大都市区住房市场整体的模拟预测模型，其中明确地包含了公共租赁住房部门。在许多方面，它并不如阿纳斯和阿诺特的芝加哥模型那么完善，但是它确实含有几个此类模型的有利因素，特别是合理的住房选择多层次离散选择模型和定义清晰的区域间移民模型的应用。

这个模型还存在很多重要缺陷。模型中供给方过于简单，私人租赁部门只赋予了被动补充作用，而且缺乏家庭构成变化概率的模拟，比如家庭由夫妻双方领养老金变为单人领养老金。另外，还必须注意到模型未充分考虑空间特征。但尽管存在这些限制，模型的结果仍然显示出它在支持城市规划和政策发展方面的潜能。

2.5　结论

作为结论，笔者将先讨论各种城市住房市场建模方法的比较优势，然后讨论城市住房市场研究的未来发展这个更宽泛的主题。

作为解释住房市场行为的一种方法，新城市经济学的交易模型有三个基本问题。第一，这种模型是高度简化的，并依靠不可观察的住房服务概念及其他简化假设来保证其可控性。因此，该模型略去了目标住房市场体系的许多重要因素（比如存量住房的作用和历史、国家的作用、城市内部住房子市场的可能性、对市场调整和非均衡的关注）。第二，即使只考虑模型本身，它也很难处理某些本该由它解释的实证规律，比如郊区化和卫星城市的发展。第三，如果排除其他方面而只考虑空间，这种模型的理论出发点中排除了现实中的搜寻和竞标、议价、不完全竞争、住房市场细分以及产品的异质性。

然而，空间可达性模型作出了重要而持久的贡献。第一，它们在城市系统内的住房和交通之间建立了明确的联系。即使拒绝空间可达性模型的机制，也并不意味着可以承担忽视交通和其他土地问题的代价。第二，在强调就业可达性和普遍的可达性因素是住房需求的重要驱动力方面，它们是完全正确的。第三，这些模型确实提供了一个准确定义的长期空间均衡基准点，由此可以考虑和解释不同的差值和路径。

只要我们承认住房市场细分、子市场以及邻里结构的重要性，过滤模型就是有潜力洞察这些方面的经典理论。但是，几十年来，由于定义问题以及早期的政策负担，过滤模型没有发挥作用。加尔斯特和罗滕伯格（Galster & Rothenberg，1991）的近期研究对解决这些问题十分有价值。过滤模型为住房市场分析提供了非常不同的模型工具。它关于家庭、住房的演替和变化、折旧、升级和市场动力学的观点大大裨益了住房和社区的应用经济学分析。

模拟模型包含了交易模型和过滤模型的因素，是为实际目标而建立的。它们在政策发展和规划方面是十分有用的工具。但是，这些模型质量不可能优于其经济学和计量经济学基础的质量，且不论是空间可达性还是过滤框架都不能为全面的城市住房模型提供基础。这并不意外，毕竟过滤和空间可达性模型是为了解决不同的特定问题而设计的，代表了不同的研究方法论。

麦克伦南和吉布（Maclennan & Gibb，1994）为英国住房经济学指明了前进的方向。如果希望理解城市住房市场，那么与定义均衡产出同样重要的是，对非均衡过程建模以及考虑关键制度的作用。为理解城市住房市场，清楚地了解目标系统的理论和实证方面是很重要的。

> 理解它的发展是关键，同时要求在有限信息的前提下对行为的发生进行建模。并且，当系统发展时，理解其中制度的出现、适应和消失也是关键的。（Maclennan & Gibb，1994，p.4）

对住房市场空间模型未来发展的挑战，是把这些特征整合进一个易操作和展开的严谨且符合研究目标的模型中。杰夫·米恩和他的同事最近的著作是一个可能的发展方向（Meen，1999a，2001；Meen et al.，2001；以及参见本书中米恩写的章节）。其中，对家庭的迁移、占有方式的变化以及城市范围的增大和减少的解释是研究的重点。重要的研究主题包括累积因果和排斥的过程以及现有家庭在城市内部进行住房决策的因素。虽然这项工作刚刚起步，但是它对英国及更大的住房市场研究的发展前景有所启发。

致　谢

感谢斯蒂芬·马尔佩齐、托尼·奥沙利文和乔治·加尔斯特对初稿提出的建议，以及 2001 年 11 月于格拉斯哥大学举行的研讨会的参与者对本章的建议。

注　释

　　[1] 换句话说，规划者对观察到的需求水平及其变化没有作出释放土地等任何形式的回应。

第 3 章

市场细分、调整和非均衡

涂 勇

3.1 引言

　　住房是一种复杂的商品。这里特别关注的是，这种复杂性是如何造成住房市场的细分的以及市场细分的结果，这个问题将在下节讨论。从这点开始，进而讨论住房细分市场的均衡和非均衡性质，然后是住房子市场的实证鉴别问题。针对住房经济学拒绝均衡有何更广泛的含义，本章总结了讨论成果并以此开始建立住房市场模型。

3.2 住房市场细分的原因和结果

　　住房作为一种复杂商品，可以从三个方面来理解（参见 Galster，1996）：空间固定性、耐久性、异质性。空间固定性意味着一个区位所具有的特征固定在该区位任何住房的系列属性中。这些位置属性包括社区的社会经济地位、它的物理条件，还包括更广泛的概念，即对工作、亲戚和朋友、私有物品或者公共设施这些需求的可达性。所有这些属性结合起来就构成了地区之间住房质量和住房价格的不同。

　　住房同样具有耐久性，而且通常具有相对较高的购买价格，包括广泛的抵押贷款的需要。同时，住房常有长期增值的现象。因此，住房作为投资品，很可能成为私人部门重要的金融资产。这也意味着住房市场具有资产市场的一些特征（Maclennan，1982）。在供给方面，住房是可变的。任何区位的住房单元均可通过整改装修提升品质，或是因折旧而减损价值。在任何住房市场上，更新的住房单元都是住房供给的一个重要的来源。

　　住房物理方面的异质性指的是在住房类型、规模、年龄、建筑材料、外在或内在结构、建筑设计和土地租赁这些方面固有的多样性。异质性导致了一个地区内住房质量和住房价格的多样性，并为购买者提供了多种住房选择。城市住房市场的异质性有可能产生细分。固定、耐久而可整改、异质的城市存量住房，可以被细分成一系列相互关联又各具特色的住房产品组（Maclennan et al.，1987）。同一产品组的住房，其相互替代性要高于不同产品组之间的住房，但内部的替代程度却是每组各异。

同时，购房者也是多种多样的。以前的住房选择行为研究（Quigley，1982b；Tu & Goldfinch，1996）证明，潜在购房者的偏好由他们不同的收入水平、工作地位和职业、家庭构成以及之前的住房条件决定。住房潜在购买者可能只对几个相互替代的住房产品组内的住房感兴趣。这些住房产品组在空间上可能是细分的，这就是说，潜在购房者对商家提供的这一空间分散的住房单元格局的知识可能了解得并不全面。

对于家庭来说，住房是最贵的消费品和投资品之一，因此可以预料，对于任何一个潜在的购房者而言，他们购房时的评估和考量将会是比较谨慎的。在决定住房购买的过程中，他们花费了时间和金钱成本进行搜寻活动以获取信息（Clark，1982a）。麦克伦南（Maclennan，1982）指出，住房购买过程一般不仅包括购房者寻找和评估分散的住房供给，而且包括寻找安全的住房贷款融资。如果一个居住单元不止一个购买者，则要求竞标（摘自个别国家的购房制度细节）。因此，住房搜寻可能有三个结果。

第一，购买者从某个特定的产品组里找到期望的住房，并对提供的价格感到满意。如果没有其他的购买者，那么交易即可发生。[1]

第二，潜在的购买者不能接受产品组提供的住房单元，这时就产生了不配对的情况。由于住房供给的缓慢调整，为了找到期望的住房，潜在的购买者不得不从其他的产品组里面继续搜寻，或者调整他们的住房偏好。[2] 这些不配对导致了供给者和需求者两方高额的交易成本。对于购买者来说，这会花费他们更高的搜寻成本和更多的搜寻时间；对于供给者来说，他们不得不支付所有与维护住房单元相关的费用。因此，可能产生市场交易摩擦，迫使供给者降低价格，来换取预期中更低的交易成本。

第三，当多个潜在的购买者都对同一栋住房单元感兴趣的时候，就产生了另外一种形式的住房不配对。竞标最终会提升交易价格。由于住房供给调整的缓慢性，潜在的购买者获得期望的住房的机会不仅取决于他们的购买意愿和能力，而且取决于在竞标市场上的成功的谈判（Wood & Maclennan，1982）。竞价最高者将得到住房。这个购买者可能特别在意所购住房的某些属性，比如说，临近好的学校。因此，他最终愿意为获得这个住房属性支付更多的钱，同时也提高了某些产品组的位置属性价格。在特定住房属性价格上的差异（也称为特征价格或隐含价格）（参见 DiPasquale & Wheaton，1996；Dale-Johnston，1982）产生了局部住房子市场。

局部的住房子市场由一系列住房产品组组成，这些产品组并不一定有临近的地理界限。单个住房属性的价格在这些产品组中没有明显的统计差别，但是在属于不同局部住房子市场的住房产品组之间却有明显的不同。这是基于以下学者的实证研究结果：斯奈尔和斯特鲁伊克（Schnare & Struyk，1976）、古德曼（Goodman，1981）、麦克伦南等（Maclennan et al.，1987）、古德曼和蒂博多（Goodman & Thibodeau，1998）、布拉萨等（Bourassa et al.，1999）。涂（Tu，1997）、麦克伦南和涂（Maclennan & Tu，1996）的理论探讨也表明，局部的住房子市场的空间形式随着时间的变化而变化。

子市场另外一种不同的定义是基于质量的住房子市场，由罗滕伯格等（Rothenberg et al.，1991）定义。基于质量的住房子市场由城市住房市场的次级住房分类组成。同一组的住房虽然不同，但是在需求者和供给者看来，它们具有相同的质量水平。城市住房可以仅根据质量的水平来排列，从最好的质量一直到最差的质量。在这种定义下，子市场内的住房比子市场之间的住房具有更高的替代性。[3]

涂（Tu，1997）提供了一种混合的住房子市场方法。此方法中，城市住房子市场的结构是嵌套式的框架。在这个结构中，市场根据地域被分为子市场，每个地域子市场又根据住房类型分成不同的部分住房子市场。斯特拉斯海姆（Straszheim，1974）以及最近的古德曼和蒂博多（Goodman & Thibodeau，1998）也采取了同样的方法。

麦克伦南（Maclennan，1982）指出，有充分的理由相信，由于住房子市场的存在，非均衡成为城市住房市场的主要特征，并普遍存在于住房市场中。第一，非均衡表现为需求与供给之间的不配对。持续的有目的的住房搜寻产生了住房子市场的交易摩擦，使得住房市场不能立即出清过剩的需求或者供给。

第二，住房供给的缓慢调整加剧了不配对对市场非均衡的影响。子市场中住房需求的变化比供给的变化快得多。因此，非均衡很可能持续下去。

这些城市住房市场固有的非均衡特征表明，任何旨在充分解释城市住房市场动态变化或想为评估住房政策提供框架的理论都应该考虑到住房市场非均衡的特征。传统的新古典市场均衡的概念特别不适合城市住房市场，因为交易成本（包括搜寻成本）、市场交易摩擦这些因素是至关重要的。只有把这些因素考虑进去，城市住房的经济学模型才能对真实世界的现象作出满意的预测（Whitehead & Odling-Smee，1975）。

3.3 住房市场非均衡模型

本节以上述回顾为依据，提供了住房子市场均衡和非均衡特征的理论框架。此框架是住房子市场结构的混合模型，是对涂（Tu，1997）的建模的修改及拓展。

考虑城市住房所有市场，并且假定此市场被分成两个地域住房子市场（T_i—子市场，$i=1$，2）。在每个地域子市场内部，又分成两个基于质量的住房子市场（Q_{ij}—子市场，$i=1$，2；$j=1$，2）。在基于质量的住房子市场内部，住房不仅具有同样的空间特征（比如，社区和公共设施），而且具有高度替代性。住房经济学文献提供了潜在购房者在住房选择行为方面的实证经验。

　　首先，住房搜寻是必需的，搜寻成本限制了潜在购房者只能在局部地区进行选择（Wood & Maclennan，1982）。

　　其次，潜在购房者的住房偏好，比如接近朋友或者工作地点，可能使他们局限于某些局部地区（Tu & Goldfinch，1996）。

　　最后，有限支付能力也可能限制了在某些昂贵地区进行住房选择的机会（Tu & Goldfinch，1996）。

　　因此，潜在购房者看似经常只在一定范围内购房，并且他们的住房选择过程始于喜好的区域。在这些区域里，理性的潜在购房者将继续在住房单元之间寻找符合他们的住房质量要求的住房。对于这些潜在购房者来说，他们感兴趣的住房就形成了一个基于质量的住房子市场，因为他们认为这类住房是高替代性的（提供几乎一样的住房质量水平）。当一个住房单元能够给潜在购房者带来最大效用时，这种搜寻过程就终止了。否则，供给限制使得潜在购房者继续开始对另外喜欢的区域进行搜寻（称之为"再选择"）。供给限制指的是，由于一个地区住房存量调整的缓慢以及建成区空置土地的缺乏，住房供给不能随着需求的变化而马上作出反应。

　　本节中提到的住房子市场结构的混合模型反映了这种住房选择决策过程。在城市地区，一个好的混合住房子市场结构能够帮助潜在购房者收集到更多的住房信息，从而减少市场交易摩擦。同时，它也能够帮助房屋供给者从每个子市场内部的需求供给差中识别开发机遇。

　　这种城市住房市场的操作过程是潜在购房者和供给者之间的动态配对过程（见图3—1）。图中，T选择和Q选择分别指的是地域子市场和基于质量子市场的选择。

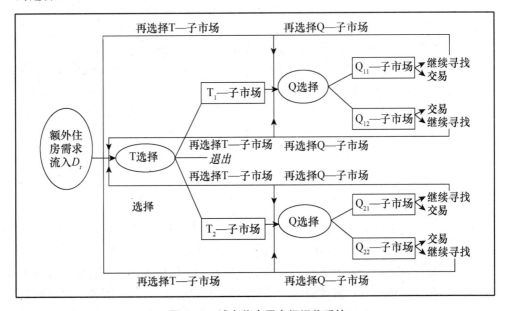

图3—1　城市住房子市场运作系统

一个城市住房市场的当前状况是位于三维空间 Γ^k 内的一群 k 点，

$$\Gamma^k = X^k \otimes Y^k \otimes Z^k$$

这里 k 是住房子市场的数量。X 和 Y 是非负值轴，Z 是正值轴。例如，在图 3—1 中，有 6 个住房子市场（$k=6$）。这时，任何时点的住房市场都可以用代表 Γ^k 空间内 6 个点的矩阵 $W(t)$ 来表示：

$$W(t) = \begin{bmatrix} w_{10}(t) \\ w_{20}(t) \\ w_{11}(t) \\ w_{12}(t) \\ w_{21}(t) \\ w_{22}(t) \end{bmatrix} = \begin{bmatrix} d_{10}(t) & s_{10}(t) & p_{10}(t) \\ d_{20}(t) & s_{20}(t) & p_{20}(t) \\ d_{11}(t) & s_{11}(t) & p_{11}(t) \\ d_{12}(t) & s_{12}(t) & p_{12}(t) \\ d_{21}(t) & s_{21}(t) & p_{21}(t) \\ d_{22}(t) & s_{22}(t) & p_{22}(t) \end{bmatrix}$$

在矩阵 W_{ij} 中，$i=1, 2$；$j=0, 1, 2$，代表了任何一个地域子市场（当 $j=0$ 时）或者基于质量的子市场（当 $j=1, 2$ 时）目前的情况。每一种情况都是由三个子市场变量决定：住房单元需求数 d、住房单元供给数 s 和价格 p，它们依次落于 X、Y 和 Z 轴。只要城市住房市场不是均衡的，这个 6 点的集合 $W(t)$ 就会在特定的空间移动。这种动态的过程可以用数学公式表示如下：

$$\frac{d(d_{ij}(t))}{dt} = a_{ij}(t, W(t)) - b_{ij}(t, W(t)) \tag{3.1}$$

$$\frac{d(S_{ij}(t))}{dt} = c_{ij}(t, W(t)) - b_{ij}(t, W(t)) \tag{3.2}$$

$$\frac{d(p_{ij}(t))}{dt} = \chi_{ij} \times (d_{ij}(t) - s_{ij}(t)) \tag{3.3}$$

式中，$i=1, 2$；$j=0, 1, 2$；a，c 和 b 分别代表额外的住房需求、各个子市场的供给流入和在 t 时刻的住房交易数量。显然，在地域子市场中，a_{i0}、c_{i0}、b_{i0}、d_{i0} 和 s_{i0} 分别是在基于质量的子市场层面的各个变量的总和，这些基于质量的子市场位于相应的地域子市场中。χ 是反映子市场住房价格变化的系数，随着需求和供给之间差额的变化而变化。任何 t 时刻，子市场的住房需求、供给和价格的变化都是由城市住房市场状况 $W(t)$ 决定的，其关系如公式 3.1 到公式 3.3 所述。

城市住房市场要达到均衡的充分必要条件是：

$$d_{ij}(t) = s_{ij}(t) \tag{3.4}$$

$$a_{ij}(t) = b_{ij}(t) = c_{ij}(t), \quad i=1, 2; \quad j=0, 1, 2 \tag{3.5}$$

以上的均衡条件被称作存量—流量市场均衡（Weibull，1983，1984）。从存量—流量均衡的条件中，可以得到三个重要的暗示。

第一，公式 3.4 和公式 3.5 意味着，当住房市场达到存量—流量均衡时（地域子市场和基于质量的子市场均达到均衡），任一子市场都没有价格的变动。

第二，即使在均衡时，公式 3.5 表明，任何住房子市场都存在未被满足的需求（购房者继续进行搜寻）和未出售的住房（一些卖方还在寻找合适的买家）。这种现象是住房子市场交易摩擦 TF 的结果，可用公式 3.6 衡量：

$$\text{TF}_{ij} \frac{\min(d_{ij}(t), s_{ij}(t))}{b_{ij}(t)}, \ i=1, \ 2; \ j=0, \ 1, \ 2 \tag{3.6}$$

一个较大的 TF 值意味着较高的交易摩擦。TF 的倒数代表着住房子市场交易速率 β。因此，每个子市场中卖方的平均等待时间 q 可以用公式 3.7 来表示：

$$q_{ij}(t) = \frac{s_{ij}(t)}{b_{ij}(t)} = \frac{s_{ij}(t)}{\beta_{ij} \times \min(d_{ij}(t), s_{ij}(t))} \tag{3.7}$$

第三，每个基于质量的住房子市场的存量—流量均衡是每个地域住房子市场存量—流量均衡的必要不充分条件。

为了得到住房子市场的短期均衡、长期均衡与非均衡的特征，需要作以下四个假定：

假定 1

城市住房市场为自由竞争市场，无价格管制，且子市场住房需求和供给的变化是住房价格波动的唯一原因。

假定 2

社会经济环境稳定。因此，任何 t 时刻的额外住房需求流入（D_t）与时间无关。

假定 3

不考虑住房市场的新增供应或者损耗。供给的唯一来源是二手住房市场的交易，换手率 ε 是一个常数，表明已投入使用的住房中有一部分是子市场住房存量 δ 和子市场出售住房数量之间的差额。为简化讨论，假设任何时刻市场上只有一个住房偏好相同的消费群。因此，公式 3.8 到公式 3.11 表明了个人购买者的行为。这些公式衡量了个人购买者在子市场选择住房单元的决策概率。给定混合的住房子市场结构（见图 3—1），以下公式使用多项对数模型来计算概率（*McFadden*，1978）：

$$\text{Pr}_{j/i}(t) = \frac{\exp(\alpha_1 \times p_{ij}(t) + \alpha_2 \times q_{ij}(t) + \alpha_3 \times X_{ij})}{\sum_j \exp(\alpha_1 \times p_{ij}(t) + \alpha_2 \times q_{ij}(t) + \alpha_3 \times X_{ij})}, i,j=1, \ 2 \tag{3.8}$$

$$\text{Pr}_{i0}(t) = \frac{\exp(\lambda \times Y_{i0} + (1-\sigma) \times I_i)}{\sum_i \exp(\lambda \times Y_{i0} + (1-\sigma) \times I_i) + 1}, i=1, \ 2 \tag{3.9}$$

$$\text{Pr}_{00}(t) = \frac{1}{\sum_i \exp(\lambda \times Y_{i0} + (1-\sigma) \times I_i) + 1} \tag{3.10}$$

$$I_i = \ln(\sum_j \exp(\alpha_1 \times p_{ij}(t) + \alpha_2 \times q_{ij}(t) + \alpha_3 \times X_{ij})), i=1, \ 2 \tag{3.11}$$

式中，$(1-\sigma)$ 是一个包含值系数，代表着某购买者对于嵌套的基于质量的子市场整体的偏好；X 和 Y 是可能影响潜在购房者住房决策的变量的向量。其中，X 代表住房的物理条件，Y 代表住房相关的空间属性，α_1 和 α_2 是负值。Pr_{00} 代表在搜寻后退出城市住房市场的概率，$\dot{\text{P}}r_{i0}$ 代表进入地域子市场的可能性，而 $\text{Pr}_{j/i}$ 代表进入某个地域子市场以后进入基于质量的子市场的可能性。

一个潜在购房者（住房搜寻者）在任一时间 t 进入基于质量的子市场以后，要么找到住房并且进行住房交易，要么退出子市场，调整自己的偏好，然后在地域子市场或者基于质量的子市场之间进行再选择（见图 3—1）。

假定 4

在每个基于质量的子市场中，再选择率 γ_{ij}^k 是一个常数，它代表了在嵌套于地域子市场 i^{th} 的基于质量的子市场 j^{th} 中，搜寻后进行再选择的住房搜寻者的比率。这里 $k=2$ 表示潜在购买者在地域子市场之间进行再选择，$k=1$ 表示潜在购房者在基于质量的子市场之间重新选择。

基于以上四个假定以及定义住房子市场交易摩擦的公式 3.7，城市住房子市场的动态性（a、b 和 c）便可具体化（见公式 3.12 到公式 3.17）。在每个基于质量的子市场中：

$$a_{ij}(t, W(t)) = \left[(D + \sum_{v,w=1,2} \gamma_{v,w}^2 \times d_{v,w}(t)) \times \text{Pr}_i(t) + \sum_{w=1,2} \gamma_{i,w}^1 \times d_{i,w}(t)\right]$$
$$\times \text{Pr}_{j/i}(t) - (\gamma_{ij}^1 + \gamma_{ij}^2) \times d_{ij}(t) \tag{3.12}$$

$$b_{ij}(t, W(t)) = \beta_{ij} \times \min(d_{ij}(t), s_{ij}(t)) \tag{3.13}$$

$$c_{ij}(t, W(t)) = \varepsilon_{ij} \times (\delta_{ij} - s_{ij}(t)), \ i, j = 1, 2 \tag{3.14}$$

在每个地域子市场中：

$$a_{i,0}(t, W(t)) = \sum_{j=1,2} a_{ij}(t, W(t)) \tag{3.15}$$

$$b_{i,0}(t, W(t)) = \sum_{j=1,2} b_{ij}(t, W(t)) \tag{3.16}$$

$$c_{i,0}(t, W(t)) = \sum_{j=1,2} c_{ij}(t, W(t)) \tag{3.17}$$

把公式 3.12 到公式 3.17 代入存量—流量均衡条件（见公式 3.4 和公式 3.5）中，满足公式 3.18 时，这个混合的城市住房子市场系统（见图 3—1）就可以得到一个特别的存量—流量均衡状态（见公式 3.19 到公式 3.23）。下面公式中上标星号"$*$"代表均衡，t 就从公式中剔除了。均衡的数学推导见涂的著作（Tu, 1997）。

$$D > \sum_{i,j} \varepsilon_{ij} \times [\delta_{ij} - s_{ij}^*(t)], \ i, j = 1, 2 \tag{3.18}$$

公式 3.18 意味着，混合住房子市场系统要达到它的存量—流量均衡的前提条件是住房市场中，总的额外住房需求要比总的额外供给大。因此，住房市场是以需求为导向的。如果满足下列公式（公式 3.19 至公式 3.23），就可以达到存量—流量均衡。

$$d_{ij}^* = s_{ij}^* = \frac{\varepsilon_{ij} \times \delta_{ij}}{\beta_{ij} + \varepsilon_{ij}} \tag{3.19}$$

$$q_{ij}^* = \frac{1}{\beta_{ij}} = TF_{ij} = \min(d_{ij}^*, s_{ij}^*) \tag{3.20}$$

$$p_{ij}^* = -\frac{\alpha_2}{\alpha_1} \times q_{ij}^* - \frac{\alpha_3}{\alpha_1} \times X_{ij}^* - \frac{\lambda}{\alpha_1 \times (1-\sigma)} \times Y_{i0}^* + \frac{1}{\alpha_1} \times \ln(\mathrm{Pr}_{i/j}^*)$$

$$+ \frac{1}{\alpha_1 \times (1-\sigma)} \times \ln\left(\frac{\mathrm{Pr}_{i0}^*}{\mathrm{Pr}_{00}^*}\right) \tag{3.21}$$

$$\mathrm{Pr}_{j/i}^* = \frac{\varepsilon_{ij} \times (\delta_{ij} - s_{ij}^*) + (\gamma_{ij}^1 + \gamma_{ij}^2) \times d_{ij}^*}{\sum_j [\varepsilon_{ij} \times (\delta_{ij} - s_{ij}^*) + (\gamma_{ij}^1 + \gamma_{ij}^2) \times d_{ij}^*]} \tag{3.22}$$

$$\frac{\mathrm{Pr}_{i0}^*}{\mathrm{Pr}_{00}^*} = \frac{\sum_j \gamma_{ij}^2 \times d_{ij}^* + \sum_j \varepsilon_{ij} \times (\delta_{ij} - s_{ij}^*)}{D - \sum_{i,j} \varepsilon_{ij} \times (\delta_{ij} - s_{ij}^*)}, \ i,j = 1,2 \tag{3.23}$$

从以上均衡公式中,可以得到一系列城市住房市场的静态和动态的均衡和非均衡属性。

● 静态均衡属性

第一,子市场均衡中,住房价格由以下四个因素决定(见公式 3.21):

(1)价格与住房的一系列属性正相关。

(2)价格与子市场中购买者对每个住房属性的偏好正相关。在公式 3.8 和公式 3.9 中,α_3 和 λ 表示潜在购房者对某个住房属性的偏好。

(3)价格与子市场中供给者平均的销售时间负相关。因此,子市场住房价格与住房子市场交易摩擦水平负相关(见公式 3.6 和公式 3.7)。

(4)在公式 3.22 和公式 3.23 的右边,分子是子市场额外住房供给与参与子市场再选择的住房搜寻者的总数之和。该值在均衡点时较大,意味着子市场具有较高的交易摩擦。因此,公式 3.22 和公式 3.23 的右边表示子市场相对于平均水平的交易摩擦。联立公式 3.22、公式 3.23 和公式 3.21,可得出结论:在城市住房市场中,假设其他因素保持不变,在均衡点时,市场交易摩擦相对较高的子市场达到均衡时具有较低的住房价格。

第二,在城市住房市场中增加住房需求流入将普遍增加每个子市场的住房价格(把公式 3.23 代入公式 3.21)。任何改变需求流入的社会经济因素对于子市场住房价格均将产生重大影响。

第三,均衡的子市场住房需求和供给与子市场住房存量和子市场换手率正相关,与子市场交易速度负相关。由公式 3.13 中 β_{ij} 定义的交易速度较大时,将减少子市场的搜寻者数量,同时产生较低均衡水平下的子市场需求和供给。较大的 β_{ij} 意味着,任何时候,如果住房供给超过需求,那么更大比例的购房者能够找到相匹配的住房单元;如果需求超过供给,则更大比例的卖方能够找到相匹配的买家。也就是说,市场交易摩擦越小(见公式 3.20),均衡点的住房价格水平越低(见公式 3.21)。

●动态非均衡属性

基于公式 3.18 至公式 3.23 的计算机模拟，可以得到动态子市场非均衡属性。模拟的细节详见涂的著作（Tu，1997）。这些动态属性代表着住房子市场动态存量—流量均衡的稳定性的特征。稳定性分析是均衡理论的一个重要的部分，许多经济理论依赖于均衡的比较静态学。但是，均衡属性只有在其所依赖的均衡系统稳定时才有意义。

稳定性根据不同程度可以划分为四种类型。第一，完全稳定性，指的是市场价格在任何非均衡的地方都可以回到均衡点；第二，区间稳定性，指的是市场价格只有在含均衡点的某个区间内，才能恢复均衡；第三，有限稳定性，是均衡和非均衡的结合，指的是市场价格在离开均衡点后会在一定区间内围绕均衡点摆动；第四，非稳定性，指的是一旦市场偏离了均衡点就不会回到均衡。

计算机模拟揭示出，根据子市场之间相互替代的程度，城市住房市场存量—流量均衡可以采取区间稳定性、有限稳定性或者非稳定性形式。由子市场间住房质量和属性的重大区别决定的住房子市场结构越自成体系（或者说住房子市场之间的替代性越小），稳定性水平就越高。这是因为这样的住房子市场结构导致了潜在购房者在不同子市场内的决策概率大大不同（见公式 3.8 至公式 3.11）。由于住房子市场的高度细分，如果潜在购房者在子市场中不能找到满意的住房，他们很少会再进入其他的子市场继续进行搜寻。因此，每个潜在购房者的平均搜寻时间减少，使得子市场交易摩擦也减少了，从而市场能更快地回到均衡状态。

对城市住房子市场结构和它的均衡属性的研究是分析城市住房市场的一个重要的角度，同时也为理解城市住房市场与其他城市经济部门之间的联系提供了可靠的框架。但是，只有在市场可以被细分并且细分后呈现出离散的属性价格结构时，子市场模型才能用于分析住房和城市经济（Palm，1978）。下面一节将介绍子市场确定的关键问题。

3.4 确定城市住房子市场

尽管把城市住房市场划分成子市场带来了大量的理论和方法问题（Palm，1978），但是古德曼和蒂博多（Goodman & Thibodeau，1998）指出，城市住房子市场的确定只能在具备特定基础时进行。确定住房子市场的一个显著的困难是，不能确保子市场划分结果是最优的（Bourassa et al.，1999）。在一定程度上，子市场确定的结果取决于选用的分组方法。但是，确定城市住房子市场要遵循三条准则（Cliff et al.，1975）：

（1）简单。较少的子市场优于较多的子市场。

（2）相似。子市场内的住房属性要尽量相似。也就是说，相同子市场的住房应该具有高度的同质性（或者替代性），不同子市场的住房应该具有高度的异质性。

(3) 相近。临近的住房比起较远的住房来说应该更有可能划分为同一子市场。

目前已经有多种划分方法来确定区域住房子市场或者基于质量的子市场（Rothenberg et al.，1991；Watkins，1998）。虽然所有的这些方法都各不相同，但是它们都来源于特征住房价格模型（此模型在斯蒂芬·马尔佩齐写的章节将进行详细阐述）。

运用特征价格模型的主要局限是缺乏牢固的理论基础来确定与衡量相关的住房属性和选择函数形式。因此，得到的结果可能就不是最优或独特的。实际操作中，判定社区的宜人程度经常基于对数据可得性的考量，衡量时则依据处理现有数据的方便程度，特别是定性的变量。

霍尔沃森和波拉克斯基（Halvorsen & Pollakowski，1981）认为，经济学理论并没有为特征价格函数提供合适的函数形式。但是，特定情况下，存在把所有可能的函数形式集合成为一个普遍函数形式的可能性。他们建议使用 Box-Cox 灵活的函数形式来进行特征分析，运用福利检验来衡量最好的表现。

对霍尔沃森和波拉克斯基的方法最主要的批评是，采用 Box-Cox 函数形式所获得的益处是以忽略特征分析其他重要目标为代价的。卡塞尔和门德尔松（Casel & Mendelsohn，1985）指出，运用 Box-Cox 函数形式可能产生几个方面的问题。第一，Box-Cox 函数形式估计出来的大量系数降低了任何单个系数的精确性；第二，Box-Cox 函数形式不适用于任何包含负值的数据处理；第三，运用 Box-Cox 函数形式进行房价预测可能是不妥的；第四，Box-Cox 函数形式中的非线性转换估计出复杂的弹性系数，这些估计常常过于烦琐而不利于计算。

尽管存在这些批评，特征价格模型在住房子市场的确定方面仍然是最普遍的方法。

确定区域住房子市场一般有两个步骤。第一，假定细分市场内部的住房比它们之间的住房具有更多的同质性，因此住房市场被细分为不同的市场类型。通常，研究者根据之前的预测进行市场细分，这些预测与行政边界、人口普查分区、学区或者种族聚居区等方面相关。在许多情况中，我们缺乏根据来假设选定地区的住房具有同质性，因此子市场确定的结果往往不是最优或者特别的。为解决这个问题，布拉萨等（Bourassa et al.，1999）提议用一个更加系统的方法来进行市场细分。他们首先对大量的数据应用主成分进行分析，从中得到一系列住房相关属性中主要的因素。然后，为每个住房的这些因素打分，根据所得分数运用聚类分析划分同质性住房群（即市场细分）。尽管这个方法为进行住房市场的细分提供了一种综合的程序，但是它的缺点是，相隔很远的区域的住房可能被划分进一个细分市场，使得子市场确定的成果缺乏相近性。这个难点为研究提出了挑战，即需要找到一个更有力方法来更有效地体现住房市场细分的空间因素。

第二，一旦确定了细分市场，就可以求得每个细分市场的特征价格函数，并研究这些市场间特征价格属性的差异。如果一个细分市场和其他细分市场的特征住房价格在统计上显著不同，那么它就是一个住房子市场（Goodman & Thibodeau，1998）。可以运用统计检验（比如，邹氏检验、加权标准误检验或者 F 检验）来区分细分市场间的特征住房价格是否显著不同（参见 Schnare & Struyk，1976；Watkins，1998）。特征价格没有显著区别的细分市场就合并成一个新的细分市场，它的特征价格函数也要重新进行估计。

用来确定基于质量的住房子市场的程序常常以罗滕伯格等（Rothenberg et al.，1991）提出来的方法为基础。需重申的是，一个子市场内部的住房比子市场之间的住房更具有替代性。对于购房者和供给者来说，替代性意味着功能上的"接近性"。家庭效用的不同导致了替代性的分级。这构成了使用一维指数定义某住房单元的服务质量的理论基础。实证方面，把城市住房市场区分成基于质量的住房子市场需要两个步骤。

第一，把特征价格函数代入样本中，得到每一个住房相关属性的特征价格，从而单个住房单元的住房质量指数就可以定义为使用特征函数得出的计算值。

第二，根据质量指数来对住房进行排序，然后进一步划分为基于质量的住房子市场。这种方法的缺点在于家庭的住房偏好是显著不同的。不同的家庭可能对替代的形式看法不一致。因此，可能没有质量指数对任何两个家庭都是同样有效的。

住房子市场的确定是住房市场分析的重要分支。首先，沃特金斯（Watkins，1998）认为，大量研究中关于住房子市场存在的明显证据意味着，住房经济学家如果没有采用住房子市场作为住房市场分析的中心概念的话，可能会得到欺骗性的结论。其次，定义明晰的城市住房子市场结构对于将特征技术运用到财产价值评估（Adair，Berry & McGreal，1996；Watkins，1998）、财产指数建立（Berry，Chung & Waddell，1995）、住房市场规划（Jones & Watkins，1999）和城市政策评估等方面来说，是非常重要的。

但是，事实上，在住房子市场概念的内在含义中，没有什么信息能使人们相信使用任何上文讨论的方法会优于其他的方法。每个方法需要一系列假设，比如对细分市场和住房质量定义的假设，并被住房市场的参与者所接受。住房子市场结构的动态特征同样表明，一定时间以后，比如 3~5 年之后，重新定义或者确定住房子市场是必要的。

3.5 结论

住房这种商品的特殊属性包括异质性、地点固定性和耐久性，以及住房需求的异质性。这些都意味着城市住房市场应该是细分的市场。住房子市场有可能存在，但是它们之间又是相互联系的。任一子市场内需求、供给和价格的变化将导致其他子市场需求、供给和价格的变化，但是它更多地影响了自身替代性更大的子市场。因此，一个子市场开始变化就会带动其他子市场的反应，一定时间后可能会导致子市场之间的相互关系的重建（Rothenberg et al.，1991）。非均衡是城市住房市场的主要特点。

城市住房子市场的概念为建立城市住房市场理论以及城市住房市场和其他城市部门之间的联系奠定了基础。比如，城市住房子市场的存在和不同动态特征意味着在子市场水平上应该建立不同的城市住房价格指数。城市住房子市场模型固有的非均衡属性表明，任何成功的城市住房市场经济学分析都应该考虑到非均衡问题。如果没有考虑的话，就会产生对城市住房市场及其过程的误解。

城市子市场方法同样为城市政策或者住房政策的影响问题提供了重要见解。许多城市或者住房政策都希望产生地方影响。比如，社区城市重建计划是为了提高社区经济，但同时也对所在地的住房子市场产生了影响。城市住房子市场模型表明，这些影响会影响到其他的市场。

注　释

［1］在多重竞标拍卖场合，如果这个购买者的最初出价高于所有潜在竞争者，那么将会产生同样的结果。

［2］住房供给面对任何需求变化的缓慢调整加重了搜寻负担。住房供给来源于三个方面：供出售的建成住房、根据市场需求新翻修的住房、新建住房。任何一种住房来源面对需求的变化都不能立即作出反应。二手市场存量住房的低换手率（部分由于交易成本较高），以及滞后的翻修或者新建住房的完工，都表明需求的变化比供给的变化快得多（Wood & Maclennan，1982；Rothenberg et al.，1991）。

［3］可以找到同样的定义，比如，在格里格斯比等（Grigsby et al.，1987）的著作里。但是艾伦等（Allen et al.，1995）以及巴吉克（Bajic，1985）从住房的类型和结构来定义住房子市场。

第4章

交易成本和住房市场

约翰 · M · 奎格利

4.1 引言

住房的耐久性、固定性和异质性意味着住房市场上交易成本是很重要的。显然，相比金融市场和大多数消费品市场，住房交易需要高成本的搜寻以获得有关价格和商品属性的信息。住房交易可能要和金融部门进行复杂的谈判，还要和住房市场的参与者讨价还价。而且，主动选择在住房市场中并不常见，市场参与者可能发现住房市场的选择比其他市场的选择要更具不确定性。特别是讨价还价本身对不经常买房的家庭来说成本就很高昂。

邓肯 · 麦克伦南在 1982 年出版的著名学术著作（也是广泛采用的教材）里认识到了住房市场这些特征的重要性（Maclennan，1982）。事实上，该书第 3 章框架的扩展与当时的传统经济学教材明显不同。可以公平地说，这本书永久的贡献之一是对住房市场动态过程的强调以及认识到这些过程对应用研究和经济政策的重要性。本章回顾了关于住房市场交易成本的大多数重要文献，并且评价了考虑交易成本与简单的信息完全市场的无摩擦竞争模型的差别大小。

在本章第二节中，我们对住房市场中相关的交易成本进行了分类。当然，这些交易成本是英国和北美市场制度特有的，大多数的定量数据来自美国。第三节为考察与住房消费相关的交易成本的大小，建立了一个简单的理论模型，其中交易成本用租金或者房屋价值衡量。最后一节介绍这种分析的一些含义。

4.2 交易成本分类

正如麦克伦南（Maclennan，1982，pp. 59-75）所强调的，住房市场不是一个单一的新古典交易市场，而是多个占有方式、地点、大小和质量各不相同的子市场的重叠。它是既有交易资本品、住房的市场，又有交易消费品、住房服务的市场。阻碍市场调整到新古典均衡的因素可以划分成五大类：搜寻成本、法律和管理成本、调整成本、融资成本、不确定性成本。每一类都由可辨别的成分构成，其中有些成分很难衡量和量化，但是非常重要。

⊕ 搜寻成本

住房的异质性以及它特殊的空间特性使得确定可获得的住房是昂贵的。住房市场选择的实质是在住房大小、质量、地点和价格之间的权衡。通常，确认和评估这些特征包括了对不同地点住房的物理性质的考察。有些考察可以简单地通过从一处房产前开车而过，或者查看照片及报纸广告来进行。这些考察消除了购买者对住房的顾虑。任何一个正式列入候选的住房都毫无疑问是潜在租户或者购买者的物理考察对象。有关家庭在作出选择之前考察的住房数量几乎没有任何数据。克拉克（Clark，1993）关于加拿大和美国住房市场研究的报告指出，1/3 的购房者和一半的租房者一般都只有一个替代选择。克拉克（Clark，1982b）研究发现，洛杉矶目前的购房者只是在少于 1 个月的时间内，在大约 3 英里半径的范围内对 15 栋房屋进行搜寻。格拉斯哥的调查数据表明，租房者花费 7～19 天进行搜寻，且大多数租的都是第一个可租的房屋单元（Wood & Maclennan，1982）。

在美国，这些信息，即租房的平均搜寻时间，被收集成试验性住房补贴计划（EHAP）的一部分（Weinberg et al.，1981）。在试验的两个市场中，匹兹堡的中等家庭花费 61 天时间搜寻，它的标准偏差是 19 天；凤凰城的中等家庭花费 37 天时间搜寻，它的标准偏差是 18 天。如果家庭在搜寻期间每周只花费 5 个小时，那么他们总共将要花费相当于一个半或者一个工作周来搜寻住房。这是相当耗费精力的。

对于租房者来说，几乎没有可能雇用中介来减少搜寻成本。对于购房者来说，他们的交易成本更高，因此有充分的理由推测他们投入搜寻的时间一定更长。但是，由于制度的原因，中介或者中间人在搜寻过程中能进行更多的服务替代。按照美国的惯例，买方和卖方经纪人之间的经纪委托费是分开的。对于固定的交易，卖者的经纪委托费大概是住房出售价格的 3%。迪帕斯奎尔和惠顿（Dipasquale & Wheaton，1996）声称，在美国，住房交易的总的经纪（或者房地产代理）费用是 3%～6%。最近伍德（Wood，1996）的一篇论文记载了澳大利亚地产界一般的房地产佣金，平均是 2%～8%，且价格较高的住房佣金比例要小一点。

已经开始出现相关技术为购房者减少这些费用。网络（比如 homegain. com）为获得住房定性和定量方面的数据（至少在住房服务的比较方面）提供了更多的机会。在不久的将来，应用以网络为基础的技术搜寻大量可获得的住房选择是可能的。不同于传统的房源信息单一的市场，在运用多重房源信息系统这一网络技术的市场，是有可能降低购房者的搜寻成本的。

尽管有这种可能，但是住房市场的搜寻成本还是很高。技术能帮助我们消除考虑中不适当的选择，但是最终还是得对房屋进行实地考察。

● 法律和管理成本

租房者和购房者之间的法律和管理成本是有很大的不同的。租赁合同可能有具体的定金支付、关键费用和其他的费用。这可能是几个月的房租，但是在一般的合同中（Jaffe，1996），这些费用到租赁期满的时候应该返还，有时候还要返还利息。但是，这些费用将导致人们的现金流问题，特别是对低收入租房者来说。

对于购房者来说，合同执行期间的法律和管理费用更大。在许多管辖权范围内，从价关税是按照转让时间征收的。这些交易税收在欧洲大陆很普遍。在澳大利亚、英国和美国的许多管辖区内，都征收印花税，即从价征收的转移税费的一种。

在美国和英国的一些管辖区内，财产让与的时候律师要介入，因此就会发生大量的法律费用。地方政府要记录并征收财产让与费。在美国，当交易完成时，大多数的贷方会要求新的产权检查，这常常需要大量的法律费用。最后，还有相关的为公共效用和地方服务而进行开户和转账的费用。购房者的这些交易成本加起来可能就占房屋价值的一定百分比了。据迪帕斯奎尔和惠顿（Dipasquale & Wheaton，1996）估计，这些成本是购房价格的1%～3%。

钱伯斯和西蒙森（Chambers & Simonson，1989）认为，住房总的交易成本占到了住房价值的6%～10%。坎宁安和亨德肖特（Cunningham & Hendershott，1984）则认为大概是12%。马拉特斯塔和赫斯（Malatesta & Hess，1986）报告了他们的观察数据，在100个搬迁者的样本中，购房者的平均交易成本是住房价值的12%。这些成本是相当高的。

● 调整成本

搬迁的调整成本包括支付的费用和精神成本。支付的费用包括转移财产的费用以及搬迁之后遭到损坏不能再使用的家具的价值。从EHAP可以获得低收入租房者这方面相关的估算。匹兹堡家庭支付的费用平均是他们的一个月收入的12%；凤凰城家庭支付的费用平均是他们的一个月收入的3%（Weinberg et al.，1981，表1；Friedman & Weinberg，1981，表1）。

这些估计值看似很低，但是它们代表了低收入租客在市内的搬迁成本。可以推测，短距离搬迁比长距离搬迁的成本要低，而且低收入家庭的财产比较少。相反，阿莱德搬家公司表明，美国1998年的州际搬家成本为9 000美元，大约是月收入的2.5倍。

搬家的精神成本则更难确定。大概来说，长途搬迁的精神成本要高于短途搬迁。原则上，精神成本和交易成本可以表示为某个具有稳定社会经济特征的家庭为继续在原有住房生活所愿意支付的最大成本。戴纳斯基（Dynarski，1986）早期的一篇论文引起了人们对这个概念的关注。文蒂和怀斯（Venti & Wise，1984）以及巴蒂克等（Bartik et al.，1992）估计了这个支付意愿的大小。这两个估计值都来源于 EHAP 的数据。因此，它们可能低估了中等收入家庭，尤其是房屋所有者的支付意愿。

估计值确实很大。梵迪和怀斯的方法表明 EHAP 样本的普通家庭需要效用增长 14%，才会认为搬迁和留下具有同样的吸引力。换算为收入大概是每月60 美元，大约是这些低收入家庭月租金的 50%。巴蒂克等使用的方法表明凤凰城普通低收入家庭的搬迁成本，包括实际费用和精神成本，为收入的 25%（匹兹堡为 14%）。租约较长的家庭承担的总搬迁成本也较高。凤凰城的长辈岁数比平均值高 10 岁的家庭的搬迁成本（含实际费用和精神成本），为收入的34%，匹兹堡为 24%。少数民族家庭的搬迁成本更高，大概反映出了他们更高的搜寻成本。

⊕ 预期和不确定性

家庭对未来的预期和不确定性增加了搬迁的交易成本。如果存在任何合约成本，那么对利率下降的预期将使得住户即时的搬迁更加昂贵，即使选用浮动利率贷款（Quigley，2002）也是如此。预期住房价格下降将降低住户搬迁成本（Chan，2001）。税收变化的预期影响使用者的资金成本，从而影响了住户的搬迁决定和他们购房的倾向（Rosen et al.，1984）。有关不确定性和预期影响之前的交易成本和最终的住房搬迁的例子很多，但却不容易得到定量的估计数。

⊕ 融资成本

除了协商和登记合约、确保产权以及其他的交易成本之外，可能还有纯粹的住房市场交易的融资成本，且这些成本对于一些购房者来说可能是很大的。对于签订固定利率抵押贷款合同的房屋所有者来说，市场利率的增加可能增加抵押合同本身的价值。当利率上升，以合同上的利率计算月付可能就有很大的折现值。除非抵押贷款可完全转让，不然此价值就会随搬迁而彻底消失。仅此因素就会大大增加住房的交易成本。据报道，当利率上升的时候，住户的流动性大大降低（Quigley，1987，2002），家庭更倾向于进行住房的改善和翻新，以避免遭遇过高的交易成本（Potepan，1989）。住房价格的下降增加了搬迁成本，强迫住户实现其住房的资本损失（Stein，1993；Chan，2001）。衰落的市场中，由于卖者对损失的厌恶，市场交易相应减少（Genesove & Mayer，2001）。这也促进了搜寻成本的上升。

抵押融资市场的其他制度方面会增加一些家庭购买住房的交易成本，或从住房所有权市场中完全挤出某些家庭。比如说，尽管风险很低，但人力资本的无法抵押性和等额偿付贷款的联合作用使得一些较年轻的家庭根本不能进入住房购买市场（见本书吉奥科的章节）。

4.3 一个简单的交易成本模型

如前文所述，住房市场的交易成本范围很大，而且来源众多。关于这些费用的大小方面已经有一些研究，至少获得了部分家庭的数据，但是这些数据明显是不完全的。完全弄清这些成本的大小是一个艰难的任务，特别是它们影响的是不同类型的家庭。

有一个简单的模型能够为交易成本的大小给出一个基准。为了便于说明，假设消费者的效用函数是柯布—道格拉斯函数。其中，住房消费是 H，其他商品是 X，住房的单元价格是 P_H；它们的货币计价方式一致，因此：

$$U = H^a X^{1-\alpha} = H^\alpha (Y - P_H H)^{1-\alpha} \tag{4.1}$$

这里，Y 是家庭的收入，α 是一个系数。这意味着住房的需求函数是：

$$P_H H = R = \alpha Y \tag{4.2}$$

在均衡时，家庭消费固定比例的收入用于租金 R。收入为 Y_O 的家庭住房消费 H_O 或者支付租金 R_O（一般来说，租金可以不为均衡时的支出 αY_O）。当家庭消费其最偏好的住房束 H^* 时所需要的收入 Y^* 的解答是：

$$H_O^\alpha (Y^* - P_H H_O)^{1-\alpha} = H^{*\alpha}(Y_O - P_H H^*)^{1-\alpha} \tag{4.3}$$

用租金表示则为：

$$Y^* = \left(\frac{R^*}{R_O}\right)^{\alpha/(1-\alpha)} [Y_O - R^*] + R_O \tag{4.4}$$

因此，收入等式为：

$$\widetilde{Y} = Y^* - Y_O = \left(\frac{\alpha Y_O}{R_O}\right)^{\alpha/(1-\alpha)} (1-\alpha)Y_O + R_O - Y_O \tag{4.5}$$

显然，如果家庭消费的是其满意的均衡水平上的住房服务（也就是，如果 $R_O = \alpha Y_O$），则公式 4.5 右边等于零。反之，由于家庭的住房市场的交易成本大于搬迁住址时获得的效用的等价收入，故家庭不能消费均衡水平上的住房服务。因此，收入等价物 $\widetilde{Y}$ 是住房市场中产生的交易成本的一个低值的估计。对于交易成本低于 $\widetilde{Y}$ 的家庭，住房市场调整将会相应发生。对于没有进行市场调整的家庭，$\widetilde{Y}$ 必然要少于积极参与市场时产生的费用。

如果住房需求函数已知，比如是 $P_H = D(H, Y)$，但是效用函数未知，则消费者剩余的差值大致等于收入：

$$\widetilde{Y} \approx \int_{H_O}^{H^*} D(H, Y) dR + R_O - R^* \tag{4.6}$$

比如，如果住房服务的需求曲线是 log 线性的：

$$\log H = \log Z + \alpha \log P + \beta \log Y \tag{4.7}$$

则代入公式 4.6，得到：

$$\tilde{Y} \approx \int_{H_O}^{H^*} \left(\frac{H}{ZY^\beta}\right)^{1/\alpha} dH - R^* + R_O \tag{4.8}$$

或者，以租金衡量为：

$$\tilde{Y} \approx \left(\frac{\alpha}{\alpha+1}\right)(R^* - R_O^{(\alpha+1)/\alpha} R^{*-1/\alpha}) - R^* + R_O \tag{4.9}$$

同样，$\tilde{Y}$ 是与住房市场交易相关的交易成本的一个低值估算。

　　当然，以上的模型的确是令人不可思议的简单。尤其是，它是从动态调整问题中提炼出来的，因为家庭的住房需求随着时间在他们的一生中不断变化。任何基于此的考虑当然都是很粗糙的。[1]住房价格是一系列特征的向量，并不是标量，这些特征均在一个特征价格框架下被定价。具有不同特点的家庭对这些特征的要求不同（见本书马尔佩齐所写章节）。对这类模型的估计是间接的。但是，基本的一点是，即住房市场交易成本的折现值至少等于由于消费惯性所放弃的效用的折现值，这是量化这些成本的一个办法。

4.4　一些政策含义

　　住房市场的交易成本的大小至少带来两个问题：第一，巨大的交易成本对其他经济的影响；第二，一系列可能可以减少这些成本的政策。

　　有人认为，购房本身的交易成本会通过增加失业率来影响宏观经济。特别是A. J. 奥斯瓦尔德（A. J. Oswald，1997a，1999）认为，住房所有者的移动性小于租房者，当他们失业的时候，也比较不愿意搬迁到能够提供工作的地方。他认为这是事实，就是因为对他们来说住房市场的交易成本要比租房者的大。显然，为这个观点佐证的证据是一系列交叉表格以及双变量之间的关系。在 OECD 国家以及美国和欧洲地区，住房所有率和失业率之间是简单的正相关关系。

　　最近，上述观点得到了一些理论方面的支持。更准确地说，是发展了一些逻辑上连贯的模型来支持此观点。比如，哈维依瓦和考皮（Haavio & Kauppi，2001）创立了具有随机商业周期的跨时跨区域模型，模型中包含了住房所有权市场和租赁市场。当市场在不断地繁荣、崩溃，或者随机不相关的周期中，住房所有者没有遭受资本损失，业主自用和租赁住房的效率其实是一样的（此时资本影响来源于不在的房东）。但是，在任何不变化的商业周期中，一些住房所有者不断地遭受资本的损失。由于外在借贷的限制，这些家庭不能搬迁到那些就业机会扩张的繁荣地带。这种随机的资金损失代表了一种由于债务限制而不是风险厌恶所引起的交易成本。

一种一般的假设认为，住房所有率和失业率之间是相互关联的。美国的格林和亨德肖特（Green & Hendershott, 2001a）对此假设进行了系统的调查。他们考察的是国家层次的失业率和住房所有比例。通过分析 1970—1990 年的固定效应，提取出了一些与该假设不同的信息。当以人口为权重来检验两个变量的关系时，没有得到任何简单的相关关系（事实上测算出的系数是负）。

用年龄来衡量住房所有和失业，然后进行一系列回归，得到住房的所有系数同样是不显著的。格林和亨德肖特（Green & Hendershott, 2001b）比较了一家之主和家庭中的次劳动力之间大致影响的大小。它们是有差别的，因此得出结论："对于那些拥有住房的交易成本与没能立即找到工作的成本密切相关的人来说，拥有房产似乎能影响他们的工作决策。"

当然，家庭并不是随机地分类为买房者或者租房者，这对结果的解释有重要启发。如前所述，购房的交易成本要远远大于租房的交易成本，并且这当中许多都是在搬迁的时候发生的固定费用。一般来说，家庭在进行购房还是租房选择时考虑到了这一点。因此，致使家庭希望成为长期住户的观察到的或者未观察到的那些因素影响了人们选择购房而不是租房的可能性。这种选择性偏见显然导致格林和亨德肖特[2]的报告过度估计了交易成本对失业的住房所有者的影响。

因此，与住房市场有关的交易成本并不见得对劳动力市场有很大的影响，至少目前还没有可信的证据表明经济中住房所有机制导致了较高的失业水平。

但是，这并不意味着没有理由去关注住房市场中的交易成本。许多这些成本是对资源的一种浪费（比如，搜寻所费时间）。其他的如付给市场中介的费用，表面上看是一种国家收入，但是这些资源可以在其他地方得到更好的利用。政府可以帮助优化这种资源分配，它可以在促进信息和公共物品的流动方面起到积极的作用，通过开展讨论会来为简化交易建立一些标准。在律师参与市场不活跃的地区，功能较好的住房所有权市场证明，标准化能够减少法律成本。网上的不动产记录对于地方政府的许多规划和融资活动都是极其有用的。同时，这些网上记录也通过产权搜索的即时性为住房市场参与者提供了外在的好处。更高一级政府能够有效地支持这种外部利益。

租赁者的不动产提名能够节省需求者的搜寻成本和供给者的空置成本。低廉的信息爆炸技术的发展自然降低了部分成本。但是如果这些技术通过各种方式的独家代理各自独立于市场的各个部分，那么这种廉价信息的好处就不能完全实现。政府和专业机构可以帮助生产这些公共物品。

致　谢

本章得益于克里斯蒂娜·怀特黑德、杰弗里·米恩和加文·A·伍德的建议以及特蕾西·戈登（Tracy Gordon）的帮助。

注　释

[1] 举一个简单的例子：考虑 5 年期，家庭收入是 40 000 美元，均衡时家庭收入的 25%用于住房消费。如果我们观察到一个家庭住房消费是收入的 30%，那么根据公式 4.6，我们认为对于这个家庭来说，住房市场的交易成本至少是月住房支出的 10%。

[2] 作者清楚地认识到了这点。事实上，他们（Green & Hendershott，2001b）最近的分析就是试图清楚地解决这个选择性问题。

第 5 章

特征价格模型：精选应用性综述

斯蒂芬·马尔佩齐

5.1 引言

邓肯·麦克伦南教授在 25 年前，即在他的《住房经济学》出版前几年，发表了一篇题为《对住房价格研究的性质和目的的思考》的创新性论文。这两个出版物正合时宜，当时特征价格模型正处于从前沿的实证研究探索向建立价格指数的标准方法转移的过程中。此后，这个标准方法被大量研究所引用。[1] 在这两个出版物和麦克伦南后来的著作中，几个重要主题反复出现。

- 为特征价格模型建立牢固的理论基础的需要，包括但不限于对不均衡产出的考虑。
- 一般性技术参数是否齐全或者合理，包括但不限于缺省变量、公式形式、市场的合理定义以及对研究带有不可避免缺陷参数的释义。
- 对特征价格模型的设计应该符合当时的目的。

在这一章中，我们针对这些问题，选择性地对特征价格方面的文献（并简要地，对其他一些相关的模型）进行了综述。理论是讨论的重点，但也会更多关注应用经济学家如何评价这些模型，而不是专业理论家如何看待它们。特别是，福林和吉门尼斯（Follain & Jimenez，1985a）以及谢泼德（Sheppard，1999）最近的调查研究讨论了某些理论和计量经济学的问题，在本章后面只是进行简要介绍。我们的目的是引导读者参考这些优秀的文献，为此，我们宁肯对它们进行补充而不是挑战。

5.2 什么是特征价格指数？

特征公式方法是将住房花费分解成可计量的价格和数量。因此，不同住房的租金或者不同地点的相同住房的租金可以预测和比较。简言之，特征公式就是住房支出（租金或者价格）对住房特征的回归。自变量是住房的各个特征，回归系数是这些特征隐含的价格的估值。

⊙ 特征公式基本原理

基本上，特征回归是住房单元租金或者价值对决定它们的特征的回归。它假定一个住房单元租金的决定因素是已知的：

$$R = f(S, N, L, C, T) \tag{5.1}$$

式中，R 代表租金（如果是用销售数据估计购房者的特征价格指数，那么用价值 V 来代替）；S 代表结构特征；N 代表社区特征；L 代表市场中的区位；C 代表合同条件或者特征，比如租金是否包括水电费；T 代表考察租金或者价格的时间。

本章所指的特征模型差不多类似于"单公式估计"模型或者"两阶段"模型的"第一阶段"。两阶段模型试图突破特征价格浅显的最初估计，并且在第二阶段中，恢复了每个住房特征的结构性供给和需求参数。

为了计数的方便，我们把向量 S，N，L 和 C 合并成一个大的 X 向量，并且采用一个常见的半对数公式形式（但有时这个公式有待商榷，见下文），公式 5.1 可以紧凑地写成：

$$R = e^{x\beta\varepsilon} \tag{5.2}$$

那么：

$$\ln R = X\beta + \varepsilon \tag{5.3}$$

我们估计得到：

$$\ln R = Xb + e \tag{5.4}$$

这里，β 和 ε 是未知的真实系数，b 和 e 是它们的估计值。

现在，根据对数的性质，住房单元的预测租金可以由 $R = e^{xb}$ 计算；给定单个属性的水平 X_1，以及其他 $m-1$ 个属性的水平 $X_{i \neq 1}$，则单个属性 X_1 的价格可用美元或者英镑表示成：

$$P = e^{xb} \tag{5.5}$$

注意，根据公式中的对数因素，X_1 或者其他单个属性的美元或者英镑价格随其水平以及其他 X_i 水平的变化而变化。价格是非线性的，这点在后面将重新阐述。

⊙ "第二阶段"特征模型：重现结构参数

许多关于特征价格的文献集中于之前讨论的基本特征关系。但是，正如罗森等所指出的，上面讨论的特征公式是一种简化的形式。在某些假定下，特征公式也能解释结构参数。比如，如果所有属性的供给都是完全弹性的，那么特征参数就揭示了对这些属性的需求。但是，通常在现实中，不可能存在这么严格的假定。许多论文试图复原供给和需求方面的结构参数，或者至少是属性的需求方面。

特别的是，由于样本中美元或者英镑的价格是变化的，如果属性的水平也变化，那么就可以利用这种变化来估计各个参数的价格弹性。比如，许多文章经常假定，第一阶段特征价格是对数的，第二阶段需求模型是线性的。在公式形式上，每个属性的价格经常放在左边，比如假定逆需求关系来估计每个属性的公式，其形式如下：

$$P_{1i} = D_i\alpha_1 + S_i\gamma_1 + \mu_{1i}$$
$$P_{2i} = D_i\alpha_2 + S_i\gamma_2 + \mu_{2i}$$
$$\vdots$$
$$P_{mi} = D_i\alpha_m + S_i\gamma_m + \mu_{mi}$$

(5.6)

这里仍然是 $P_{1i} = e^{zb}$。需要注意的是，由于上面讨论过的价格是联合决定的特征，每个 m 属性的价格将随着不同观察值而变化（观察值随着 i 的不同而变化）。有了价格的变化，就能进行对需求的估计。

福林和吉门尼斯（Follain & Jimenez, 1985b）以及威特、萨姆卡和艾瑞克森（Witte, Sumka & Erekson, 1979）从这些模型中估计了对住房属性的需求。向量 D 和 S 代表外在的需求和供给的变化，比如收入或者输入成本（特别是土地）。一般假定供给是弹性的，则模型只包含更容易获得的需求变化，比如家庭收入或者家庭规模。因此，第一阶段的数据集原型应该包括家庭水平的数据，这些数据与因变量的租金和售价以及相关的属性 S, N, L 和 C 都相匹配。第二阶段数据集原型还包括家庭/住户单元水平的需求和供给的变化。有时家庭水平的数据会附上社区水平的数据。[2]

大多数两阶段特征需求模型的建立中，公式形式占据了中心地位。这一观点虽然在文献中很少讨论，但是现在被大多数有经验的研究者认可。如果第一阶段特征回归是线性的，那么在样本中特征价格将不会发生变化，因此也就无法估计第二阶段。事实上，正是由于特征公式形式和二阶段需求公式形式之间的区别，才使得此系统具备可估性。纳尔逊（Nelson, 1982a）对威特、萨姆卡和艾瑞克森（Witte, Sumka & Erekson, 1979）早期典范研究作出了有远见的批判，其中清楚地表达了这一观点。威特等（WSE）估计了对数特征和对数需求函数；纳尔逊指出这些事实上都是不可估的，WSE 得到数据的估值实际上是由凑整误差产生的。另一方面，若模型的第一阶段是对数特征公式、第二阶段是线性需求公式，它可能是可估的（尽管也存在遗留问题，见下文）。

5.3 重复销售模型

本章的重点是特征价格模型。为了更好地阐述这个模型，我们简要回顾一下另一个定价模型，即重复销售模型。这个模型实际在某些方法上与特征价格指数是相关的。[3]

要估计重复销售指数，所分析的数据中的所有住房单元至少经过了两次交易。我们可以通过这些数据计算销售价格的年增长百分比。[4]这就是纯粹的时间序列指数。它们并没有提供个别住房特征值或者价格水平的信息，但是它们的优势是它们是建立在真实的交易价格之上的，因此原则上就回避了变量遗漏偏差的问题。

一种理解重复销售指数的关键特征的方法是重新考虑特征价格模型。考虑一个简单的半对数特征公式：

$$\ln P = X\beta + \beta_1 T_1 + \beta_2 T_2 + \beta_3 T_3 + \beta_4 T_4 \tag{5.7}$$

这里 P 是住房单元的价值或者租金，向量 X 包含了所有相关的特征，特征持续时长相同，虚拟变量 T_i 代表最初基期后的时期。[5]

向量 X 代表特征公式中一系列住房和社区的特征。向量 T 是一系列代表考察时期的虚拟变量，可以是月份、季度或者年份，这取决于可获得数据的类型。

考虑一个在时期 2 和时期 4（基准时期是时期 0）出售的住房"A"。在时期 2 有：

$$\ln P_2^A = X\beta + \beta_1 T_1 + \beta_2 T_2 + \beta_3 T_3 + \beta_4 T_4 = X\beta + \beta_2 T_2 \tag{5.8}$$

因为 T_1，T_3 和 T_4 都等于 0，通过简单的推导，当然在时期 4 有：

$$\ln P_4^A = X\beta + \beta_4 T_4 \tag{5.9}$$

两者相减得：

$$\ln P_4^A - \ln P_2^A = X\beta + \beta_4 T_4 - X\beta - \beta_2 T_2 = \beta_4 T_4 - \beta_2 T_2 \tag{5.10}$$

这就是一个典型的被销售两次的住房单元。已知这些单元的样本时，我们要求"平均"的 β_2、β_4。回顾一下，实际上，回归公式是要估计一系列的条件均值。很明显，通过减法，去除了没有发生交易的时期内的特征向量以及时间的虚拟向量。格林和马尔佩齐（Green & Malpezzi，2001）用简单数据对这一点进行了验证。

另一个改良的方法是引进随时间增加的住房价格偏差。在今天的计量经济学说法中，这些价格是不平稳的。凯斯和希勒（Case & Shiller，1987）为缓解这些问题，对贝利、穆特和诺斯（Bailey，Muth & Nourse）模型进行了改进。刚才描述过的这个模型作为第一个阶段，从这个第一阶段模型中得到的残差用来设权重，然后运用常用的最小二乘法，用这些权重来消除异方差。

目前有大量文献讨论重复销售指数，因为它们具有很多优点。第一，不要求任何关于住房单元特征的信息（除此之外，单个住房单元在销售期间没有重大的特征变化）。第二，这种方法基于十分易获取的数据集，至少在美国能够及时获得，它们有详细的地理细节，但是没有详细的住房特征。比如，凯斯和希勒早期的著作用的是房地产估价师协会的数据。美国目前大多数这一领域的研究都是由房利美（Fannie Mae）和房地美（Freddie Mac）承担，它们具有能够获得来自全国大量交易的大数据集的优势。

但是，重复销售方法也有很多缺点。[6]第一，美国可以获得大量的原始数据，但是其他国家就很难得到数据，包括英国。第二，这种方法最多只能估计价格的变化，不能估计价格水平或者地点对地点的价格指数等方面的信息。当然，重复销售方法可以和其他方法混合使用，也就是说，更新一些其他的方法已建立的价格水平。第三，由于只有一些住房单元在给定的时期内交易两次，因此，重复销售方法只利用了住房市场中一小部分潜在的信息。

重复销售可能存在的其他问题还包括：交易频繁的住房单元可能与代表整体存量的单元有系统性的差别。这种选择的偏见有多大的问题主要取决于指数的目的。如果指数的目的是为了跟踪市场上可售住房单元的价格，那么就不会有什么问题。

这种方法同样暗含了单元住房服务的数量或者质量不随时间的变化而变化的假设。当然，这个假定在一定程度上常常被推翻。建立这些指数的人花费了大量时间剔除一些升级了的住房单元，比如说，使用建筑许可附属的数据或者可用数据集中的有限的建筑信息。同时，这种方法还假定基础特征价格模型的参数是不变的。这就允许模型可以不包含住房特征，但是这个假定同样引起争议。比如，当家庭规模变小时，假设其他条件不变，那么卧室的价值也相应变小。因此，不考虑特殊市场时，1990年时卧室的特征系数几乎肯定与1960年的不同。[7]

5.4 特征价格模型的本源

本质上，是异质性产生了特征关系。模型假定市场上有一个异质性的住房存量，异质性只有花费成本才能进行修改；消费者也是异质的，对同样的特征变量束持有不同的估价。关于特征价格模型全部的历史可以写出另一篇论文，但是，有必要确认这种方法的根源，因此，这里列举一些经典的文献。

两篇经常被引用的经典论文是由凯尔文·兰开斯特（Kelvin Lancaster，1966）和舍温·罗森（Sherwin Rosen，1974）写的。[8]兰开斯特集中研究市场的需求方面，提出了微观经济学理论中一个复杂的分支。在这个理论中，产生效用的是物品特征而不是物品本身。这个理论对住房的应用是直接并且明显的。例如，在家我感到很幸福，而不是在任何可以称为"住房"的场所里。家是一个温暖干爽的地方，安静的空间摆放了舒服的椅子，有功能完善的卫生间或者是我期望的温暖的浴盆，其他房间有成堆的论文或者是淘气的小孩。[9]因此，很多特征研究引用兰开斯特的著作，因为有理由认为他的著作确实为分析产生效用的特征提供了微观基础。兰开斯特用"行为分析"工具发展了这个理论，不仅仅在住房方面，还应用到了其他领域，比如金融资产、劳动/休闲的权衡以及货币需求。

兰开斯特主要的贡献可能是他把两个仍然有争议的问题提出来，这两个问题是：什么是住房"商品"，以及它如何与更加基本的特征联系起来。

罗森（Rosen，1974）的研究是另一篇经常被引用的经典文献。和兰开斯特一样，罗森集中于特征研究。但是他较少研究它们的效用性质，更多的是在一个特征的招投标的框架中研究供给和需求是如何相互作用的。此外，虽然罗森没有刻意讨论函数形式，但是他的模型自然而然地引出了一个非线性的特征价格框架。尽管罗森没有涉及如何估计结构参数，但是，许多两步骤特征需求模型经常特别引用罗森作为理论基础。

当然，其他的早期理论论文也为这方面的研究作出了贡献。一个是约翰·希克斯爵士（Sir John Hicks，1939，1960）对"复合商品"的阐述，另外还有费希尔和塞尔（Fisher & Shell，1971）相关的"分装假说"以及特里普利特（Triplett，1974）早期的著作。

对于特征价格模型的估计，被奉为先驱而大量引用的不是住房的应用，而是由 A. T. 考特（A. T. Court，1939）建立的汽车特征价格指数。之后格里利谢斯（Griliches，1961）的汽车应用研究也比较有影响，但它仍属于早期研究之一。最近，古德曼（Goodman，1998）、科尔韦尔和迪尔摩尔（Colwell & Dilmore，1999）在这个方面研究颇多，他们介绍了更多考特的早期作品甚至是更早的华莱士（Wallace，1926）和哈斯（Haas，1922）的贡献。我很少看到认为两阶段研究具有重要地位这类的讨论，威特等（Witte et al.，1979）以及埃文等（Awan et al.，1982）推动了这方面的研究。

5.5　特征建模的概念性问题

这一节主要讨论特征建模方面的一些基础理论的重要性问题。这里的讨论较简洁，这是因为福林和吉门尼斯（Follain & Jimenez，1985a）以及谢泼德（Sheppard，1999）最近的研究，包括下文中引用的一些其他的研究已经详细讨论过这个问题。

●两个确认问题

如何在供给和需求的相互作用的数据中分解出二者，这个确认问题困扰了应用计量经济学家很多年。除了"通常"的确认问题，特征需求的两阶段特征分析面临着另外一个潜在的问题。这个问题来自价格结构的非线性。在普通的供求模型中，个体消费者（以及常常还有供给者）是价格接受者。这就是说，商品的价格是外生的，消费者在既定价格下选择商品的数量。而在非线性特征价格模型中，不管是简单的对数模型还是更复杂的形式，价格和数量都与建设量有关。事实上，消费者选择的是一些特征的数量和它们隐含的价格。布洛姆奎斯特和沃利（Blomquist & Worley，1982）、戴蒙德和史密斯（Diamond & Smith，1985）、福林和吉门尼斯（Follain & Jimenez，1985a）以及谢泼德（Sheppard，1999）都详细分析了这个问题，读者可以参考他们各自的文献。可以说，许多研究都试图利用成熟发展的技术（比如辅助变量）来处理这些问题。但一如往常，解决这个问题还需要更好的工具。

●均衡还是非均衡模型？

住房市场的另一个普遍特征是极其昂贵的调整过程使常用的市场均衡假设不再合理。事实上，在麦克伦南（Maclennan，1982）的论文中，他常常提及住房市场的非均衡性质：这种均衡的后果是什么？怎么处理？

某些办法是有可能解决非均衡问题的。除了参考这里所举的例子，还可以参见本书涂写的章节。一个对付非均衡问题的方法是，用均衡或者接近均衡的观察值来估计特征价格公式。比如，可以使用切换回归方法，它基本上遵循鲍登（Bowden，1978）描述的计量经济学方法。这些方法广泛应用于住房市场，特别是费尔和杰斐（Fair & Jaffee，1972）。但是，他们的模型一般都是对住房决定因素的研究，并不是住房价格模型。另一个晚期的非均衡特征模型的例子是阿纳斯和阿欧姆（Anas & Eum，1984）的研究。

实现这个转换回归模型必须要克服一些困难。第一，有必要弄清区别均衡和非均衡观察值的过程的性质，在典型的面板特征样本中怎么进行区分经常是不明显的。第二，由于特征价格指数的目的的不同，成功估计出的均衡价格不一定是其所需要的。比如，如果一个人建立地点对地点的价格指数来研究生活成本，或者设定住房补贴的合适水平，他大概希望这个指数能够反映真实的市场价格，不管它是不是均衡的。

另一个可选方法不是关注非均衡对价格指数建立的影响，而是特定子市场或特定时期内的不均衡的大小以及回到均衡的调整过程。对这方面的原则进行研究的包括亚伯拉罕和亨德肖特（Abraham & Hendershott，1996）、德雷曼和福林（Dreiman & Follain，2000）以及马尔佩齐（Malpezzi，1999），他们均研究了价格的时间趋势。尽管他们研究的重点细节不同，但是这些研究都有三个步骤。第一，估计一个时间序列的价格指数。[10] 第二，找到区分出均衡价格的方法。在这些研究中，如果价格在下期的变化接近零的时候，就认为价格是接近均衡的。利用这个均衡价格子集对它们的基本决定因素进行估计，比如收入、最近的增长、供给条件等等。这时我们就获得了每个时期实际的价格和指数以及均衡价格的估计，那么也就获得了非均衡的估计。第三，也是研究的最后一个阶段，研究非均衡的决定因素，包括在这些时间序列的研究中，一旦市场被"冲击"，回到均衡的时间路径的性质。

5.6 特殊问题说明

在这一节中，我们对一些实际的问题进行讨论，比如利用什么变量或者公式形式以及怎样定义市场的地理性质。但是首先，我们必须注意到为何这些问题的研究总是看起来特殊性非常强的原因。非常遗憾的是，"关于特征模型，理论告诉了我们什么"，对这个问题的回答简单地说就是："理论没有告诉我们什么。"这方面的研究，比如兰开斯特（Lancaster，1966）和罗森（Rosen，1974），很完美地提出了住房特征的模型，但是没有提及这些特征到底是什么以及它们和价格的关系如何。

●因变量的选择

第一，选择因变量就是选择住房单元的租金或价格。由于术语比较模糊，房地产专家特别容易感到混淆，有时住房经济学家也是。"住房价格"常常被认为是"住房价值"的同义词，当然它只有在特定情况下才是真实的"价格"。但是这种用法现在已经太深入人心，以至于连住房经济学家都需要用特定的上下文来确定它们的含义。

当然，众所周知，住房租金和住房价值是相关的，尽管只有特殊情况下二者才成比例关系。例如，安布罗斯和诺斯（Ambrose & Nourse，1993）以及菲利普斯（Phillips，1988）等的研究探索了这种关系的系统偏差，或者说"资本化率"。关注租金的研究必须考虑不同住房单元的租约与合约条件的不同带来的问题。一个显著的例子就是租金是否包含水电费。一种通常的做法是先得到不含水电费的住房单元需要缴纳的水电费，再将其与租金进行加总，这样样本的租金在服务方面就具可比性。用假定的资本化率计算，可以获得年度的支付总额（定金或者"额外租金"），然后加入租金，比如马尔佩齐（Malpezzi，1998）对开罗租金管制单元的额外租金的研究。另外，也可以利用合同租金作为因变量，但是右边要加入虚拟变量，来表明包括租金包含的各种服务。这样参数估计值中就排除了各种效用的价格，而成为净租金指数。

估计价值的特征回归还会出现一些其他的衡量问题。许多研究采用住房所有者或者住户估计的单元价值，这就产生了对于这种自报估价的精确度的顾虑。一些论文利用美国数据研究了这个问题，比如卡因和奎格利（Kain & Quigley，1972b）、福林和马尔佩齐（Fallain & Malpezzi，1981b）以及古德曼和伊特纳（Goodman & Ittner，1992），但是至今还没找到美国以外地区对这个问题的研究。早期的研究，比如卡因和奎格利以及福林和马尔佩齐指出的，所有者估价的方差很大，但是偏差却是适度的。当给定足够的数据时，基于所有者估价的特征模型将是合理可靠的。但是古德曼和伊特纳最近的研究发现了较大的偏差，并认为需要更加谨慎。

近期销售"价格"（从近期可观察的交易中获得的住房价值）作为因变量有一些明显的优点。近期交易数据相比占有者或者所有者的估价，潜在的偏差更少且准确性更大，但近期销售样本并不是总住房存量的一个随机抽取。如果是要建立可售单元的市场指数，这不是问题。但是如果是要建立总存量的指数，就必须考虑可能的选择偏差。盖兹拉夫和豪瑞恩（Gatzlaff & Haurin，1997）的一些论文对这些偏差进行了检验。检验常常拒绝偏差不存在的零假设，但是迄今为止，大多数研究都发现偏差是适度的。

一些数据集简化了住房价值，比如美国住房调查的数据将 300 000 美元以上的交易仅仅记录为"大于 300 000 美元"。这种因变量的简化会使结果具有极大的偏差。麦德拉（Maddala，1983）提出了一些计量经济学技术在这些简化造成问题时来弱化此类偏差的影响。

● 自变量的选择

理论上，公式左边可以包含上百种潜在的住房特征。但遗憾的是，巴特勒（Butler，1982）以及奥赞和马尔佩齐（Ozanne & Malpezzi，1985）认为，考虑到缺省变量时，参数估计会缺乏可靠的力度。但有趣的是，缺省变量和内含变量之间同样的相关性，虽然带来了单个参数估计的偏差，但却常常能改善"稀疏"模型的估计。这就表明，即使必须更加谨慎地应用依赖个别系数的研究，依赖于总体估计的特征价格模型也可以同步发展，比如地点对地点的价格指数，或者住房补贴的成本—效用分析。

尽管理论没有多大的指导作用，但许多研究经验仍然证实，不管出于什么目的，一个充分的数据集都应该包括以下几方面：

- 房间：总数以及类型（卧室、浴室等）。
- 住房单元的建筑面积。
- 结构类型（单户家庭：非独栋或者独栋；多户家庭：住房单元数和楼层数）。
- 制热和制冷系统的类型。
- 住房单元的已建成年数。
- 其他的结构特征，如地下室、壁炉、车库等。
- 主要结构材料类型和设施质量。
- 社区变量，可能是整体的社区分级、学校质量、社区的社会经济特征。
- 到中心商务区或者副就业中心的距离；购物、上学和其他重要出行的可达性。
- 影响住房价格的权利特征：行权时间（特别是对租赁者而言），租金是否包含水电费，以及可能的种族和道德特征（假设它们影响使用者的住房服务的单位价格）。
- 数据收集的时间（特别当数据收集要花费几个月或者几年时）。

尽管所举的项目并不完全，但仍是相当普遍的。霍金（Hocking，1976）、艾美米亚（Amemiya，1980）和利莫尔（Leamer，1978）对于真实的变量选取都作出了有用的指导。

● 一般的函数形式

任何特别的特征回归函数形式的选择都没有强劲的理论基础，这点可参见霍尔沃森和波拉克斯基（Halvorsen & Pollakowski，1981）以及罗森（Rosen，1974）的研究。比如，福林和马尔佩齐（Follain & Malpezzi，1980b）检验了一个线性公式形式和一个对数线性（也叫做半对数）形式。但是他们发现，对数线性形式有很多超越线性形式的优势，详述如下：

对数线性形式是：

$$\ln R = \beta_0 + S\beta_1 + N\beta_2 + L\beta_3 + C\beta_4 + \varepsilon \tag{5.11}$$

其中，$\ln R$ 是估算租金的自然对数；S、N、L、C 分别表示住房的结构、社区、区位和合同特征[11]；β 和 ε 分别表示特征回归系数和误差项。

对数线性形式有五个方面值得推荐。第一，半对数模型允许某个特征的货币价值的变化，这样每个要素的价格都部分依赖于其他住房特征。比如，线性模型中只有一个卧室的住房里面增加第三个浴室，和有五个卧室的住房里面增加第三个浴室的效用是一样的。这看起来不可能[12]，但半对数模型允许特征的附加值能够随着住房的规模和质量不同而发生相应的变化。

第二，半对数模型的系数有一个简单但是吸引人的解释：如果自变量变化一单位，系数就是租金或者价值的百分比的大致变化。比如，如果代表中央空调的变量的系数是 0.219，则表示如果添加中央空调，租金或者价值就会增加 22％。〔事实上，百分比的解释只是一个近似值，对虚拟变量也不一定准确。霍尔沃森和帕姆奎斯特（Halvorsen & Palmquist，1980）认为，$e^b - 1$ 是一个更好的百分比变化的估计，这里 b 表示估计的系数，e 表示自然指数。因此更好的中央空调附加值的估计应该是增加 $\exp(0.219) - 1 = 24\%$。〕

第三，半对数形式经常减少了通常的统计问题，比如异方差或者自相关。

第四，半对数模型计算简单，符合实例。半对数形式的唯一威胁是预测的对数住房价格的反对数，并不是预测价格的无偏估计。但是，这个问题可通过修正解决（参见 Goldberger，1968）。

第五，公式右边可以加入参数弹性，运用虚拟变量（指示变量）、样条回归或其他更简洁的形式。这就大大增加了半对数函数估计的灵活性。

但是，一些作者建议使用比半对数模型更加灵活的公式形式。常见的一个灵活形式是由克里斯滕森等（Christensen et al.，1973）提出的转对数函数形式：

$$\ln R = \beta_0 + \sum_m \beta_m \ln X_m + \frac{1}{2} \sum_m \sum_n \gamma_{mn} \ln X_m \ln X_n \tag{5.12}$$

这里 $\ln R$ 仍然表示租金（或价值）的自然对数；X 有 m 个特征。转对数形式的例子可以参见卡博萨等（Capozza et al.，1996，1997）的研究。

还有一类甚至更加通用和灵活的函数，它们包含了线性、对数和转对数函数。博克斯和考克斯（Box & Cox，1964）谨慎地对这些灵活形式进行了分析，而霍尔沃森和波拉克斯基（Halvorsen & Pollakowski，1981）则把它们应用到特征价格中：

$$R^{\theta} = \beta_0 + \sum_m \beta_m X_m^{\lambda} + \frac{1}{2} \sum_m \sum_n \gamma_{mn} X_m^{\lambda} X_n^{\lambda} \qquad (5.13)$$

这个形式已经相当灵活了，这里参数 θ 和 λ 限制了函数形式。[13] 比如，当 θ 和 λ 都为1，λ_{mn} 都为0的时候，Box-Cox 形式变成了一个简单的线性形式。当 θ 和 λ 接近于0，γ_{mn} 都为0的时候，Box-Cox 形式变成了一个对数形式。当 θ 和 λ 接近于0，但有些 γ_{mm} 不为0的时候，Box-Cox 形式变成了一个转线性形式。

此处适合再次强调函数形式在供求的两阶段特征结构模型中起到的特殊作用。我已经注意到这个重要的事实：正是函数形式——事实上，是步骤之间不同的函数形式——使得需求（或者需求和供给）函数的系统具有潜在可估性。因此，如果说理论对于特征关系的函数形式没有指导作用，对于特征的需求的第二阶段的估计也只起到了微小的指导作用，这就是特别有问题的。

● 函数形式以及自变量

如果数据允许，自变量中正确地使用虚拟变量或者指示变量是有用的。比如，在半对数特征回归中，加入代表总房间数的变量就阻止了在一个三间住房的单元中再加入一个房间以及在一个六间住房的单元中再加入一个房间二者的百分比变化的一致性。如果自由度允许，至少最常见的价值可以用虚拟变量来表示，这就使得形式更加灵活。马尔佩齐等（Malpezzi et al.，1980b）提供了一些额外的细节，比如如何处理虚拟和连续变量的组合。对此可以参见哈罗德·沃茨（Harold Watts，1964）和休茨（Suits，1984）的经典文献综述。当因变量是对数形式时，怎么解释虚拟变量的专题可以参见霍尔沃森和帕姆奎斯特（Halvorsen & Palmquist，1980）以及肯尼迪（Kennedy，1981）的研究。

当然，虚拟或者指示变量并不是提高公式右边的灵活性的唯一方法。连续变量可以加入二次公式（或者立方以及更高次方）形式。事实上，运用样条分段技术可以轻易地建立想要的灵活形式。

● 市场和子市场定义

子市场的定义和检验是麦克伦南的著作中一个重要的重复主题。住房市场是地区性的、多样性的，并且特征价格的估计要求认真考虑子市场（参见涂写的一章）。

特征模型中子市场的假定可以粗略地划分如下：第一类把市场定义为整个国家，或者至少一个大的地区，或者可能是一个州。利纳曼（Linneman，1981）和斯特鲁伊克（Struyk，1980）建立的是国家范围的特征价格模型，而米尔斯和西蒙乃尔（Mills & Simenauer，1996）表述的是地区的模型。第二类采用都市区域作为分析的单位，包括笔者的很多著作、马尔佩齐等（Malpezzi et al.，1980b）以及福林和马尔佩齐（Follain & Malpezzi，1980a）。都市区域经常被认为多少是劳动力市场，把住房市场和劳动力市场认为是大致一样的，这种做法当然很吸引人。第三类是都市区以下的子市场的分析，包括麦克伦南自己很多的著作以及斯特拉斯海姆（Straszheim，1975）、加布里埃尔（Cabriel，1984）、格里格斯比等（Grigsby et al.，1987）、罗滕伯格等（Rothenberg et al.，1991）、麦克伦南和涂（Maclennan & Tu，1996）、布拉萨等（Bourassa et al.，1999）的研究。这些子市场可以根据地点（中心城市或者郊区）、住房质量水平、种族或者收入水平进行细分。

使用大数据集和检验子市场的存在性的研究通常都是通过分割样本，对分样本进行特征系数一致性的 F 检验，结果总是会发现：F 检验常常拒绝原假设。太田和格里利谢斯（Ohta & Griliches，1975）建议使用一个更保守的集中于回归的标准误变化的方法，来分析细分模型的预测能力。

5.7 特征建模现状

● 单公式模型还是结构模型？

把上面所讨论的问题都集合起来——特别是确认问题、特殊因素的不完全性和普遍的系数估计的非强劲性——我们发现可靠的两阶段需求特征结构估计是困难的。定性地看，这是我们在世界银行需求研究项目中得出的结论，这项研究花费了大量资源，它在建立需求的特征模型上，以试图提高低成本住房工程设计的质量（Follain & Jimenez，1985b；Gross，1986；Mayo & Gross，1987）。

这并不意味着沿着这些方向开发有用的模型是没有希望的。尽管总住房需求模型存在不可置疑的问题，但是它仍然很好用（参见 Mayo，1981；Olsen，1987；Whitehead，1999）。金（King，1975）提出了一个"夹层"式的模型，这里住房被分解成三类：空间、质量、区位。沿着这个方向开展以后的工作可能能够获得相当多的成果。

● 特征因素界定：艺术还是科学？

一般来说，模型的确定是一门艺术也是一门科学：变量的选择、函数形式和子市场定义。当样本规模很小，特别是模型应用需要提供某些样本的预测值时（比如应用管制租金或者补贴单位的定价），最好的选择常常是简略的界定，并将市场定义为都市区。但是当样本很大且抽取方法合适时，特别是当特征模型只关注单个都市区时，一般应用更灵活的函数形式和更加注意子市场的划分的效果更好。

应用正式界定因素的检验的文献不算多，比如豪斯曼（Hausman，1978），这多少有点令人惊奇，因为界定在特征分析中是一个重要的问题。伯吉斯和哈蒙（Burgess & Harmon，1982）的研究是一个值得进一步引用的有趣的例子。

5.8 应用举例

尽管特征模型存在许多重要的和有趣的理论问题，并且其中的一些我们已经在前面讨论过，但是我们最终的主要兴趣还是在于理解现实中的住房市场，也就是特征模型的应用。限于篇幅，笔者无法进行详尽的回顾，但是这里将举一些例子。笔者列举了一些有代表性的应用的标题；注意，虽然笔者对美国文献最熟悉，也经常引用它们，但是特征模型如今确实已经在全世界都有广泛应用。正如麦克伦南（Maclennan，1982）和鲍尔（Ball，1973）在著作中明确指出的，英国当然也有历史悠久、数量庞大并在不断增加的文献，欧洲其他地区和北美洲也一样，但是事实上特征模型已经应用到全球人们常住的各个地区。[14]

特征模型的第一个也是最重要的应用是它大大改善了住房价格指数，不管是时间序列、地点对地点还是面板数据的价格指数。例如福林和奥赞（Follain & Ozanne，1979），乔汉和普鲁多姆（Chowhan & Prud'homme，2000），英格伦、奎格利和雷德费恩（Englund，Quigley & Redfearn，1998），福林和马尔佩齐（Follain & Malpezzi，1980b），霍夫曼和库尔兹（Hoffman & Kurz，2002），莫尔顿（Moulton，1995），马尔佩齐、秦和格林（Malpezzi，Chun & Green，1998）以及蒂瓦里和长谷川（Tiwari & Hasegawa，2000），他们的研究基本上都是为了提高住房价格水准的精确度。一些特征研究被用来建立特殊目的的住房价格指数，比如，用来改善贫穷阈值的计量（Short et al.，1999）。

还有研究检验了城市层次的特征价格。除已讨论的子市场检验之外，还有很多关于阿朗索、穆特和米尔斯（Alonso，Muth & Mills）的"标准城市模型"的检验。标准模型预测，从城市中心开始，随着距离的增大，住房价格一般下降。其他模型，如基于地方宜人程度的模型以及多中心模型有着不同的预测。阿代尔等（Adair et al.，2000）、福林和马尔佩齐（Follain & Malpezzi，1981c）、莫佐林（Mozolin，1994）、索德伯格和詹森（Soderberg & Janssen，2001）都使用特征模型检验了城市内住房的价格差异。"标准模型"的结果是混合的这点可能并不奇怪，并且，尽管住房价格从CBD开始随着距离的增加有普遍的下降趋势，但是宜居度、分中心一般也起到了重要的作用（同样可以参见本书吉布的章节中对这个问题的深入讨论）。

特征模型也用来衡量环境质量的好坏。常见的一个方法是检验周围环境好时住房价格是否上升，或周围环境差时价格是否下降。这方面文献的例子包括切希尔和谢泼德（Cheshire & Sheppard，1995），弗里曼（Freeman，1979），博伊尔和基尔（Boyle & Kiel，2001），侯·希耶和塞瑞奥尔特（Des Rosiers & Theriault，1996），丁、赫斯里和本德（Din，Hoesli & Bender，2001），加罗德和威利斯（Garod & Willis，1992a，b）。

其他许多有意思的研究集中于讨论个别系数。根据前面讨论的特殊要素确定问题，我们必须经常警惕对这些个别系数的解释。有了这种警惕，许多研究都考察了住房价格在种族、道德以及社会经济方面的不同。卡因和奎格利（Kain & Quigley，1972a）、福林和马尔佩齐（Follain & Malpezzi，1981a）、钱伯斯（Chambers，1992）、盖斯特（Galster，1992）、纳尔逊（Nelson，1982b）、范戴尔（Vandell，1995）都对这方面的文献作出了许多贡献。其他研究用建成时间的特征系数来衡量贬值，比如马尔佩齐等（Malpezzi et al.，1987）、克拉普和贾科托（Clapp & Giaccotto，1998b）、古德曼和蒂博多（Goodman & Thibodeau，1995）、希林等（Shilling et al.，1991）的研究。

特征价格已经应用于评价住房单元的市场价格，以及后来的价格补贴或者是公共住房供给，以便于计算不同住房补贴计划的成本和收益。奥尔森和巴顿（Olsen & Barton，1983）、布切尔和侯斯利（Buchel & Hoesli，1995）、德·博奇（De Borger，1986）、奎格利（Quigley，1982a）、沙特桑吉（Satsangi，1991）、特纳（Turner，1997）、吉布和麦凯（Gibb & Mackay，2001）、威利斯和卡梅伦（Willis & Cameron，1993）都是这方面的代表例子。与此紧密相关的是管制的成本收益研究，包括租金管制，比如奥尔森（Olsen，1972）、马尔佩齐（Malpezzi，1998）、威利斯和尼科尔森（Willis & Nicholson，1991）。

特征模型的另外一个重要的用处是评估单个住房单元。评估人员和其他房地产市场方面的专家越来越多地使用特征模型。它们可以用来提供评估人员和注册估价师的专业水平（Dubin，1998），或者用于房地产税收的批量评估以及其他公共目的，参见贝里和比纳斯（Berry & Bednarz，1975）、拉斯特（Lusht，1976）、佩斯和吉利（Pace & Gilley，1990）的研究。

特征模型同样可以用来进行大范围的宜居程度和成本的资本化。这方面最早的文献是研究不同的地方税率可否在资本化后加入到价格中，接着有蒂布特模型（Tiebout，1956），后来被奥茨（Oates，1981）扩展。经过一些初期错误后，埃德尔和斯科拉（Edel & Sclar，1974）和金（King，1977）的研究清楚地说明了衡量公共服务和税收的需求，并且指出了一些正确的检验函数的细节问题。后来的许多研究都发现了收益和税收的资本化。佐罗（Zodrow，1983）作了一个方便实用的综述。

除了上面讨论的问题之外，最近许多研究都试图重新讨论住房的个别或多个特征的需求参数（有时候是供给和需求参数），进行这方面研究的包括埃文等（Awan et al.，1982）、巴夏和巴茨（Pasha & Butts，1996）、威特等（Witte et al.，1979）、考夫曼和奎格利（Kaufman & Quigley，1987）。

5.9　结论

目前，很多关于特征模型的理论问题的研究仍在进行。理论研究持续高速地完善特征模型的基础，特别是探讨笔者在两阶段结构模型中指出的一些问题。除了以上列出的文献，还可以参见罗文德（Rouwendal，1992）和埃普尔（Epple，1987）的论著。

另外一种思考特征模型的方法是一种不同的两阶段程序：用于特征估计的样本可以不是从大量的住房中随机抽取的，而是挑选的样本（特别是当运用交易数据库时）。艾米斯等（Ermisch et al.，1996）、加德和希克斯（Jud & Seaks，

1994)、克拉普等（Clapp et al.，1991）都是解决选择性问题的研究例子。

在函数形式方面，一个最新的领域是避开所有的参数形式。安格林和勒曼扎（Anglin & Ramazan，1996）、梅森和奎格利（Mason & Quigley，1996）、米斯和华莱士（Meese & Wallace，1991）、佩斯（Pace，1993）运用的是半参数和无参数方法。另外一种方法是运用贝叶斯约束来对特征估计进行约束，吉雷和佩斯（Gilley & Pace，1995）、奈特等（Knight et al.，1992）简要地介绍了这种方法。但是特征模型扩展中最有意思的领域可能是利用地理信息系统以及空间自相关方面的新兴技术将数据的空间结构引入模型。这方面作出贡献的有肯（Can，1992）、迪宾（Dubin，1992）、佩斯和吉利（Pace & Gilley，1997）、巴苏和蒂博多（Basu & Thibodeau，1998）、吉伦等（Gillen et al.，2001）、蒂博多（Thibodeau，2002）。比如，蒂博多（Thibodeau，2002）发现，运用这些技术，特征模型的适用度将提高大约20%。特别是对于批量估计来说，这些技术是相当有前景的。

然而，应用是无穷尽的，其中有些在技术层面也许并不是前沿的，而且有些还没有实施过，但它们都可能非常有用。它们大多数是前面章节中列举出来的研究的扩展。许多住房计划和政策还只是局限于严格的成本—收益分析。提高批量评估的系统仍然很重要，比如，俄罗斯正在开发一个针对国内的所有不动产的评估系统。

尽管笔者已经引用了每个洲的特征研究，但住房价格的国际比较研究明显还可以变得更多更好。最近开始重新出现国家之间的比较研究，部分是由联合国人居中心的"住房和城市发展指数工程"所推动的。[15]安杰尔（Angel，2000）、马尔佩齐和梅奥（Malpezzi & Mayo，1997）提供了数据和比较，但是这只是简单地基于某些选定城市的住房价格中位数，还没有相关研究更加细致地分析这个问题（包括估计国家之间的特征模型）。[16]收集用于特征估计的更多更好的数据是关乎特征研究（以及其他住房分析）未来的一个重要问题。比如，许多城市仍然需要好的基准数据。提高住房数据的收集方面的指导见马尔佩齐和梅奥（Malpezzi & Mayo，1994）、马尔佩齐（Malpezzi，2000）的论著。

最后，尽管住房占了每个国家房地产的大部分，事实上一般也占了国家有形资产的一半以上，但是特征模型很少应用到其他形式的房地产中。商业地产本身决定了它有必要应用于商业房地产领域，而仅关注住房的我们常常低估了住房和非住房房地产在功能上的相互依赖性。

在过去的30年里，特征估计很明显已经从新技术成长为经济学家用来处理住房异质性的一个标准方法。邓肯·麦克伦南本身在这个领域的著作，以及他的同事和学生的工作都推动了前沿的发展。在此基础上，特征技术方面的许多令人兴奋的应用和创新无疑已经遥遥领先。

笔者很感激本书的编辑以及其他贡献者，他们都对之前的版本提出了有建设性的意见。本章所有的观点都是这些作者的，并不反映任何其他个人或者机构的观点。

注　释

[1] 为起草这个高度精选的文献综述，笔者从许多研究中获得帮助，但是笔者只在本章列举了其中一些。其他研究的列表也是不完整的。笔者早期的研究从鲍尔（Ball，1973）经典的早期文献综述中获益颇多。而近期的文献综述可以参见福林和吉门尼斯（Follain & Jimenez，1985a）及谢泼德（Sheppard，1999）的著作。

[2] 有些特征研究用的是集合数据，比如统计局跟踪变量的平均水平。但是这些并不是我们想要的，部分是由于对集合数据的偏见（正如鲍尔 1973 年的讨论），部分是由于家庭或者单宗不动产水平数据更容易获得。

[3] 重复销售方面的经典文献见贝利等（Bailey et al.，1963）的论著。早期的应用如诺斯（Nourse，1963），并在凯斯和希勒（比如 Case & Shiller，1987，1989）的一些论文中大量引用。王和佐恩（Wang & Zorn，1997）作了全面的综述。还有来自特征价格和重复销售估计两个方面组合信息的混合模型，比如凯斯和奎格利（Case & Quigley，1991）及奎格利（Quigley，1995）。格林和马尔佩齐（Green & Malpezzi，2001）进一步探讨了这些模型，其中还包括更简单的模型，比如交易成本的简单中值、拉斯贝尔、帕舍和迪维西亚（Laspeyres，Passche & Divisia）时间序列指数以及非常重要的价格决定的使用成本模型。

[4] 事实上，我们将在后面的部分看到，尽管应用大样本回归技术，但结果仍是一样的。

[5] 为了记法的简单我们忽略了误差项。凯斯和希勒（Case & Shiller，1987）认真考虑了住房特有的误差和它们随时间的"漂移"。

[6] 除了参见以上的重复销售模型资料，还可以参考盖兹拉夫和豪瑞恩（Gatzlaff & Haurin，1997）以及盖兹拉夫、格林和林（Gatzlaff，Green & Ling，1998）的综述。还可以参考王和佐恩（Wang & Zorn，1997）关于重复销售问题的杰出的综述。

[7] 混合指数综合使用两个或者更多个方法的因素建立一个指数。这些方法试图利用集合优势，并最小化构成指数的劣势。这些可能是时间序列、横截面数据或者两者都是。笔者已经暗示了有结合特征价格和重复销售方法这两者的混合模型。大多数混合模型的本质是"堆积"重复销售和特征模型，然后来估计这两个模型，以估计的价格在二者中随时间的变化是相同的为约束条件。这些方法的优点是充分利用了所有可获得的信息 [参见凯斯和奎格利（Case & Quigley，1991）、奎格利（Quigley，1995）或者希尔等（Hill et al.，1999）的混合指数的例子]。奈特等（Knight et al.，1995）应用看上去不相关的回归方法，得到了比普通最小二乘法更有效的系数估计。但是，这种方法要求对年份之间相同的观察值进行烦琐的配对。

［8］有趣的是，对大量的论文不经意的精读发现，英国学者较常引用兰开斯特作为他们的基本参照，而美国学者更常引用罗森的研究成果。当然，他们二者的论文都经常被各个国家的作者引用。参见兰开斯特（Lancaster，1971）中后期对其思想的解释。

［9］笔者的继子当然不这么看待这一切。在他们的孩童时代，他们把自己的房间看成是躲避啰唆的父母的避难所。

［10］亚伯拉罕、亨德肖特和福林应用重复销售指数，而马尔佩齐结合了特征和重复销售指数。但无论是否采纳特征或者重复销售指数，其总体方法都是一样的。

［11］每个特征通常都有许多要素，我们在不丢失统一性的前提下，只代表性地写出了总称。如果你愿意，那么每一个 S、N、L、C 都是一个向量。

［12］事实上，如果住房单元能够快速并且无成本地进行改造，就像《星际迷航》里那样，那么这些无成本重新装配就意味着价格有线性结构，每个特征的美元或者英镑价格只需进行简单的相加，就像在超市结算口把购物篮里装满的物品进行相加最后得到总的价格一样（Fisher & Shell，1971；Triplett，1974）。从根本上来说，调整成本是产生实证考察中住房价格的非线性的原因。

［13］正如霍尔沃森和波拉克斯基指出的，额外的灵活性能够通过允许 λ_m 随着每个自变量而变化来表现出来。为了计算的方便以及自由度，所有霍尔沃森和波拉克斯基引用的以及笔者所熟悉的特征应用均限制了全部自变量的 λ 都是不变的。

［14］笔者还没有找到南极洲的特征研究，但这也是唯一一个没有研究的区域了。

［15］最初，指数研究计划是世界银行和联合国人居中心的联合研究项目，但是世界银行最近大大削减了对住房和城市发展的研究。对这个研究计划的综述参见《荷兰住房研究杂志》（*Netherlands Journal of Housing Research*）的讨论会［例如，安杰尔、梅奥和斯蒂芬斯（Angel，Mayo & Stephens，1993）；麦克伦南和吉布（Maclennan & Gibb，1993）；普里默斯（Priemus，1992）］，还可参见弗勒德（Flood，1997）的论著。

［16］对跨国比较的一般性讨论见马尔佩齐（Malpezzi，1990）、安尼斯和惠顿（Annez & Wheaton，1984）、马尔佩齐和梅奥（Malpezzi & Mayo，1987）、麦克伦南和吉布（Maclennan & Gibb，1993）、哈斯曼和奎格利（Harsman & Quigley，1991）、斯特拉斯曼（Strassman，1991）以及波尔豪威尔和范德海登（Boelhouwer & van der Heijden，1993）的研究。

第 6 章

住房、随机游走、复杂性与宏观经济学

杰弗里·米恩

住房市场的微观经济学分析中应用的主要理论体系是瓦尔拉斯（Walrasian）时代整合的标准新古典理论体系。在这个理论体系中，消费者和生产者的行为以及市场机制本身都在高度简化主义的假设框架下进行建模。消费者和生产者被认为是信息充分且具有完全理性的，而市场则被设定为完全竞争市场。交易物品比较简单，它要么具有在市场中的可转移性，要么具有完整可信的市场描述。信息完全的交易发生在市场中，市场本身在空间上仅仅是一个点，在交易过程中调整或进行市场出清。这些可放宽的简化假设的出现并不奇怪，因为这些理论的主要作用是展示市场运行的合理性和经济体系中市场如何运行以达到完全竞争的一般均衡。

虽然标准新古典经济模型提出的见解十分重要，但是经济现象如信息不完全、交易物品多样性、空间、时间以及市场本身的特性都成为抽象过程的牺牲品。(Maclennan & Tu，1996)

6.1 引言

上面的一段话诠释了邓肯·麦克伦南作品关注的两个主要问题：第一，对在住房的微观和宏观经济分析中占主流地位的传统简化模型的不满；第二，住房市场并不是一个全国统一的市场，而是由一系列运行方式不尽相同的区域子市场相互连接而成的。不过，麦克伦南的研究承认住房市场与宏观经济之间具有非常紧密的关系（参见 Maclennan et al.，1997，1998b）。本章的研究主题是住房与宏观经济之间的关系，并对那些已被证明是最适宜的研究工具的传统形式进行扩展。

20 世纪 80 年代后期，英国出现了一次住房价格高涨，正好伴随其宏观经济整体繁荣，从那以后，住房经济与宏观经济相互关系的研究成为学术界一大课题。虽然我们对这两方面相互作用的认识自 80 年代以来取得了长足的进步，但是由于住房价格很难预测，这些研究成果对于宏观政策的贡献仍然具有一定的争议性。例如，对于住房价格变化的预测仍然非常困难，因为难以找到关键的价格转折点，尤其是在 20 世纪 90 年代时。所以，本章既介绍了目前我们研究中遇到的主要问题，也介绍了住房市场研究整体的主要局限。

用模型预测住房市场价格真的准确吗？我们必须放弃这种简化的模型吗？如果区域市场是更适合的空间分析尺度，我们是否需要更充分地认识宏观经济模型中隐含的总体问题？当住房资产与价格随机游走的其他金融资产越来越相似时，我们针对住房市场的预测是否会越来越不准确？市场泡沫是否存在，它的存在是否意味着住房市场模型中的系数并不是常数？从一个更加激进的角度来看，换句话说，目前经济学中风靡一时的综合分析思想是否暗示了住房市场未来的不可预测性？如果是这样的话，我们过去关于"住房市场影响宏观经济"的理解对于政策制定者的参考作用就有限了，毕竟他们无法预测住房市场在经济周期任意阶段的运行状态。

本章可以分为两个小节。第一节主要回顾了宏观经济与住房市场之间的相互作用关系，同时也定义了几个主要变量。毋庸置疑，住房价格在其中起到了主要作用，但是其他住房市场变量例如建设量，也对宏观经济有一定的影响。第二节主要叙述了现在所谓的住房市场在宏观经济层面的决定要素，尤其是它们的可预测性。标准新古典主义是否合适的问题就是在这样的背景下产生的，同时考虑空间结构的必要性也出现了。在今天异质性日益强化的环境里，基于典型代理模型标准的总体的分析，必须足够审慎地对待，至少宏观分析需要谨慎的微观分析作补充。

6.2　住房与宏观经济的关系

近几年的研究已经确定了许多住房市场影响宏观经济的可能途径。这些途径同时影响供给和需求两方面。下面介绍几个较为重要的因素[1]：

- 住房价格与消费者支出之间的关系。
- 住房在收入、移民和劳动力市场上产生的总体影响。虽然房价（包括国家级住房价格和地区级住房价格）和房屋产权人的住房占有率被普遍认为十分重要，但住房和收入、移民、劳动力市场相互之间还有很多条不同的传导机制。
- 欧洲住房市场的国际区别对货币联盟的影响。
- 住房活动对于经济周期的贡献。
- 住房和企业创业空间集聚的联系。

●住房和消费者支出

在英国，人们对于住房和宏观经济之间关系的探讨从 20 世纪 80 年代后半段开始逐渐升温，当时人们发现了住房价格变化与消费者支出扩大之间的相互关系。1986—1988 年，住房消费总量以每年 5％的速度增加，远远超过了经济的生产能力，而住房价格则保持了每年 13％的增长率。从政策含义出发，这种价格浮动是高通货膨胀性的。但是，虽然在整个 90 年代几乎没有研究人员对两个变量之间的相关性提出异议，且二者在 90 年代也继续表现出相关性，但许多论战仍然围绕着两者之间的因果关系展开。

米尔鲍尔（Muellbauer，1990）首先提出在自由抵押市场条件下，住房价格增长与消费者支出的超额增加之间存在逻辑因果关系。在其他国家，特别是斯堪的纳维亚半岛和荷兰地区，似乎已经找到了相似的证据，但是宏观经济的时序数据与微观经济规律之间总是表现出一些矛盾之处。

几乎所有的预测机构（包括美联储）都没有预测到 20 世纪 80 年代出现的消费暴涨，这导致当时的货币政策过度宽松（参见 Meen，1996）。在 70 年代早期和末期，房价的确出现过快速上涨，但是同样的增长并未出现在消费领域。然而，这两个时期的主要区别表现在 80 年代初联邦抵押贷款市场的自由化上。在 70 年代实行配额贷款的条件下，住房价格上升无法通过借贷转化成更多的消费。配给制的取消使很多家庭拥有了在房价上涨阶段通过借款进行消费的能力。此外，对于信用市场的放开间接地加强了房地产市场和消费对于利率的敏感性。资产增值抵押贷款（equity withdrawal）是指借贷超过购房需求的抵押贷款，这种贷款在 80 年代晚期增长迅速，到 1988 年时几乎达到了美国家庭收入的 7％。相似地，波尔豪威尔（Boelhouwer，2000）提出，类似的资产增值抵押贷款使得 1999 年荷兰房地产价格的快速上涨造成了迅速扩大的消费者支出。

但是，尽管 90 年代末资产增值抵押贷款在英国开始再次出现，其总量却远未达到 80 年代末的水平。此外，资产增值抵押贷款在 90 年代初期随着房价下跌而消失。负资产取代了资产增值抵押贷款的位置，亨利（Henley，1998）提出，90 年代中负资产的出现降低了劳动力在区域之间的流动性。

尽管如此，80 年代后半段的消费膨胀还有其他原因。金（King，1990）表示，以上消费膨胀是民众对于永久性收入的一种再评估的结果。考虑到住房需求和住房价格也都与民众预期的修正有关，消费与房价之间的相关性可能是一种代理效应。从政策角度上来说，哪种解释是正确的（如果存在正确解释的话）是十分重要的。对消费膨胀进行解释的财富效应学说可能表明定位于住房市场的税收政策可以预防价格泡沫，但如果市场预期学说才是真正的原因的话，这一政策将毫无用处。

就像霍特（Hort，1997）指出的，宏观经济与微观经济数据往往产生相互矛盾的证据。在微观经济数据的基础上，阿坦纳西欧和韦伯（Attanasio & Weber，1994）以及迈尔斯（Miles，1997）都不支持消费膨胀是由房地产价格带来的。但是从宏观经济数据出发，米尔鲍尔和墨菲（Muellbauer & Murphy，1990）认为英国数据表明两者具有明显的相关性。伯格（Berg，1994）、伯格和伯格斯特龙（Berg & Bergstrom，1995）以及克斯卡拉和维仁（Koskela & Viren，1992）发现，住房价格变化与英国相似的斯堪的纳维亚半岛国家也明显表现出消费和房地产价格的强相关性。在美国，凯斯等（Case et al.，2001）通过对全美各个州和其他 14 个国家面板数据的研究认为住房具有很强的财富效应。但是总体来说，宏观和微观经济数据之间的矛盾仍然是一个谜团。

● 住房和劳动力市场

原则上讲，住房对劳动力市场具有直接影响。但是，与上一节讨论的对总需求的关注相比，任何对劳动力市场引起的效应都会首先影响到市场总供给。因此，其对经济的影响很可能是永久性而非短期的。

首先，因为住房成本是消费价格中的一部分，住房价格变动对于工资的压力影响是无可争议的。波沃等（Bover et al.，1989）、布莱卡比和曼宁（Blackaby & Manning，1992）以及最近的卡梅伦和米尔鲍尔（Cameron & Muellbauer，2000）都认为住房价格在工资纠纷裁决中起到了重要作用。此外，在这些研究的结尾都表明，住房价格对于失业率水平会产生永久性的影响。比如，在一个区域的层面上来说，住房总量不足和高住房成本是造成英国东南部产业工人短缺的主要原因（参见 Monk，2000a）。

其次，区域房地产价格差异可能会对移民模式产生影响，进而影响失业率。正是由于这个原因产生了南北差异。有人认为英格兰南部地区高房价像天然的屏障一般阻断了北方高失业率地区工人向南方迁移的道路。20 世纪 80 年代末，当住房价格在东南部与北部比率达到创纪录高点时，这一影响可能异常重要（参见 Meen，2001，第 2 章）。在本书写作之时，南方地区不断上涨的住房价格又进一步拉大了这一差距。

但是，在住房价格对于移民模式影响的量化考核方面的确存在一些争议。早期关于英国移民的著作（例如 Hughes & McCormick，1981，1985，1987，1990，2000）认为产权比房价因素产生了更多影响。但是就房屋价格而言，休斯和麦考密克（Hughes & McCormick，1990，p.103）认为，住房价格与外出移民率之间的相关性是可以被忽略的，其对于目的地选择的影响也很小，尽管他们注意到研究仅仅针对劳动力市场内人员进行估计，而退休人员可能为了获取资本收入而具有更高的移民倾向。

然而，休斯和麦考密克的研究并没有被普遍接受，例如托马斯（Thomas，1993）认为，将移民的搬迁意愿进行标准化以后，地区间的相对住房价格对于目的地选择有重大影响。与之相对，戈登（Gordon，1990）认为，仅凭住房价格变量不可能造成英国的低移民比率，尤其是在住房所有率较低的手工劳动工人中。卡梅伦和米尔鲍尔（Cameron & Muellbauer，2000）也发现，相对住房价格主要影响那些非手工劳动工人的工资。

● 住房与货币联盟

麦克伦南是强烈支持欧洲各国住房条件和制度的差别影响了货币联盟的学者

中的一员（参见 Maclennan et al.，1998b）。

尽管 1999 年以来欧盟成员国实施了统一的货币政策，但整个欧洲都存在着很严重的住房不确定性问题，这个问题同时表现在住房价格和建筑活动两个方面（参见 Stephens，2000；Ball & Wood，1999）。在本书写作过程中，只有英国、瑞典和丹麦三国选择了退出。整个欧洲的住房市场结构存在巨大区别：

- 住房所有率的巨大差异。
- 住房抵押贷款在 GDP 中所占比例。
- 实际上，一些国家实施固定利率住房抵押贷款，而其他国家则采取浮动利率。[2]

有人认为英国的住房所有率较高，如果与德国或法国相比，这是事实。英国的住房所有率达到了 69%，而据估计，只有 40% 的德国家庭和 55% 的法国家庭拥有住房。而与爱尔兰和西班牙的接近 80%、希腊和意大利的大约 75% 的比例相比，英国的数据又较低。但是，较高的住房占有率与较高水平的未偿债务却没有什么相关性。英国 1995 年未偿抵押贷款占 GDP 的比例约为 57%，这一数据在欧盟中仅低于荷兰的 60% 和丹麦的 65%。但是在住房占有率比较高的国家中，未偿还债务比率却比较低，例如爱尔兰为 27%，西班牙为 22%，希腊和意大利仅为 6%（Stephens，2000）。很明显，高度发达的金融市场体系并不是高住房所有率的必要条件。因此，在低负债国家中，住房占有率虽高，利率政策的调整却用处不大。

但是，在高债务比例下，如果抵押贷款债务的主体采用固定利率，那么市场利率调整对宏观经济影响并不显著。在英国，约 70% 的住房抵押贷款采用可调利率，而荷兰为 10%，法国为 20%，德国为 40%。尽管在欧洲的其他地方住房情况也各不相同，但是英国确实经历了一个奇怪的组合——高住房占有率、高负债率、高可调利率贷款比例。在这些条件下，我们会毫不奇怪地发现：（1）欧洲大陆的经济活动对于利率变化的弹性较小[3]；（2）统一的利率水平并不适合欧洲所有国家。

●住房建设、增长和经济周期

前面一节强调了住房价格和宏观经济之间的相互关系。与之相比，尽管住房压力集团长期认为不断增长的住房投资是 GDP 和就业率上涨的主要推动力（例如 Clapham，1996），但是很少有研究以住房新增建设为研究对象。但是，住房建设在国家经济中扮演了几种潜在的不同角色。除了增加总需求以外，两个主要的贡献是：

- 作为生产部门之一。
- 作为宏观经济周期的贡献者。

作为生产部门，住房原则上讲具有三个效应：

（1）直接增加资本积累。

（2）影响技术进步的速度。例如，住房条件良好的工人和孩子们将会有更高的产出和受到更好的教育。

（3）资本市场挤出效应。也就是说，过度的住房建设可能减少商业投资，进而减少经济增长。

目前，几乎所有的实证研究均与需求和挤出效应有关。但是，由于住房新增建设仅为宏观经济总量的一部分，因此它对宏观经济的直接影响有限。1999年的新增建设量约占住房存量的1%，私人和公共住房建设投资也仅占总支出的2%。例如，米恩等（Meen et al.，2001）曾经使用一个计量经济学模型来模拟在10年中以每年25%的速度减少新增住房建设量的经济形势。虽然计量经济学得出的数据精确值总是含有一定误差，但是我们仍然可以得出一些结论：

● 虽然减少住房建设会通过乘数效应拉低几年的总需求和地区GDP，但即使在最初，它的效果也较小。

● 挤出效应会使许多其他影响逐渐消失。从长期来看，尽管建筑行业就业程度最终会大大下跌，宏观经济总体失业却不会发生太大的变化，因为其他行业的就业会相应上升。

但是，以上这些结论有可能是错误的，因为它们将住房当作一般消费品进行研究，而忽略了其作为资本商品的重要方面。换句话说，这些结论忽略了上述的（1）和（2）两点。总的来说，住房和宏观经济的标准分析忽略了那些带来产量扩大和技术进步的因素。就目前所知，我们无法简单判断它们的影响是否显著。

即使过多的住房建设对国家经济的长期影响有限，住房建设仍是宏观经济中最不稳定的部门。很明显，正是这些不稳定性导致了宏观经济政策在设计上存在缺陷。这些不稳定性不只限于英国。例如，鲍尔和伍德（Ball & Wood，1999）以19世纪以来的数据为基础，讨论了大多数国家的长期趋势和不稳定性。他们认为从20世纪70年代开始，住房投资波动增加了世界经济的不稳定性。

米恩（Meen，2000）探讨了英国住房市场的这些不稳定性的原因，同时指明，如果住房供给是无弹性的，那么以通货膨胀为目标的货币政策，在某些情况下与住房的稳定性并不相符。这些政策使房地产波动状况更加恶化。

●住房与企业创业

尽管以上几节都表示房地产投资可能会排斥一般商业投资，但有些学者仍认为两者实际上是正相关关系。

首先，布莱克等（Black et al.，1996）认为住房价值为企业创业提供了抵押品，而克雷西（Cressy，1996）则对这种观点提出了质疑。

其次，虽然工业企业地址由多种因素决定，但是有调查表明合格的技术工人的可获取性是工业企业选址的重要选项。可是，技术工人往往被有优质住房的区域所吸引。因此，工业企业和技术工人的聚集地将会相互重叠。创意产业吸引高级专业人才，而这些人才又被高质量的生活条件所吸引，英格兰东南部的内地各郡尤其突出。此外，基布尔和沃克（Keeble & Walker，1994）的研究认为，决定新企业形成的主要因素是地区的人口增长率。他们还表明人口的增长同时影响了需求（通过当地市场的供给）和供给。人口的增长提高了潜在企业家的数量，这被认为是受到了居住偏好的刺激。

此外，英格兰东南部地区与其他地区相比，新企业尤其是高增长率的创意企业占相当高的比例。这样的表现似乎与英格兰东南部地区具有的高技术、高级管理、高级专业人才（他们中的很多人是潜在的企业家）的总数与其他地区不成比例有关。当这些企业家在居住地附近设立了新的公司时，该地区的高速经济增长、高质量的环境和配套设施都会成为发展的自助力量（参见 Barkham，1992）。

6.3   住房价格可以预测吗？

上一节举例指出就住房和宏观经济之间的关系而言，价格是最为重要的影响因素。住房新增建设的影响则更为有限（尽管这种说法比较保守）。虽然经常有其他住房总体指标的报道，例如住房交易指标、违约率和住房所有指标，但是它们对于宏观经济的影响能力却从未被讨论过。住房抵押贷款首付指标可能是个例外，但这个指标的主要作用还是通过住房价格体现出来的。

值得注意的是，英国的住房价格模型用于预测方面的进展变化很大。本节的主要内容是考察基于古典经济学假设的标准模型是否已足够使用，或者我们可以考虑是否如前文所述一般，寻找其他途径。为了深入理解问题所在，我们应当检验现在常用的研究方法，同时探讨住房价格是否存在内在的不可预测性。很明显，如果住房价格本身是不可预测的，那么住房价格和宏观经济之间的关系对于政策制定的参考价值就有限了。

● 房价收入比

目前在英国预测未来房地产价格走向的常规分析方法，是一种基于经验法则的房价收入比分析方法。经验法则表明，如果目前房价收入比高于长期平均值（这个值往往被认为是一个常数），未来住房价格将会下降，反之亦然。这样的分析并没有任何理论基础，它也具有很高的误导性。图 6—1 乍看下来，从 70 年代开始这个比率似乎是一个常数。它在经济繁荣时期上涨，而在经济衰退过程中下降。但是，最近发生的两个事件却说明应用以上理论存在一定的困难。第一，英国的 GDP 从 1993 年开始上升意味着英国经济已经走出衰退；经济评论员依照房价收入比预测住房价格将会随经济回暖。而实际上，房价收入比逐渐下降，住房价格一直到 1996 年底都没有上升。这个下降过程见图 6—1。第二，虽然 1998 年至 2000 年被认为是住房价格的繁荣时期，但房价收入比的上涨却低于其他繁荣时期。问题是为什么住房价格并没有比我们日常观测值更高，尤其是在住房抵押贷款利率较低的条件下。

因此，虽然看似存在一个简单的长期房价收入比，但如果研究更加深入，就会发现比率从长期来讲绝不会是一个常数。以这个比率为基础作出预测的人们犯了严重的错误，尤其在 1990 年以来的这段时期。

房价收入比方法在住房价格模型和预测中屡屡出现问题，这逐渐削弱了简单的房价收入比分析的地位。虽然这样的比率更简单也更易懂[4]，但它仍然存在严重的误导问题。

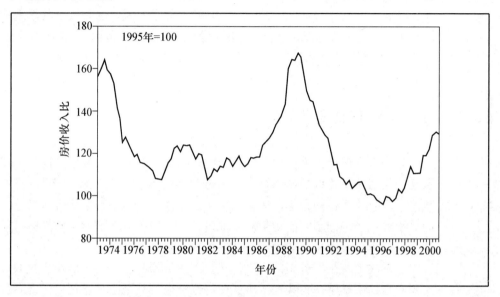

图6—1　英国的住房价格与人均可支配收入之比

●理论框架

尽管所有关于住房需求和住房价格的理论与实证研究都强调收入的重要性，却极少有研究说明收入是唯一的决定因素。不过，越来越多的人达成了有关最恰当的住房价格预测模型的共识。为了与开篇引用的文字保持一致，这一共识将建立在古典经济学理论基础之上。虽然有人批评这一研究框架不合适，但是从实践上来讲它还是有绝对优势的。

研究住房价格的实证模型一般都起源于代表性的代理人模型，这个模型中家庭的效用最大化受到了生命期限内收入约束的限制。使用这一方法，可推导出公式 6.1，它是大多数现代研究的基础。

$$g(t)=R(t)/[(1-\theta)i(t)-\pi+\delta-g^e/g(t)] \tag{6.1}$$

式中，$g(t)$ 代表住房的真实购买价格；$R(t)$ 代表真实租金；θ 代表家庭边际税率；$i(t)$ 代表市场利率；δ 代表住房折旧率；π 代表总通货膨胀率；$(.)$ 代表时间数；$g^e/g(t)$ 代表预期资本收益。

公式 6.1 表明住房收益（由估算租金加所有住房净折旧的资本收益组成）等于同类资产税后收益。原则上讲，如果数据允许的话，我们可以使用公式 6.1 作为预测住房价格波动的工具。但是需要注意的是：

（1）在此公式中收入并无明显影响。

（2）此公式将住房等同于其他金融资本。

（3）这个公式中并没有时滞现象，市场具有完全效率，同时价格反应机制灵敏，例如价格对利率变化能迅速作出反应。

（4）在实践中，除米斯和华莱士（Meese & Wallace，1994），没有人直接使用过公式 6.1。

公式 6.1 可以被看作古典经济学中最为极端的例子。在实际研究中，英国（和美国）的实证模型中并未采用公式 6.1。一部分是因为数据缺陷问题——我们无法直接度量 $R(t)$，也部分因为分析过程的拖沓。在英国，一个更常见的分析范例如公式 6.2，其中 $R(t)$ 期望值被替换掉了。可以看到，收入因素重新出现在了这个公式中，但是公式 6.2 只与基础理论有较少的相关性。几乎所有的实证研究范例都由包含不同变量的公式 6.3 实现。[5]

$$\ln(g) = f(\ln(RY), \ln(W), \ln(HH), \ln(H), \ln[(1-\theta)i + \delta - \pi - g^e/g])$$

(6.2)

$$R(t) = h(RY(t), W(t), HH(t), H(t))$$

(6.3)

式中，RY 代表实际个人可支配收入；W 代表真实财富；HH 代表家庭总数；H 代表住房存量。

在公式 6.2 中，除了收入以外有很多因素影响价格，例如真实利率、税收、人口统计特征、住房供给因素、财富和预期因素。这些因素之中的任何一个发生变化，房价收入比就不能作为预测方法。

● 效率与住房随机游走

理性假设下的生命周期模型可推出住房价格经历一个随机游走的过程。在这个系统中，住房和金融资产的表现相同，后者缺少许多住房的独特属性。这样的话，住房价格是有效率和不可预测的，这主要是因为滞后的变量数值对现在住房价格变动并不产生影响。很明显，如果这是对住房价格变动的真实再现，那么它将会对宏观经济政策的制定产生巨大的影响。

但是，几乎所有证据都表明住房市场既不是完全有效率的也不能被认为是随机游走的市场（参见美国的实证研究，Gatzlaff & Tirtiroglu，1995；Cho，1996）。在国际上，英格伦和约安尼迪斯（Englund & Ioannides，1997）共同完成了最全面的效率研究。从凯斯和希勒（Case & Shiller，1989，1990）的对美国的研究中，我们可以得到最基本的公式 6.4：

$$\Delta\ln(g_t) = \alpha + \sum_{j=1}^{n} \beta_j \Delta\ln(g_{t-j}) + \varepsilon_t$$

(6.4)

式中，g_t 代表 t 时的真实住房价格；ε_t 代表误差项；Δ 代表一阶差分；$\ln$ 代表变量的自然对数。

如果住房市场具有完全效率，那么在价格波动中不会出现变量自相关的问题，对于所有 j 来说，$\beta_j = 0$，结果是住房价格遵守随机游走的规律。英格伦和约安尼迪斯通过对 15 个国家的面板数据进行分析，发现住房价格波动显示出短期正自相关和长期均值回归。此外，住房价格可以通过滞后的收入增长率和真实利率的数据进行预测。

还有一种方法是衡量公式 6.2 中的滞后变量的显著性。在一个有效率的市场中，价格应当对决定因素的变化有即时的反应，使滞后变量无显著性。许多欧洲学者的研究使用的是误差修正模型。试验结果显示，滞后因素无一例外是重要的，而住房价格在冲击之后只能缓慢地恢复到均衡状态。使用一些其他的模型，美国的学者也得到了相似的结论。迪帕斯奎尔和惠顿（Dipasquale & Wheaton，1994）及曼昆和韦尔（Mankiw & Weil，1989）找到了支持"住房市场不是完全有效率的"观点的证据。

如果住房市场是没有效率的，那么它与金融市场之间最大的区别在什么地方（住房市场之所以存在滞后调整的原因）？这里存在两个主要因素：第一，交易成本因素，住房市场的交易成本远远大于股票市场（参见本书奎格利的一章）；第二，信贷市场管制因素。然而，可能大型机构在金融市场上的交易是在完美的信贷市场中进行的，而进入住房所有权市场的年轻的投资新手面临的情况却不是这样的。由于存在逆向选择，他们将会面临首付的限制（参见 Haurin et al.，1997）。这包含着两层含义：首先，住房价格的不稳定性和区域多样性变得更加明显；其次，由于"篱笆"的存在，家庭长期位于需求曲线之下的区域中。当"篱笆"被跨过的时候，住房市场出现的调整比金融市场上表现得迟缓一些。这再次增加了住房市场的不稳定性。

总之，以上原因说明将标准新古典主义的生命周期模型照搬到住房市场是不合适的。至少，交易成本和信贷市场必须是分析的基础。能够将滞后调整加入拓展后的研究框架表明，原则上来说住房价格变化是部分可预测的。我们不能因为无法准确预测住房价格的未来变化，就轻易将其解释为随机游走过程。

但是，有许多其他因素也影响了我们对未来价格走势预测的准确度。一个最重要的因素就是新古典主义经济学模型是基于单一代理人假设。当将这个模型应用到宏观层面时，人们并没有深入思考集聚条件下模型的变化。就像笔者在下面将要提到的，近年来随着代理人之间的差异逐渐加大，这一问题变得更加突出。

⬤住房市场整体和结构性变化

基于公式 6.2 并引入滞后问题的模型，在 20 世纪 90 年代数据分析中表现得并不好。例如，图 6—2 表示的是米恩（Meen，1990）得出的模型的估计值与真实值的误差。这个误差程度几乎与 1990 年后长期的对价格变化的高估相差无几。

曾经有人认为房地产市场不稳定性过强且很难预测，因此必须采用变量参数法来进行未来房价的测算。估计方法可以参照金融学的计量经济研究，但是房地产市场不稳定性本身并不意味着模型参数不为常数。不稳定性可能仅仅表明对常数参数的高弹性。事实上，实验数据表明，房地产价格尤其对利率和收入的变化较为敏感（Meen，2001，第6章）。[6]但是当系数并非常数的时候，变量参数法将可能成为必要的方法（参见 Hall et al.，1997；Brown et al.，1997）。这在房地产泡沫经常出现的前提下尤其可能发生。[7]实际上，笔者认为住房价格公式中的参数并不比宏观经济时间序列中的参数更加不稳定；有时，参数不稳定是掩饰对理论基础和市场微观结构研究不足的借口。

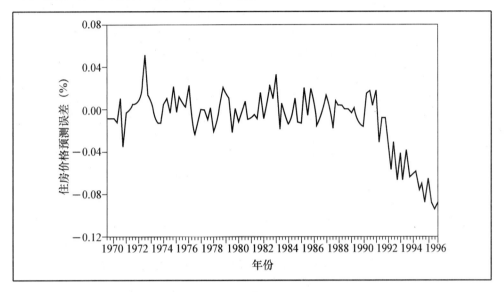

图6—2　住房价格预测误差

资料来源：Meen and Andrew，1998。

在英国，只有两大主要结构性变化与外在的政策动机有关。第一次变化发生在20世纪80年代中期，由金融自由化改革造成。对于总体住房市场分析而言，它的主要冲击在于住房市场价格对利率的变化变得更加敏感（参见 Meen，1996）。但是，如果对这一变化作出补贴，没有证据表明住房价格公式中的其他系数发生了巨大的变化。第二个变化发生于20世纪90年代中期，这个变化更加难以建模，其程度见图6—2中的误差。

对于二者之间关系破裂最可能的两个解释是：（1）在一个新的低通胀环境下，住房市场风险的变化；（2）劳动力市场结构性变化的影响。米恩和安德鲁（Meen & Andrew，1998）认为后者可能更加重要，在后面的细节分析中可以看出，它将会引发一种总体性偏见。它强调了宏观经济学分析需要仔细的微观经济分析作为支持。但是，它也说明了变量参数模型在考察变化的根本原因时是一个有限的替代品，尤其是在关乎政策影响的研究中。

新古典经济学模型是基于代表性代理人分析模型。总体模型只是个体公式的简单加总。但是，这一模型成立的前提条件非常严格：每一个代理人必须保持行为同质性，即所有代理人函数中的系数均相同。[8]或者，函数中的回归量变化必须保持一致。例如，每个人的收入必须在一段时间内以同样的变化率保持增长。霍尔等（Hall et al.，1999）的研究将这些条件修正为回归量遵守一般随机趋势。

相似的条件出现在了空间集聚研究中，反映出了麦克伦南对区域住房市场的重要性的关注。为了在国家级市场建立有效的模型，所有次国家级市场必须具有相同变化趋势，或者这些市场的经济情况相同。很明显，以上条件都比较苛刻，很难完全遵守。同时也很容易得出让单一代理人模型进行简单加总的条件很难被满足的情形。

首先，住房需求函数的系数（和价格公式）可能随人口统计特征的不同而不同。例如，就住房的收入价格弹性而言，年轻的首次购房者不太可能与退休人员相似。其次，霍尔曼斯（Holmans，1996）表明，在 20 世纪 90 年代，20～25 岁年龄组人群由购房转向租房的趋势非常明显。米恩（Meen，2001）认为这个现象主要是由年轻一代与上一代人相比实际收入增长速度下降所致。这是一个违反综合模型的第二个条件的例子，因为收入分配发生了变化。根据先验经验，我们可以预料到这个变化将导致传统模型高估 90 年代的住房价格增长，这与图 6—2 相一致。

相似地，全国性模型在 90 年代的预测失败反映出不同区域之间人们行为的差异。米恩（Meen，1996b）认为，不同区域的住房市场价格公式系数间并不存在随机误差；与北部地区相比，南部地区的指标尤其对国家经济刺激较为敏感，特别是利率变化。笔者推测，那篇文章中的那些差异主要反映出了债务杠杆在全国各地的不同。[9]因此，最近持续的低利率大大有益于南部地区，扩大了房价的地域差异。此外，90 年代的经济增长在不同区域之间存在明显差异。虽然与前期的不景气相比，南部地区经历了更加严重的经济下滑，但在 90 年代中后期它也是经济增长的中心地区。

总之，在现代条件下，由于差异不断增大，宏观层面的经济和政策分析都必须以审慎的微观经济分析为基础。异质性事关重大，但通常却无法完全在单一代理模型中反映出来。

●复杂性和住房市场

从复杂性发展出来的理论在经济理论中变得越发地重要，但是尽管区域经济研究人员已经将这一技术融入他们的模型之中，目前来说复杂性理论对于实证住房价格模型的影响仍然有限。然而，复杂系统模型最重要的含义之一就是事件的典型不可预测性，尽管其原因与随机游走模型大不相同。

复杂系统是指包含了大量互动部分的系统，互动的过程是非线性的，且系统的行为不能简单地理解为构成元素的行为加总。复杂系统的核心就是自我组织。个体行为在综合层面产生了美丽、复杂和有序的行为格局。

但是，使用复杂系统进行住房行为建模与传统新古典主义的计量经济模型有着本质的区别。在传统模型中，所有代理人均相同，随机误差被认为是一种负面因素。与之相反，常将经济原则应用于复杂性的现代代理人模型建立在随机分布之上，强调代理人之间的异质性。因此，无论是从驱动力还是从结构上讲，它与新古典经济学模型都存在较大差距。多重平衡状态是一种常态。此外，虽然存在平衡状态，但是它要么不容易达到，要么是无法维持的。最后，虽然平衡状态可以通过渐进的方法达到，但大部分时间系统仍然处于不平衡状态中。动态系统比任何长期均衡都要令人关注。

复杂性模型是一个非常具有吸引力的方法，尤其是在代理人之间互动强烈的地方的住房市场建模方面，但是这样的模型具有重要的聚合性质。在我们看来，它们的一个关键点是存在颠倒和"阈值"使得预测变得尤其困难。复杂性意味着房地产市场可以自组织，进入一种"混乱边缘"的状态。在这种状态下，对个体代理人的微小的随机冲击会演变出完全不同的空间和总体住房需求模式。这个系统似乎常年处于均衡状态（在这段时间中价格可以预测），但其实我们观测到的是一个随机抽取的非均衡形态，一系列不可预测的随机事件会使它快速地转向一个新的状态。由于采用了与随机游走模型完全不同的框架，价格在异质化和有限理性的世界中变得不可预测，而随机游走模型则假设完全理性和个体的同质化。这种形态的模型并不是一个思维游戏，加尔斯特等（Galster et al.，2000）的研究表明，阈值是区域住房市场的重要指标，可以用来解释例如为什么区域住房市场的贫穷区域中会同时出现"热点"这样的问题（参见本书加尔斯特所写章节）。

对区域住房市场的预测越来越多地出现于这个国家中，但是复杂性却表明这些预测的根基可能并不牢固。但是，住房市场的综合预测并没有完全明确。不均衡状态可能持续很长时间，如果给定依赖路径和锁定效应，其间的预测就有了部分基础。但是当高度非线性行为发生时，传统的综合新古典主义关系就会崩溃，对于这点我们不应该感到惊奇。

6.4　结论

住房与宏观经济的互动问题的分析在过去的 15 年中已经有了长足的发展。理论和实证的证据从需求和供给两个方面都被拿来进行了论证，前者主要集中于消费者支出，而后者则集中于工资组成、移民和失业问题。国家级和区域级都有相关研究。

在本书中，虽然新增建设在经济中是一个被忽略的领域，但住房价格是绝对的主角。因此，在宏观经济政策层面，理解住房价格变动的影响因素是非常重要的。本章中，笔者已经强调住房价格分析目前主要分为两大系统。第一种是基于单一的房价收入比的经验主义方法。这种分析的误导成分较大，在使用中应当非常谨慎。第二种是大多数最新学术研究所基于的新古典经济学生命周期理论的框架。虽然笔者已经对这种理论中的某些方面提出了批评，但我们不应当因此将这种重要的方法束之高阁。它的主导地位还将继续。

但是，我们对新古典主义模型的滥用应该有所顾虑。笔者特别强调了在目前研究环境下的两个重要问题：（1）在家庭类型和空间离散度较大的条件下，使用代理人模型有可能导致总体性的问题。（2）实际上存在替代方法，它可以获得新古典经济模型无法得出的见解；复杂系统模型带来了高度非线性行为、多重均衡以及结果的长期不稳定性。尽管以目前的认知水平来看，我们无法判断复杂系统模型是否必然优于新古典主义经济模型，但在某些情况下，它确实更合适。

最后，开篇引用的麦克伦南和涂的话仍然有效。很明显，还原主义为主的新古典经济学模型并不总是住房分析的最优工具，尽管在很多情况下它仍然是不可或缺的。但是我们需要注意使用新方法可能引出的宏观和微观两个层面的含义的变化。盲目地使用一种分析方法是不可能做到最优的。

注 释

[1] 规划对国家和区域经济也有重要影响，对其的讨论见本书其他章节（布拉姆利撰写的章节）。

[2] 规划系统在欧洲内部也是多种多样的，这里就不赘述了。

[3] 这一问题也是有争议的，布里顿和惠特利（Britton & Whitley，1997）估计了不同欧洲国家的简单 IS/LM 模型，没有发现证据证明英国的 IS 曲线对利率更有弹性。

[4] 住房价格变化趋势吸引了大量媒体的注意，房价收入比在这方面起了巨大的作用。

[5] 许多美国的定量研究中都出现了方差较大的回归子，如迪帕斯奎尔和惠顿（Dipasquale & Wheaton，1994）、亚伯拉罕和亨德肖特（Abraham & Hender-shott，1996）、马尔佩齐（Malpezzi，1999）等的研究。

[6] 这也是难以预测住房价格的原因之一。收入和利率预测上的微小误差就会导致住房价格预测上巨大的误差。

[7] 因为金融市场存在泡沫而假设房地产市场也自然存在泡沫是危险的。做这样的平行假设是不合适的。例如，住房泡沫可能会因为资本市场管制而得到改善。泡沫可能存在（有时也确实存在），但对类似于泡沫的价格波动也许存在其他的说法。虽然这里并没有深入讨论，但信用乘数会产生相似的结果。进一步来说，在复杂系统下，不断上升的收益和"羊群"行为将会造成看似泡沫的结果。我们必须谨慎对待强价格波动就是泡沫这个假设。进行合适的检验并非如此简单直接。在传统的住房价格等式中，对于变量的时间变化检验还远不成熟。

[8] 派萨冉和史密斯（Pesaran & Smith，1995）的研究表明，综合模型中的参数只有在个体公式系数统一的情况下才为常数。

[9] 债务杠杆也可以影响到住房价格的稳定性，同时，信用乘数模型可以用来解释住房价格的强周期（参见 Meen，2001）。

第7章

税收、补贴和住房市场

加文·A·伍德

7.1 引言

  笔者的住房经济学论文被一种重要思想所影响，即空间、信息不对称、管制和财政措施等摩擦会阻碍有效率的住房市场发展过程。这些摩擦的副产品就是住房市场的细分。这种思想之所以对笔者影响深远，主要是由于笔者与邓肯·麦克伦南长达 25 年的合作。本章中，笔者将税收政策视为财政干预手段，并研究其对住房市场发展过程的影响。本章回顾了税收在资源分布和配置过程中的影响，重点讨论了税收政策在住房市场细分中扮演的角色（也可以参见本书中涂所写章节），还总结了笔者最近对此问题的实证研究成果，集中于研究追随者效应如何造成私有住房租赁市场的细分问题。[1]

  税收手段与住房建设之间的关系存在一个非常有意思的方面，那就是很少有人认为税收手段是用于推进住房政策目标的住房计划的一个外在组成部分（Rosen，1985；Bourassa & Grigsby，2000）。[2]一般而言，人们都认为直接税和间接税的税基与税率是为了更宏观的财政政策服务的，而很少考虑到它们对不同产权形式的住房或不同收入家庭所支付的房价的影响。然而，公共住房政策对预算的影响可以被税收手段轻易改变（Yates & Flood，1987）。住房政策争论时，它们的重要性主要体现在住房税收被公认为是市场扭曲和不公平的原因。税收政策的结果包括：

- 住房所有权市场中，为一系列住房服务所支付的价格与购买者收入成反比。
- 住房使用者支付的价格将会随着他们年龄的增长而下降。
- 提供租赁住房的成本与房东收入成反比。

下一节将讨论由这些扭曲造成的分布问题。微观数据可以证明，家庭净资产较低的低收入家庭住房购买者在此过程中是非常不利的。从数据中还有一个令人惊奇的发现，即对房东征税将会导致边际（高成本）投资者在低收入租赁住房的集聚。因此到最后，经济适用租赁住房的低收入承租人支付的租金与该房产的价值息息相关。

随后，将使用税收套利模型分析税收政策对于产权选择的影响。模型表明，当考虑代理成本（维持房东—承租人关系的成本）时，对于大多数住房消费者而言，保有住房比租赁住房的税后成本更具优势。租赁仅仅相对于低收入个体来讲存在资金上的优势，但是这一优势仅限于住房市场的高端部分（低收入个体无法支付得起）；由于边际房东集中于低收入住房租赁市场中，这些高价住房从资金上来讲对于低收入家庭毫无吸引力，除非他们能在高端市场中收到足够的补贴以弥补拥有住房的成本优势。

之后将考虑的问题涉及效率。早期的研究讨论了房东如何获益于税收补贴，而这种补贴却造成了福利的无谓损失。自莱德勒（Laidler，1969）建立了研究基础之后，无数的研究人员都尝试过测度这些福利损失。但是，有些文章却指出住房部门作为一个整体本身就具备税收优势（Vandell，2000）。因此，住房部门出现了过度投资，如果不通过正的外部性进行弥补，在这之后将会出现整个经济领域的产出下降。[3]笔者将回顾这些文献，并讨论其他使市场效率低下的原因，如税收的追随者效应和锁定效应（虽然并不广为人知，但它们可能是住房市场细分的重要原因）。最后总结部分就效率问题的一些政策含义作出评论。

7.2 分布问题

●住房所有权市场中的横向和纵向公平

OECD国家为购买住房提供税收优惠的历史非常长久（Wood，1988b）。在那些讲英语的OECD国家中，税收待遇逐步统一。澳大利亚、加拿大、新西兰和英国从应纳税收入中扣除了租赁收入所得和资本利得，但不允许从中扣除抵押贷款利息和房地产税（Bourassa & Grigsby，2000）。美国的税收政策更为宽松，不仅扣除了租金收入，而且还允许扣除抵押贷款利息和房地产税。[4]

为什么这些税收安排会涉及公平问题呢？最主要的原因是这些政策引发了一种非中性的期内和跨期的家庭税收待遇，它的结果就是用来支付住房服务的价格成为了房屋占有者收入的函数，住房服务在占有期限内被逐步消费掉。[5]在本节将集中讨论的分布问题主要是由购买住房的房价差异引起的。

为了便于分析，将先描述中性的期内自有住房税收政策。估算租金和资本利得都将记为收入；所有经营费用允许从租金中扣除，包括利息和房地产税；同时，资本性改良和交易成本可以从应缴税的资本利得中扣除。为了证明以上税收中性假设，请考虑一个住房所有者，他占有住房资本为 q。[6] 假设自有住房使用时间 T 为一个外生变量；住房价格和租金以一个统一的比率 π_h 上涨；[7] 总体通货膨胀率参数 π 有可能发生变化。税后收益 V 的现值可以表示为：

$$V = (m - p(0)q) + (p(T)q - m)e^{-kT} + \int_0^T \tau\pi_h p(0)qe^{\delta t} + \int_0^T (1-\tau)$$

$$[r(t)q - vp(t)q - im] \times e^{-kt}dt \tag{7.1}$$

式中，$p(0)$ 代表住房第 0 年的资产价格；m 代表住房抵押贷款未偿还的部分；τ 代表边际所得税率；$r(t)$ q 代表总估算租金；v 代表资产价格一部分的运营成本，其中含房地产税；i 代表投资人借贷市场利息率；参数 k 代表住房所有者的折现率；$\delta = \pi_h - k$。[8]

在自由竞争市场中，本公式的现值可以被认为是零。通过积分公式和因式分解 q 和 m，我们可以得到下面公式：

$$1 - \frac{(1-\tau)\ i}{k} = 0 \tag{7.2}$$

$$\frac{(1-\tau)\ [r\ (0)\ -vp\ (0)] -\tau\pi_h p\ (0)}{\delta} + p\ (0)\ = 0 \tag{7.3}$$

联立公式 7.2 和公式 7.3 可得：

$$R = \frac{r\ (0)}{p\ (0)} = i + v - \pi_h \tag{7.4}$$

公式 7.4 右侧表明住房所有者的税后年成本，或者是使用住房资本的成本。这是对住房所有者支付的有效价格的测度，内含股权资本的税后成本。[9] 在这个公式中，住房价格中性表现得很明显。住房所有者花费的住房价格与其边际所得税率和选择的贷款价值比无关。

考虑英语为母语的 OECD 国家典型的自有住房税收政策[10]，现值公式形式如下：

$$V = (m - p(0)q) + (p(T)q - m)e^{-kT} + \int_0^T [r(t)q - vp(t)q - im] \times e^{-kt}dt$$

$$\tag{7.5}$$

重复公式 7.2 和公式 7.3 的步骤，我们得到：

$$R = (1-\tau)\ i + \tau i\alpha + v - \frac{\tau\pi_h\alpha}{1-\tau} - \pi_h \tag{7.6}$$

这里 α 代表贷款价值比。公式 7.6 右侧第一项表示住房所有者在股权自有率 100% 的条件下的融资成本，在这里税收扣除项中包含估算租金。第二项代表住房所有者以购买成本的 α 比率使用债务融资时出现的纳税罚款。在典型的税收安排下，抵押贷款利息无法扣除，因此会出现纳税罚款。但是，由于未偿还的抵押贷款真实价值的减少，这里存在一个补偿量（第三项），表明家庭资源中出现了一个无须缴税的增值。[11]

从公式 7.6 可以证明典型的税收安排会减少住房所有者的使用成本。如果我们用公式 7.4 减去公式 7.6，并化为中性税收下的使用成本的一定比例的形式，我们可以得到有效补助率 S，表示为：

$$S = \frac{\tau i\,(1-\alpha) + \frac{\tau \pi_h \alpha}{1-\tau}}{i + v - \pi_h} \tag{7.7}$$

非中性税收措施降低了住房所有权的有效价格，降低额与所有者的边际所得税率直接相关。表 7—1 根据不同的所有者边际所得税率和贷款价值比计算 S 的值。在贷款价值比给定的条件下，边际所得税率最低时的 S 不到其最高时的 S 的一半。在低边际所得税率时，S 随贷款价值比的增加而减少，但在高边际所得税率时，它随贷款价值比的增加而增加。[12]

表 7—1　　　　　　　　特定贷款价值比和边际所得税率下的有效补助率[1]

贷款价值比	边际所得税率		
	21%	38%	47%
0.25	28%	56%	72%
0.50	26%	55%	74%
0.75	24%	54%	75%

注：1. 计算补助有效率时假设利率为 10%，房价增值率为 5.57%，经营成本为资产价格的 2.4%。

表 7—2　　　　　　拥有住房的家庭的平均收入、住房价值、边际税率、贷款价值比
　　　　　　　　　　（以含净租金的家庭收入的十分位划分）[1]

十分位数	家庭收入 （澳元）[2]（1）	住房价值 （澳元）（2）	边际税率（%） （3）	贷款价值比（%） （4）	使用成本（%） （5）
1	12 752	97 416	23.05	7.34	7.45
2	19 952	113 175	27.96	7.25	6.78
3	25 345	122 897	28.91	11.67	6.88
4	30 888	129 816	29.31	13.75	6.92
5	36 654	137 569	33.21	15.15	6.52
6	42 779	144 851	38.12	15.43	5.91
7	50 115	156 037	40.25	16.75	5.67
8	58 929	168 986	41.41	16.17	5.51
9	71 001	199 058	45.40	16.14	4.95
10	120 804	359 320	48.69	10.63	4.24
全部	43 209	155 483	33.85	12.81	6.18

注：1. 家庭样本数为 9 908。计算方法详见伍德（Wood, 1995）的研究。
2. 家庭收入含净估算租金。

表 7—2 中给出了具体的税收安排的扭曲效应，这个表格数据来源于澳大利亚统计局的 1990 年收入和住房成本调查，它估计了 9 908 个澳大利亚自有住

房家庭的使用成本。样本家庭按照收入的十分位数进行划分，他们的边际税率是通过亨德肖特和斯莱姆罗德（Hendershott & Slemrod，1983）提出的方法估计的。[13]我们发现收入排在最低 10% 的家庭的平均使用成本是排在最高 10% 家庭的 1.8 倍，反映在乘数上则是相差 3.21%。如果最低 10% 的典型低收入家庭的使用成本减少 3.21%，他们每年的使用成本将会从家庭收入的 56.9%（约 7 257 美元）下降到 32.4%（4 130 美元），这在住房有效价格中占了相当可观的比例。我们可以对家庭按长者的年龄顺序进行分组，来考察生命周期中的住房有效价格的年龄多样性。在伍德（Wood，1995，表 6—9）的研究中，家庭被分成了 3 个年龄组（45 岁以下组，45～65 岁组，65 岁以上组）和 3 种家庭类型（夫妻有子嗣型，夫妻无子嗣型，单人型）。在任一类型的家庭中，每个收入分位的家庭的使用成本随着年龄的增长而下降。这也反映了年轻家庭具有较低的边际税率。

● 投资者和出租房

众所周知，税收措施会导致住房持有人住房成本的差异。但是针对资本利得的税收措施会带来房东使用成本的系统性差异，这点却并不为人熟知。普遍来讲，政府允许住房租赁投资人进行合理避税，以达到促进供给的目的。例如，美国的加速折旧和低收入住房税收减免（Hendershott & Ling，1984；McClure，2000）。在澳大利亚，1987 年起就有了建筑物折旧补贴制度，而被动损失可以从其他收入中扣除。在英国，为了提高在私人租赁住房上的投资，出现了很多利税工具（Wood & Kemp，2001）。加拿大政府使用资本成本补贴来刺激租赁住房建设（MacNevin，1997）。在以上国家中，房地产资本利得相较于一般收入来源，如租金收入，都有一定的税收优惠。

在美国，项目模型已被专门修正用来研究税收优惠降低投资人使用成本的效率。这个模型分析了典型租赁住房开发的现金流，求解出最低租金，在这个租金上投资人能达到使用成本和收益的平衡（参见 De Leeuw & Ozanne，1981；Brueggeman et al.，1982；Hendershott & Ling，1984；Fisher & Lentz，1986；Follain et al.，1987；Hendershott et al.，1987；Ling，1992；MacNevin，1997）。这些研究假设房东普遍来自边际所得税率最高的级别。在竞争市场条件下，住房市场税收优惠通过降低租金转移给了下一级的房屋承租人，这一规律是由普通投资人的所得税率结构决定的。因此，这些研究中普通投资者的税收结构也就变得很重要。[14]

为了证明这个想法，考虑租赁住房市场投资人的现值公式，假设抵押贷款利息，房地产税和营业成本可从可得租金中扣除，且资本利得是免税的。[15]现值公式如下（Wood & Tu，2001）：

$$V = (m - p(0)q) + (p(T)q - m)e^{-kT} + \int_0^T (1 - \tau_L)[r(t)q - vp(t)q - im] \times e^{-kt}dt$$

(7.8)

这里 τ_t 表示房东的边际所得税率；$R=r(0)/p(0)$ 的值代表了收入和成本的现值；$V=0$ 代表了项目的税前最低的真实租金。项目必须达到这个租金，否则投资将不具吸引力。从公式 7.8 的积分出发，因式分解变量 q 和 m 并重新排列，解出 R，我们可以得到：

$$R=\frac{r(0)}{p(0)}=i+v-\frac{\pi_h}{(1-\tau_L)} \tag{7.9}$$

这里公式的右侧代表了资本使用成本。[16]资本利得可税前扣除的假设意味着当预期资本增值率增加 1 个百分点，R 会通过乘数作用下降 1 个百分点，因为租金降低后无须缴税。当资本利得也享受税收优惠时，投资人偏好于通过这种方式获得收益。当投资人的边际所得税率越高时，这种偏好越明显。因此投资人的资本使用成本与边际所得税率呈负相关关系。

伍德和沃森（Wood & Watson，2001）使用了 1993 年澳大利亚统计局的租赁投资人调查数据来测量其投资人的边际所得税率。他们发现在 2 906 名独立投资人样本中，只有 315 人属于最高边际所得税率群体。因此，在最低租金时，属于最高群体的房东的租赁住房供给似乎对价格无弹性。关于这一现象的原因，有人认为是由于资本市场不完全（Litzenberger & Sosin，1978），有人认为是由于最高群体投资人数量不足（Sunley，1987），还有人认为是由于对资产组合的政策管制（Wood & Tu，2001）。无论什么原因，它都具有深远的影响。为了从较低税率群体吸引租赁投资人，市场租金必须被抬升到最高所得税率群体的最低租金水平。后者将变成内部的少量投资者，他们的收益将高于平均水平。他们所得的税收优惠只有部分通过降低租金的方式传递到了租客。

表 7—3 中，伍德和沃森（Wood & Watson，2001）的研究中将房东按照前文的使用成本方法进行了十分位数组的划分，并列出了每组的平均使用成本，将不动产价值和边际税率分项按十分位进行了排列。[17]投资者的边际税率和其使用成本之间的强负相关关系说明了税收优惠对使用成本差别的重要性。使用成本从下 10% 群体的 4.3% 的平均水平增加到上 10% 群体的 12.1%。同样，平均市场租金从最低 10% 的 5.9% 上升到了最高 10% 的 9%（参见 Wood & Watson，2001；注 41）。这些数字表明内部边际供给者在最低使用成本十分位可以得到高于一般水平的收益，而低税收群体边际供给者在最高十分位得到的收益低于一般水平。长期来讲，我们可以大胆预测后者将退出市场。这使我们尤其担心从表 7—3 中解读出的观点。表中列出的平均不动产价值表明边际供给者主要集中在低收入租赁住房市场。之后，这个总存量中的低价值市场中会出现由低收益带来的存量损失。耶茨和伍尔夫（Yates & Wulff，2000）发现澳大利亚在 1986—1996 年出现了一次健康的总租赁住房存量扩张现象，但他们同时观察到了低收入租赁住房同期的收缩。

表 7—3　　　　　　经平均有效税率和使用成本加权后的不动产的平均价值[1]

十分位数	不动产的平均价值 (澳元)	加权的有效边际税率 (%)	使用成本[2] (%)
1	177 560	48.2	4.25
2	143 466	41.8	6.17
3	142 873	37.1	6.91
4	133 944	33.3	7.48
5	122 050	29.9	7.98
6	125 003	26.0	8.43
7	119 327	20.6	8.91
8	104 543	20.2	9.41
9	94 147	15.5	10.07
10	63 604	13.9	12.05
全部	122 654	28.7	8.17

注：1. 在使用成本最高十分位数群体中的房东尤其有相对较低的有效边际税率。他们同样集中于租赁住房市场的底端。
　　2. 使用成本的预测在 $i=10.0\%$，$q=4.75\%$ 的假设下进行。
资料来源：Wood & Watson, 2001，表格 2。

7.3　税收套利[18]

　　一般情况下，我们认为在高收入群体中，税收优惠会降低拥有住房相对于租用住房的成本。对于特定住房，潜在使用者可支付的市场租金与他们的边际所得税率不相关。但是由于净估算租金和资本利得可以得到税收扣除，随着购买者的边际税率增加，他购买特定住房的成本降低。由此可见，税收系统对高收入群体的购房提供了补助。

　　但是，有人认为税收系统对于租赁存在一定程度上的倾斜（Litzenberger & Sosin, 1978；Kiefer, 1978, 1980；Titman, 1982）。上文中，我们讨论了竞争性的住房市场会保证来自房东合理避税的收益通过降低租金的形式传递至租户。如果没有对租赁住房投资人的阻碍，最高税率等级的房东会被引导至投资租赁物业，为低税率等级的纳税人提供住房服务，其价格相对于购买住房的税后成本来说具有绝对优势。

　　安斯蒂等（Anstie at al., 1983）、戈登等（Gordon et al., 1987）、福林和林（Follain & Ling, 1988）、亨德肖特（Hendershott, 1988）以及诺德维克（Nordvik, 2000）的研究表明可以使用税率盈亏平衡模型来研究税收套利过程。预设一个住房服务的需求量，个人选择供给中住房服务成本最低的住房。一旦确立了针对不同租期的住房供给成本公式，模型便可求解，当个人购房等同于租房的边际所得税率时，房东才愿意出租房屋。公式 7.6 可以解释为潜在住房使用者在转而购买住房之前愿意支付的最大租金。[19]另一个方面，公式 7.9 可以解释为投资人在将房地产变现之前可以接受的最低租金（保留租金）。设公式 7.6 等于公式 7.9，求解 τ 我们将得到盈亏平衡税率 τ^*。[20]

$$\tau^* = \frac{\tau_L \pi_h}{(1-\tau_L)i(1-\alpha)} = \frac{\tau_{\max} \pi_h}{(1-\tau_{\max})i(1-\alpha)} \tag{7.10}$$

盈亏平衡税率产生于一种房东和使用者达到双优的条件下，这里假设房东属于最高税率等级，其税率为 τ_{max}。此时，一个潜在住房需求者愿意支付的最大租金应当大于或者等于房东的保留租金。当税率低于 τ^* 时，潜在住房需求者将会发现租用住房比自有住房在财务上更具优势。他们的低税率等级意味着成为住房所有者必须支付的有效价格更高，而属于最高税率等级的房东可以以财务上更加有吸引力的价格将房屋出租给他们。

该模型的一个重要含义就是它预测低价值的细分市场的租赁住房需求会尤其强盛，并且该市场是租户—房东互利选择的最可能区域。如公式 7.6 所示，在低端市场中，低税率等级的纳税人无疑更能承担租金，且他们的最大租金高于高税率等级的纳税人愿意支付的租金。已知边际房东属于最高税率等级，租户—房东互利选择将会出现在市场底部。[21] 据表 7—3，我们应当质疑这个最终假设的有效性，因为边际房东并不全属于最高税率等级范围，同时属于较低税率等级的边际房东集中在低端市场。

表 7—4 反映了经过澳大利亚统计局 1993 年租赁投资调查数据校准后的盈亏平衡税率模型。1 907 个房地产资产被按照房东保留租金进行十分位排序。表中列出了三档贷款价值比（LVR）下的各十分位的平均盈亏平衡税率。在最高档贷款价值比 LVR 为 0.75 时，平均盈亏平衡税率是 77.8%。所有澳大利亚纳税人的边际税率都不到 78%（参见最后一列），这说明在此 LVR 水平下租赁房屋较购买房屋花费更少。即使是在较低的 LVR 为 0.5 的水平上，盈亏平衡税率为 38.9%，说明超过 3/4 的澳大利亚人选择租赁住房的花费更少。只有当 LVR 降低到 0.25 时，对于广大纳税人，持有住房的相关成本才更有吸引力。表 7—4 的另外一个重要发现就是，随着保留租金十分位上升，盈亏平衡税率下降。但这些十分位较高的组是低收入家庭可承担的低价值租赁住房的集合（见表 7—3）。这个细分市场中，成功的租户—房东互利选择最难出现，因为它不符合盈亏平衡模型。这个出乎意料的发现之所以出现，主要是因为边际房东来源于低税率等级且集中于低端细分市场。如果住房市场和资本市场是竞争性的，那么在最高税率等级的投资人的保留租金水平上，租赁住房的供给是完全弹性的。就像早先指出的，较低税率等级投资者的存在说明市场存在某种低效率，阻碍了高税率等级纳税人增加其租赁投资。

表 7—4 　　盈亏平衡税率的均值、不同房东保留租金十分位下的边际税率（MTR）低于盈亏平衡税率（BTR）的纳税人的百分比（土地税、交易成本和代理成本为 0）[1]

十分位数	盈亏平衡税率（%）(LVR=0.25)	盈亏平衡税率（%）(LVR=0.5)	盈亏平衡税率（%）(LVR=0.75)	MTR<BTR 的纳税人百分比（%）(LVR=0.25)[2]	MTR<BTR 的纳税人百分比（%）(LVR=0.5)[2]	MTR<BTR 的纳税人百分比（%）(LVR=0.75)[2]
1	59.57	89.36	178.7	100	100	100
2	40.75	61.12	122.2	79.1	100	100
3	34.17	51.25	102.5	41.6	100	100
4	29.42	44.14	88.27	41.6	79.1	100

续前表

十分位数	盈亏平衡税率（%）(LVR=0.25)	盈亏平衡税率（%）(LVR=0.5)	盈亏平衡税率（%）(LVR=0.75)	MTR<BTR 的纳税人百分比(%)(LVR=0.25)[2]	MTR<BTR 的纳税人百分比(%)(LVR=0.5)[2]	MTR<BTR 的纳税人百分比(%)(LVR=0.75)[2]
5	24.11	36.17	72.34	41.6	41.6	100
6	20.96	31.44	62.88	41.6	41.6	100
7	16.58	24.86	49.73	0.55	41.6	100
8	13.11	19.66	39.32	0.55	0.55	79.1
9	10.94	16.41	32.83	0.55	0.55	41.6
10	9.76	14.64	29.29	0.55	0.55	41.6
全部	**25.93**	**38.89**	**77.79**	**41.7[3]**	**79.2[3]**	**100[3]**

注：1. 计算盈亏平衡税率时假设期望通货膨胀率为 4.75%。
2. 计算中忽略国民保健税。LVR 是贷款价值比。
3. 盈亏平衡税率为其平均值。
资料来源：Wood，2001，表 1A，表 1B。

令人感到困扰的是，虽然在澳大利亚自有住房占主导地位，很多澳大利亚家庭却认为拥有住房在财务上更不具吸引力。可以认为税收优惠并不是澳大利亚和其他类似税收制度的国家出现高住房自有率的主要原因。谜底可能在于有些成本只有在租赁住房时才会发生，例如代理成本。房东没有办法写出包含所有方面的完美合约，因此住房使用者不需要面对租赁房屋存量对应的社会边际成本（"基础租赁外部性"，参见 Henderson & Ioannides，1983）。代理成本主要包括筛选租户、谈判合约、编制存货条目、调查不动产、收取租金和所有监管租户—房东关系的租赁外部性所需的成本。我们针对代理成本选择了一种间接测定的方法，认为它等于物业管理和房东出租住房支付给经纪人的费用，假定经纪人承担所有的监管工作。[22] 我们可以将代理成本的测量融入盈亏平衡分析中，结果见表 7—5。[23]

现在的微观分析中，每个 LVR 水平下的盈亏平衡税率都降低了。在这些 LVR 下的平均盈亏平衡税率表明，只有 1% 的纳税人能达到租户—房东的互利配对。因此，对于大多数人来说持有房屋比租赁房屋更具成本优势，但是税收并不是唯一的解释。当人们居住在自有住房中时，房东为了管理委托/代理人关系而承担的代理成本为零。这也是自有住房的使用成本优势的重要来源之一。

令人惊奇的是，最高的 5 个保留租金十分位中盈亏平衡税率为负数。这表明租户—房东互利配对不会形成，除非政府提供直接的租金补贴且数值高于自有住房的相关成本优势。而正是在这些细分市场中，盈亏平衡模型预测的租户—房东互利配对最多。这个发现中最重要的是，这些高保留租金十分位的边际房东主要集中在租赁市场的低端部分。以上现象的一个可能解释是追随者效应，这是一种无效率的住房市场活动，笔者将在下节进行解释。

表 7—5　　盈亏平衡税率的均值、不同房东保留租金十分位下的边际税率（MTR）低于
盈亏平衡税率（BTR）的纳税人的百分比（含土地税和代理成本）[1]

十分位数	盈亏平衡税率（%）(LVR=0.25)	盈亏平衡税率（%）(LVR=0.5)	盈亏平衡税率（%）(LVR=0.75)	MTR<BTR 的纳税人百分比（%）(LVR=0.25)[2]	MTR<BTR 的纳税人百分比（%）(LVR=0.5)[2]	MTR<BTR 的纳税人百分比（%）(LVR=0.75)[2]
1	46.25	69.38	138.76	79.1	100	100
2	24.48	36.72	73.45	41.6	41.6	100
3	15.18	22.77	45.53	0.55	41.6	79.1
4	9.06	13.58	27.17	0.55	0.55	41.6
5	3.58	5.37	10.73	0.55	0.55	0.55
6	−1.89	−2.84	−5.67	0	0	0
7	−6.06	−9.09	−18.17	0	0	0
8	−8.71	−13.07	−26.14	0	0	0
9	−13.41	−20.11	−40.23	0	0	0
10	−14.81	−22.11	−44.42	0	0	0
全部	**5.36**	**8.04**	**16.07**	**0.55**[3]	**0.55**[3]	**0.55**[3]

注：1. 计算盈亏平衡税率时，假设预期通往膨胀率为 4.75%。
2. 计算中忽略国民保健税。LVR 是贷款价值比。
3. 盈亏平衡税率为其平均值。
资料来源：Wood，2001，表 2A，表 2B。

7.4　税收、无效率和市场活动

● 追随者效应

在前面一节中，笔者讨论了可能存在一种障碍，阻止了高税率等级投资人进一步向私人租赁住房市场进行投资。其结果是，高成本的低税率等级投资人在不断上涨的成本下，被更高的租金吸引进了这一市场。供给的成本因此比其他情况下要高。这种无效率的结果在低收入租赁住房市场将会更加严重，主要是因为边际投资人集中在这些低端细分市场中。

如果我们要从政策层面解决这个问题，如何解释这一模式就变得很重要。[24]
伍德和涂（Wood & Tu，2001）提出了一种住房市场细分模型，在这个模型中有两个细分市场 X 和 Y。他们作出了以下假设：

● 市场仅提供租赁住房服务，除区位以外住房在所有方面均为同质的。投资者的资本使用成本如公式 7.9 所示。

● X 市场的预期资产增值率高于 Y 市场。

● 存在两个所得税率等级，高所得税率等级的边际所得税率较高。

● 资本市场存在低效率，短期内高所得税率投资人在细分市场 X 中能够获得收购租赁住房的融资，但是在细分市场 Y 中他们的融资受限。

● 短期租金水平保持不变，同时住房市场存量保持不变。

- 初始资本和租金价值相等，前者等于重置成本。

为了进入细分市场 X，高所得税率投资人将会与低所得税率投资人展开竞争，但是前者从税收优惠中取得更大收益，也会准备支付更高的溢价获取 X 市场内的租赁投资。细分市场 X 中的市场价值开始上升，而细分市场 Y 中的价值开始下降，旨在通过提高市场租金来吸引投资人。市场均衡需要满足两个套利条件。第一，高税率等级投资人的税后实际收益相等，确保他们在细分市场 X 和 Y 之间的选择并无区别。第二，Y 市场的市场租金必须提高到低税率等级投资人认为此市场有利可图的水平。伍德和涂（Wood & Tu，2001）证明当两个条件都得到满足时，高税率等级投资人变为边际内供给者，同时低税率等级投资人成为细分市场 Y 的边际供给者。后者在细分市场 X 上的预期投资回报为负数，因此被阻止进入这一市场。

该模型主要的主张是我们可以预期到由税收驱动的投资人追随者效应，也就是低（高）税级的投资人分别集中在低（高）端细分市场。这与表 7—3 所示一致，说明可能存在供给方的住房市场细分，同质住房的市场租金由于被税收驱动的投资人追随群体的聚集而出现差异。伍德和涂（Wood & Tu，2001）使用澳大利亚统计局 1993 年的租赁投资横截面数据估计出一个双等式模型。研究发现资本利得的税收优惠程度与市场租金的负相关性非常显著，这与追随者效应相一致。

这个模型还存在一个非常有趣的推论。短期内，在高端细分市场 X 中托宾的 q 值将会大于 1，所以我们可以期望高端市场的存量在长期内会出现扩张。此外，托宾的 q 值在低端细分市场 Y 中将小于 1，所以我们将发现此市场会出现收缩。[25] 在这种情况下，即使存在对资本利得和租金收入的税收优惠，某些资源仍可能流入细分市场 X。但资本利得在税收优惠上的优势地位会加大这种资源的流入，这也是市场无效率的来源。政府提出的一个对应政策就是引入针对持有低收入租赁住房的房东的税收优惠措施（参见 Wood et al.，2001；本章的结论部分）。

◆ 锁定效应

关于资本利得的税收措施是锁定效应的源头，致使投资人坚持持有租赁住房且不鼓励改变资产组合。产生锁定效应的主要原因是无法从资本利得的增长中取得税收收益。通过推迟变现某项投资，资本利得的纳税额的现值减少了。其结果就是投资人最终拥有了一系列非最优的投资，随后便产生了福利损失。格拉韦尔（Gravelle，1994，p.143）认为这些锁定效应若非常有力，将会成为减少资本利得税的主要原因。这是因为失去税收收入会带来福利的大量增长，同时降低税率还有可能会增加变现而实际提高了收入。

锁定效应的水平将会通过资产利得税的税收情况得以表示。该效应可以通过以下情况得到放大：

- 纳税人死亡可以免除税款，例如在美国。
- 通过从资本利得税基减去补贴而重获折旧补贴，例如在美国和澳大利亚。

● 资本利得税的计算使用"下行分层法"，以普通收入的增加额为税基，例如在英国。

此外，负面刺激将会减弱锁定效应的效果（Hendershott & Ling，1984；Gordon et al.，1987；Gravelle，1994）。当房屋购买者能够基于物业的销售价格重新开始折旧时，负面刺激非常明显，例如在美国。如果房地产出售者与购买者的折旧税收优惠现值之差超过了资本利得税，房地产的变现就将具有税收优势。（Gravelle，1994，p. 135）

但是，还存在其他经济因素可以影响到锁定效应。为了解释这个问题，假设存在一个已持有 T 年的房地产投资。如果这项投资成功出售，应纳资本利得税如下：

$$\lambda \tau_L q [p(T) - p(0)] \tag{7.11}$$

当 $0 < \lambda < 1$ 时，资本利得税享受税收优惠，其他变量都与前面的假设相同。如果房东继续持有这个资产 n 年，则将未来的应纳资本利得税折现到 T 年时：

$$\lambda \tau_L q [p(T) - p(0)] e^{-kn} \tag{7.12}$$

从公式 7.11 中减去公式 7.12，我们可以得到延迟的应纳资本利得税的计算方法，即

$$\lambda \tau_L q [p(T) - p(0)](1 - e^{-kn}) \tag{7.13}$$

从公式 7.13 可看出，延迟销售的选择可以为所有者带来价值，这个价值随着资本增值率、该物业已持有的年数、决定延迟后预期持有物业的年数、通货膨胀率（还包括折现率）的上升而上升。因此我们可以认为锁定效应在通货膨胀条件下（伴随着物业价格的飞速上涨）会变得非常突出。此外，锁定效应对于年长的投资人较为明显，因为他们很多人持有物业的时间相对更长。

当一个投资人考虑更换投资项目的时候，新投资项目的收益率应当至少与公式 7.13 中的价值相等，才能保证投资人放弃旧项目不会亏本。这种计量锁定效应的方法最早由霍尔特和谢尔顿（Holt & Shelton，1962）提出。格拉韦尔（Gravelle，1994，表 6—6）应用这一方法计量建筑结构，但是关于房地产领域内的负面刺激却没有其他相关研究。同时，也没有人尝试过研究锁定效应给房地产资产带来的福利损失。典型的研究主要集中于公司股票（Feldstein et al.，1980）或者资产类型统一的纳税申报单数据库的使用（Auten & Clotfelter，1982）。很明显这是一个值得研究的区域。[26]

◉ 住房需求、过度投资和福利损失

追随者效应和锁定效应是近期关于房地产税率和效率损失研究中经常出现的概念。早期的研究主要集中在使用税收支出促进自有住房消费带来的无谓福利损失上。在一个早期的研究中，莱德勒（Laidler，1969）假设长期住房供给是完全弹性的，而需求弹性为 -1.5。他使用了一个与公式 7.7 相似的模型，计算出了

税收补贴在住房价格上产生的影响，同时估计出如果对估算租金进行征税，美国住房市场存量将会下降 17.1%。这种补贴推进的消费增长造成多余负担或者福利损失三角的总和只有美国住房存量价值的 1% 的 0.14 倍。金（King，1981）估计英国对于估算租金征税会导致长期住房服务消费量下降 13.7%，这与莱德勒（Laidler，1969）估计的数值较为接近。过度负担仍旧只达到平均收入 1% 的 0.4 倍，最高收入人群遭受的打击最大。

罗森（Rosen，1979）使用了横截面数据库，同时估计了住房服务需求量和住房产权选择。如果对估算租金征税，该研究预计住房自有率将会下降 4.4%。罗森和罗森（Rosen & Rosen，1980）使用 1949—1974 年占有选择决策设计了一个时间序列模型。他们引进了忽略税收优惠的相对价格，使得回归模型可以对长期住房自有比例进行预测。该回归模型表明自有住房率将从 64% 降至 60%。在使用人口结构数据对住房自有率数据进行调整后，亨德肖特和希林（Hendershott & Shilling，1982）认为，如果房地产税和抵押贷款利息不能税前扣除，则住房自有率将下降到 59%。

以上研究说明税收补贴对于自有住房投资有正面影响，同时也指出了税收推动的住房投资上升会挤出工业资本的可能性。当资本利得享受免税而抵押贷款利息可以进行税前扣除时，加快上涨的通货膨胀将会提高与自有住房相关的工业资本的投资成本（Rosen，1985）。使用典型项目研究法将这个相对成本代入投资公式，此公式表明当通货膨胀上升时，自有住房相对于商业投资的增速更快（Hendershott & Hu，1981）。米尔斯（Mills，1987）将两部门新古典主义增长模型应用于美国经济，估计了资本市场资源配置效率。从模型的估计来看，实际住房市场存量比最优量高 33%。伍德（Wood，1988a）建立的新古典主义两部门模型可以估计跨部门的外部性与投入要素的生产力差距。使用模型分析澳大利亚经济数据表明，住房产生了促进经济增长正外部性。此外，将生产要素配置在住房部门与配置在其他经济部门的效果相似。[27]

这些互相冲突的结果表明有必要研究正负外部性的传播机制的存在和大小。近期研究重在探索住房所有权与健康、邻里稳定性、社会参与和社会需求行为之间的关系。[28]这些潜在正外部性转播机制的例子，已经被最近"井喷"一般出现的对于个人自有住房与失业期长短、地区失业率与住房自有率的关系的研究所取代（Oswald，1997b；Green & Hendershott，2001a）。

7.5　结论

由上文对税收和住房市场的研究回顾不难看出一些重要的政策启示。关于自有住房，许多评论一致认为税收补贴的发放是不公平的。在典型的税收安排条件下，住房所有者支付的有效价格随他们的边际所得税率发生逆向变化。此外，资本净值较低的低收入住房所有者的有效价格较高。

有一种理论认为典型的税收安排以租赁住房甚至是工业资本为代价，来鼓励住房自有，因此也造成了分配效率的低下。但是这种理论近年来并没有得到多少认同，这主要是因为近年来大量实证研究都佐证了鼓励自有住房将会促进社会福利（Vandell，2000）。另外，还有一种观点认为，高税率等级住房所有者的税收优惠将以较低租金的形式传递给边际所得税率为零或者为负的家庭（Weicher，2000）。

对于住房持有人之间的税收优惠分配，政策的最初反应是对净估算租金征税。但是，结果显示税负的增加可能是累退的，对那些年长的"低收入高资产"住房所有者有极其不利的影响（Ling & McGill，1992；Bourassa & Hendershott，1994）。过渡性的安排可以用来缓和这些问题，并且可以进行一系列改革，用净估算租金税替代累退的房地产税和交易税，从而保证税收负担累进的再分配（Wood，1995）。但是大多数政策分析员都认为对估算租金征税是一种政策上无法兑现的税收改革。那些不是那么野心勃勃的政策现在看起来似乎是一种更加实际的办法，例如逐步去除抵押贷款利息和房地产税的税前扣除（Bourassa & Grigsby，2000），或者将税前扣除转为税收抵免（Green & Vandell，1999）。就像前面说过的，由于越来越多的研究证明提高住房自有率能提高社会福利，人们对自有住房的税收优惠的看法已经发生了改变。这些研究支持那些要求保留税收优惠的论点，但主张将它所带来的福利增长扩展到收入更低的阶层中。

最近还有一个问题备受关注，即低收入租赁住房不断减少（Malpezzi & Green，1996；Yates & Wulff，2000；Somerville & Holmes，2001），而税收政策是这个问题的原因之一（Wood & Tu，2001）。似乎存在一些阻碍，使得在保留租金的水平上，最高税级投资人的租赁住房供给出现价格无弹性问题。其结果是，市场租金为了吸引低税级的投资人而上升，且只有部分高税级投资人所得的税收减免优惠并以较低租金的形式向下传递。边际房东（低税级）集中于住房租赁的低端细分市场，给低收入家庭对廉租房的可支付性带来了严重的冲击。前文已证明在低端细分市场中，成功的租户—房东配对不太可能出现，低收入住房市场房东的退出也就顺理成章了。而房东投资时需支付的高额代理成本和交易成本更加恶化了低端的私有租赁住房市场缺乏竞争力的状况（Wood & Watson，2001）。

针对这个问题的许多政策设想都值得关注。第一，应解除任何阻止高税级投资人投资住房租赁的障碍。这些阻碍的发生主要是因为资本市场的不完善，政府管制或财政干预。然而在此方面很少有证据能指导政策制定。

第二，通过税收补贴来加强对低收入租赁住房投资的刺激。在美国，1986年的《税收改革法》减少了租赁住房投资人可以得到的税收优惠，使人们产生了低收入租赁住房投资将会下降的顾虑。为此，美国政府制定了一个特定的低收入税收抵免政策来消除这种顾虑，但是它本身的管理复杂性和范围有限性，引起了分析家对于其有效性的质疑（McClure，2000）。但是，伍德等（Wood et al.，2001）的研究表明，以位于租金最低四分位的租赁住房为目标的低收入税收抵免，将金—富勒顿（King-Fullerton）有效边际税率从 61％降低到 37％。

第三，观测数据显示，在低端私人租赁住房存量市场中的代理人成本较高。正是在这个细分市场中，我们最可能观测到边际住房租客，他们与劳动力市场之间的联系较为薄弱，经常拖欠租金，会无预警地出现违反租约情况。同时，其他代理人问题也很严重。让有专业住房管理经验的公共住房管理机构来管理私有租赁住房的垂直分解措施，会有利于将代理成本降低至能恢复这部分市场竞争力的水平。

取得住房所有权变得越来越困难，尤其是那些低收入者。因此可以预测，低收入群体对于租用他们可负担的住房的需求将越来越大。而有证据表明，租赁住房市场在此细分市场上的供给成本很高，市场也在收缩，这些严重的问题需要一系列政策回应。

致　谢

感谢克里斯蒂娜·怀特黑德、肯尼思·吉布、托尼·奥沙利文和其他人在 2001 年 12 月 9—10 日于格拉斯哥大学研讨会上提出建设性和有帮助的建议。

注　释

［1］本章所使用的分析均假设存在一个英美财政体系，在这个体系中收入的直接税占据主导地位。在其他国家，例如欧洲南部各个国家，对于间接税的依赖更大。这个假设反映了对英美文献的依赖，以及作者进行实证研究时对澳大利亚和英国的数据的大量使用。

［2］一个例外是美国在 1987 年推行的低收入家庭的住房税收抵免（Mc-Clure，2000）。

［3］尽管早期文献强调了福利的无谓损失，最近的研究却逐渐发现了存量住房规模和质量的增加带来的正外部性。如果这些正外部性足够大，则偏向于住房市场的财政系统将会有理可循。笔者将在下文中进一步说明这个问题。

［4］这些优惠也适用于未出租其第二套房屋的房东（Bourassa & Grigsby，2000，p.524）。

［5］因此笔者对公平的定义就是所有家庭对相同的住房服务支付相同的价格。还有一种公平的定义，即在一个累进税制系统中，高收入家庭的税务负担相对繁重，如果政府为了减轻税务负担而实施税收减免，高收入家庭将会更加受益。这里的"公平"主要体现为税收系统中的均衡性，此时高收入家庭的纳税额占收入的比例更大。

［6］住房资本包括土地和建筑。土地与建筑物之间的比率为一个定值。资产变量中包括土地和建筑的一种或多种属性。

［7］忽略经济折旧。

［8］公式 7.1 右侧的前两项是住房所有人的初始股权结构和销售收入折现值。第三项是资本利得税现值，当资本利得出现增长时需要按住房所有者边际所得税率缴税。最后一项是估算的税后净租金现值。交易成本在这里被忽略了。

［9］或者按照陈来（Chinloy，1991，p.516）对于这个概念的界定，它是"住房所有者在保留一单位住房存量时，必须为获得单位住房服务而支付的价格"。

［10］我们主要针对澳大利亚、加拿大和新西兰等国的税收政策，对估算租金和资本利得采取免税，而住房抵押贷款利息和房地产税却不能税前扣除。如今在英国住房抵押贷款利息扣除已经逐步被停止了，现值函数也将如上所示。

［11］以中性税收的观点来看，这一项将不复存在，因为扣除的利息的真实价值也在相应减少。

［12］在边际所得税率较高的条件下，相对于因债务所致的纳税罚款，从抵押贷款真实价值减损中所得的税收收益更为重要。可以将公式 7.6 的第二项和第四项相互比较。

［13］此种方法计算了住房所有者的包含和去除净估算收入的税收负担。税收负担上升的结果是用净估算收入的比例来表示的。本次计算还采用了 1990 年澳大利亚法定边际税率。使用此法估出的边际税率可能超过最高法定边际税率，因为我们考虑了退税问题。毫无疑问，高收入弹性的住房所有者具有更大的净估算租金和更高的边际税率估计，这主要是因为他们倾向于更低的资本使用成本。

［14］纳尔沃德（Norwold，1992）已经从理论上证明了这个假设。

［15］这里遗产税的作用被忽略了。以下所有数据都来源于澳大利亚。在这个国家，从 20 世纪 80 年代初开始，所有州都废止了房地产税和遗产税（参见 Wood，1992）。

［16］如果不考虑投资人的折旧补贴，且资本利得可以从税收中扣除，这个公式同样适用于美国。在亨德肖特和斯莱姆罗德（Hendershott ＆ Slemrod，1983）、戈登等（Gordon et al.，1987）、福林和林（Follain ＆ Ling，1988）以及纳尔沃德（Narwold，1992）的研究中，使用成本公式在这些条件下都可以化简为公式 7.9。

［17］伍德和沃森（Wood ＆ Watson，2001）的研究中的估计使用成本的方法实际上远比公式 7.9 要复杂。房东的边际所得税率的计算方法与住房所有者的方法相似（见尾注 14）。

［18］本节基于伍德（Wood，2001）的研究。

［19］公式 7.6 是典型税收安排下住房所有者的资本使用成本。如果个人住房需求的预设量可以被较低的市场租金满足，租赁住房将会具有更大的财务吸引力。

[20] 在公示 7.10 的推导过程中，住房所有者的使用成本公式表明，为保证解的唯一性，忽略了抵押贷款真实价值的减少。这种做法在低通货膨胀率环境下的影响很小，例如在 20 世纪 90 年代。这种做法对于本研究对象的低税率级中的个人影响更小。

[21] 在没有税收补贴的时候，只有高税级的纳税人才能负担高端住房市场的租金。但是必须考虑到，他们愿意支付的最大租金比那些低税级个人准备支付的租金更低。因此在高端市场，租户—房东互利配对很难形成。

[22] 相关的成本范围比这个更大。例如，存在租金拖欠、空置和住房直接补贴的延迟支付，这些补贴都是由政府代表租户向房东转移支付的。因此这种代理办法并不完美。笔者目前正从事一个研究项目，致力于更精确全面地计算不同价值细分市场中的各种成本。

[23] 含代理成本的盈亏平衡模型的推导参见伍德（Wood，2001）的公式 4 和公式 5。该模型还包含了土地税。

[24] 另外一个要点是确认何种障碍阻止了高税级投资人投资私人租赁住房。这个问题已经超出了本章的介绍范围，但是是未来研究的一个重点。

[25] 此外模型还表明目前市场租金内含对未来价格增长率的预期。对于这个理论的实证分析参见卡博萨和塞金（Capozza & Seguin，1995）和 克拉克（Clark，1995）的研究。

[26] 由于人们认为交易成本较大，房地产在这方面的重要性就大大增加了，这也将是锁定效应的新来源。实际上，房地产的非流动性也可以追溯到锁定效应。房地产本身的非流动性又被认为是超额租金的来源，而超额租金随持有时间的变化而变化。刘等（Liu et al.，1995）认为这些超额租金带来了结果类似于利息的追随者效应，且伍德和涂（Wood & Tu，2001）证明了这些超额租金是供给方细分的又一来源。

[27] 这些两部门增长模型使用了费德（Feder，1982）和拉姆（Ram，1986）提出的产出函数，研究总产出配置的变化，考察了出口部门、政府部门与经济增长之间的关系。

[28] 参见罗厄等（Rohe et al.，2000）和麦卡锡等（McCarthy et al.，2001）的研究综述。

第 8 章

公共住房经济学

克里斯蒂娜·M·E·怀特黑德

8.1 引言：经济分析在公共住房学科中的作用

30 年前当邓肯·麦克伦南开始研究住房经济学的时候，公共住房还是个简单的概念。在英国，住房政策的目标曾经被认为是"为所有希望得到房屋的家庭提供一套独立的住房"（Ministry of Reconstruction，1945）。在那个时代，住房的需求永无止境，任何地方任何类型的住房都有人需要，这不仅因为战争时期造成的大规模破坏和战后初期的投资不足，更因为战后时期出现的人口快速增长。为了满足住房需求，英国政府采用了公共产权形式开发建设了大量住房，其租金标准远低于市场租金，而且通过行政手段配置公共住房房源。由公共部门为民众提供住房曾经被人们认为是唯一的解决方法，不仅是由于意识形态的原因，还因为当时私有住房供给能力的有限。实际上那时大多数可建设土地都由政府持有，而贫民区清除和城市再开发等大规模的改造活动都需要地方政府的直接介入。其结果是，在整个 20 世纪 60 年代，英国出现了历时最长的公共住房建设持续扩大的时期。由于住房的严重缺乏，这个景象在当时的欧洲随处可见。政策仅仅是一种数字游戏，公共部门生产成为缓解这种短缺的最轻松的方法。

那时既没有对公共住房合理性的经济分析，也没有针对特定政策对住房产出的影响的经济分析。对于独立房屋的需求看起来是理所当然的，对公共住房补贴以及在已有存量和新建公共住房中平摊成本也是如此。在英国，经济分析倾向于研究与住房和宏观经济、收入、价格、成本的变化相关的积极的经济问题（Whitehead，1974）。

但是这样的情况开始发生改变。最重要的是，1971 年第一次人口普查表明，几乎在所有地方行政区域中住房数量全面超过了家庭数量。在 1971 年出版的

《住房公平交易》（Fair Deal for Housing）白皮书中并不是只看重数据，而是提出了一套更为复杂的目标并定义成"为每个家庭都提供一套可以负担得起的住房"（Department of the Environment，1971），其中首次提出住房质量和价格问题。有人认为有些住房已经不能满足基本要求，为此环境部调查了难以出租的住房，结果几乎全国各政区都出现了这种情况。简单的铲除或者替换都不再是解决贫民区问题的灵丹妙药。为了解决贫民区问题，政府开始强调对于周边区域的复原和整治，这说明适宜的住房这一概念已经不仅仅限于住房本身而是涉及周边区域（Paris & Blackaby，1979）。

在这样的背景下，时任环境部大臣安东尼·克罗斯兰（Anthony Crosland）要求对英国住房政策进行一次全面回顾，在这次检讨中经济学分析头一次成为政策分析的主要手段。这标志了政策评估分析方法的开端（Department of the Environment，1977）。

经济学分析与政策发展之间的关系并不仅限于理解现状。如果经济学分析是有价值的，那么它的分析结果至少应该有助于改进政策。邓肯·麦克伦南就在这方面作出了最直接的贡献，他不仅详细研究了政策的执行和改善，而且时刻准备引领政策向与研究一致的方向转变。

在过去的 25 年中，政策变化已经不可避免地增多了，其目的也不仅是解决以前政策的遗留问题，而是发展出前瞻性的方法应对各种变化带来的要求。另一方面，经济学分析已经不再局限于评价某些具体措施，而是检视那些政策下面更加深层次的基础。虽然政治家习惯于独断专行和为政策画蛇添足，但是的确出现了一个清晰的经济学框架，可以用来评估政府对于房地产市场的干预以及评价政策。

公共住房研究包含了以下几个基础问题：

● 为了满足政府政策目标是否一定需要一个公共住房部门？其他拥有同样住房目标的国家，尤其是德国和瑞士（还有美国和澳大利亚，这些国家相对目标较小）都是通过私人部门来满足公共住房要求的。

● 存在公共住房部门就一定要使用住房公共所有权吗？答案是否定的。在许多欧洲国家（如荷兰、法国、瑞典），各自独立的公有住房房主在公共住房提供方面占了主导地位。

● 设立公共部门是否就必然使用低于市场水平的租金？这点也是否定的。瑞典和荷兰的公共住房租金较市场租金高，有时甚至高出许多。

● 为了确保某些群体取得合适的住房，是否应当使用行政力量分配住房资源？或者说，在公共或私人部门之间是否可以让消费者自行选择？答案还是否定的。许多欧洲国家在给予某些群体优先权的同时，还给予租户中性的援助，这样社会性住房目标可以通过整个住房存量市场达成（Turner & Whitehead，1993；Turner et al.，1996；Stephens et al.，2002）。

这些是公共政策的基础问题，同时也是经济原理可以作出相对贡献的问题。经济学能够解决的主要问题如下：

● 假设人们拥有足够的购买力，市场是否可以有效率地提供住房，而并不需要单独存在一个公共住房部门？

● 是否有经济理由证明住房本身需要在收入再分配中发挥积极的作用，且其发挥作用的方式是供给补贴，而不是需求补贴结合优先某些群体的行政分配？

● 是否有理由证明公共管理住房比私人供给更具有成本效率？这也为使用公共所有权或至少共有所有权来解决风险问题、管理问题和融资问题提供了理由。

本章主要讨论以上三个问题，考察政府干预的效率原因、使用住房作为再分配手段、交易成本和新制度经济学与住房供给管理的治理结构的合理性之间的相互关系。解决以上问题将为建立适当的 21 世纪公共住房体制提供帮助。

8.2　公共住房供给的效率原因

主流经济学已经提供了一个定义完好的理论基础，支持政府干预市场体系以追求分配和产出的效率。它集中于论证价格无法合理反映社会价值，以及存在某些因素制约了价格的有效调整。它还表明政府将会通过三种基本手段进行干预：政策法规，包括界定个人决策框架和直接控制价格或质量；税收和补贴；相关物品或服务的直接供给。

● 市场失灵的根源

住房市场具有很多可能造成市场失灵的特点，因此容易出现生产和分配的无效率。所有政府干预都涉及住房供给，不仅在英国，整个工业化世界都是这样（Charles，1977；Maclennan，1982；Whitehead，1984）。

最为根本的是，住房在产品的分类上占有一个较为特殊的地位，它的位置在私人物品（市场机制可以完全发挥作用）与公共物品（市场无法有效率地提供该物品）之间（Barr，1998）。在此背景下，住房很明显是一种私人物品，因为其消费具有竞争性和排他性，其主要收益都将归于房主或者是房屋使用者。最重要的是，同一套房屋为不同的人提供的效用不同——例如市中心的公寓也许适合一对新婚夫妇，而在花费相等的条件下，另一个家庭则会购买带花园的城市郊区洋房。在自由主义者看来，住房的核心在于对决策价值的强调，因此他们主张住房的私人提供和配置，而政府的协助应当集中于收入支持方面（Whitehead，1991）。

但是，住房市场的确被严重的市场失灵所扭曲，至少在低端市场这个问题非常严重，正是这点奠定了政府干预和公共供给的经济理论基础。市场失灵的最终根源主要包括三个方面的外部性：直接外部性、交互外部性、代际外部性。直接外部性主要与健康有关，因为老旧的住房会促进疾病的蔓延。在发达国家，这个问题虽然低于一般水平但仍然存在（Burns & Grebler，1977）。因此，研究重点在于政府将管制框架全面扩展到各个部门，为确定区位、密度、设计、建筑材料和使用水平提供帮助。政府为居民提供公共住房在现阶段仍然有一定的作用，这主要由于以上标准并不是人人都负担得起，而法律法规也存在执行困难，因此直接由政府提供住房可以保证合法性。当今现实中较为重要的例子就是，在英国最为贫困的区域都是由私人出租住房组成的，这种地区的贫困现象比附近的公共住房区域要严重得多（Smith，1999）。更主要的是，由私人住房部门提供的住房中超过 30%并不适合居住（Department of Environment, Transport and the Regions，1998）。

交互外部性存在于住房供给的所有层面，使用和维护某一物业会对其他物业的价值产生影响，反之亦然。如果我粉刷自己的房屋，我的邻居将会间接受益，如果我不愿意粉刷，部分成本也是由邻居分担的。以上现象刺激了住房使用者减少维护甚至导致出现贫民窟（Davis & Whinston，1961；Rothenberg，1967）。公共住房通过外部性的内部化解决这个问题，但是我们仍然不清楚它是否可以激励针对维护和修缮的投资优化。

外部性的无效率也是邻里质量下降的主要源头。对于个人来讲，没有任何动机投资当地服务业和邻里管理以使其上升到合理的水平，更不会为了解决这些问题而使用私人合约（Davis & Whinston，1961；Galster & Killen，1995）。同样的问题也出现在土地市场，在这里正的和负的外部性都要求政府进行土地利用规划和利用配置，以确保最优区位模式（Harrison，1977）。

代际外部性的产生主要是由于金融市场本身的不完善和公共折现率低于私人折现率的现象——人的生命有限而社会却一直向前进。因此，个人的消费决策一般都会倾向于短期且具消费者导向，与此同时社会作为一个整体则需要长期的解决办法（Hirshleifer，1970）。这说明，私人市场在开发和改造投资上都会出现投资不足的现象。公共住房也就成为促进投资和基础设施改造的直接手段。

这些问题都因为信息不透明和信息不对称而恶化（Macho-Stadler & Pérez-Castrillo，1997）。这就意味着消费者没办法有效评估他们的投资收益或者选择适合的供给者。住房市场尤其无法完全反映投资的效用，私人业主无法轻易变现或者通过借贷取得足够资金。总的来讲，个人都是风险厌恶性的，这又减少了投资欲望并支持了政府干预以增加住房投资资源，在这里政府决策是基于风险中性的（Arrow & Lind，1970；Arrow，1971）。

政府参与住房市场的另一个原因是由于垄断力量。市场力量的传统形式并不是固然伴随着住房市场的主要失灵。特别是管理和生产领域的规模经济相当有限，而大多数地区却都存在着大量的住房供给者。无论如何，明显存在着许多与人际合同相关的问题，尤其是在房东和租户关系上经常出现信息不对称现象，合同也就无法按照平等信息原则订立。这个问题可以通过公共住房解决，旨在使租户利益和社会价值最大化；也可以通过自有住房解决，将合约安排过程内部化。另一方面，如果对问题的定义不清晰或代理关系没有理顺，公共住房会产生大规模的管理失误。特别是，当公共住房成为低收入租赁住房主要来源的时候，它将会产生地区性的垄断力量。

目前最为普遍的市场失灵与住房体系的调整缓慢问题有关，主要是住房市场价格调整比供给数量调整速度要快很多这一事实。因此，在供给突然减少、需求突增或大量移民涌入时，住房市场会产生逆向分配结果，其中有些会影响到资源分配的效率。当涉及新建住房时，公共供给和公共所有权是最常用的解决办法。在已有的私人出租住房部门，租金管制往往是最直接的应对，但是从长期来讲，这样的管制将会更加激励公共住房部门供给和分配（Quigley，1998）。

对于政府干预和供给住房最好的解释是住房商品本身是一种准公共产品，也就是说住房对于社会的价值大于其对于社会单个成员的价值。这不仅仅是因为住房存在外部性和分配问题，更由于其设施具有相互依赖性，所以住房干预也被认为是具有家长作风的（Musgrave，1959）。这个观点在低端市场表现得更清晰，但是也具有一定的广泛性，前提是承认社会福利函数中包含了明显更高水平的住房愿望（Hancock，1991）。

因此，毫无疑问住房市场很容易出现严重的市场失灵。住房市场失灵导致住房投资和管理的水平低于最优配置，同时扭曲了供给；不能全面考虑优质住房的收益和劣质住房与邻里造成的坏处；使风险问题和个人融资问题更难以解决；限制了规模经济，不能达到生产成本最低。

⊕市场失灵足以支持采用政府供给吗？

关于住房的市场失灵分析提供了一个支持政府干预（如果不是政府供给的话）的先验性的理由。在实施政府干预前，我们需要提出两个重要的问题：

● 住房市场失灵的表现包括：更高的成本、更低的收益、投资不足和不合理的住房资源配置。在本就不完美的世界中，这些失灵大到了需要注意的程度吗？

● 行政分配是解决了市场失灵问题，还是仅仅将其替代成一个同等的甚至更加严重的管理失败问题？

在过去的几年中，大量的研究被用来检验住房条件恶劣的成本和增加投资的益处（Whitehead，1998；Bratt，2002）。它们主要集中在两个方面，对终身机遇和社会排斥的影响，以及这些挫败使政府、社会和邻里付出的相关成本；另一个相对值得肯定的方面是住房对城市改造起的积极作用。

越来越多的证据表明低端住房与低健康水平具有相关性。过度拥挤、潮湿、寒冷、空气质量差和住房相关压力都与低健康水平、发生事故的可能性和人们对于问题的理解具有一定关系，特别是最后一点（Kellet，1989；Anderson et al.，1993；Burrows et al.，1997；Carr-Hill，1997；*Housing Studies*，特刊 2000）。但是，除了那些临时性住房以外，这些影响都不被当作大问题。其实，较低的居民健康水平与无家可归和居无定所有着非常强的联系（Burrows et al.，1997；Social Exclusion Unit，1998）。不过，上述联系的存在并不能说明它们之间具有因果关系，尤其是还有有力证据表明贫困和真正的不平等才是影响健康和住房的主要原因（Wilkinson，1996）。

关于住房与教育之间的关系也有人进行了相似的分析，分析再一次显示低劣住房造成的成本与无家可归或者居无定所两项因素具有很强的相关性（McBeath，1997；Stone，1997）。最重要的问题是，住房和教育之间的关系与住房本身的质量没有很大联系（除了某些住房过度拥挤以外），而更多情况下与邻里尤其是邻居的情况联系更大。相似的情况也发生在就业机会方面，就业率与住房本身情况的联系，和它与同阶层群体就业经验和到合适劳动力市场的可达性的联系基本相同（Hopkins et al.，1997）。

目前与现实较相关的一个问题是，住房是否可以对城市改造起到促进作用。由于补贴安排比较容易到位且可以吸引私人投资，英国早期的城市改造几乎将全部精力集中在住房投资上。之后，改造计划变得更加宽泛，纳入了就业、培训机会、减少个人反社会行为的政府计划和改造社会公共基础设施的城市改造。即使如此，因为住房还是居民的核心利益所在，所以即使改造项目变得越来越复杂，住房仍然处于核心地位，同时住房组织变得越来越成熟，在保证项目成功方面发挥了领导作用（Murie & Nevin，1997；Social Exclusion Unit，2001）。

因此，住房条件恶劣、投资不足的广泛影响与住房主导城市改造的益处这些证据指明，市场失灵问题会使市场内的个人、地方政府和更广泛的社会造成损失，这个损失即使不是大得惊人，也是十分显著的。

公共住房并不必然能解决此类问题。很明显，公共住房项目会引发在新建房屋和已有住房上的大规模投资，这已经被欧洲战后时期的数据证明了。而以下几项表现并不明显：这些成果取得的成本是否最低；它们是否是多余的，是否会减少私人住房投资、削弱社会投资的作用；这些住房建筑设计和管理是不是最适合的；公共住房类型是否符合人们的期望；住房配置过程是否为消费者提供充足的选择，使个人价值最大化。在英国，公共住房供给量明显并不足以满足政府确定的"为每个家庭都提供一套可以负担得起的住房"的目标。在许多地方出现了住房供给与人群需求之间的错配，导致了弱势人群持续性的无家可归和居无定所，即使在那些政府直接提供住房的人群中也是如此。

不仅如此，公共住房供给和配置政策本身就有巨大的成本。尤其是这项措施强调在特定区位的住房供给，这也导致社会排斥现象的产生（Social Exclusion Unit，1998）。在此背景下，有人认为目前的问题在很大程度上并不是市场失灵造成的，而罪魁祸首是政府管制。另一方面，虽然以上问题在一些公共住房区域发生得较为集中和严重，但是它也出现在其他区域，包括某些私人租赁住房部门占主要地位的区域（Smith，1999）。相似的是，从美国市场观察中可知，若将资源配置的功能交给市场完成，相似的问题也会出现（*Housing Studies*，特刊2002）。

支持公共住房供给市场失灵的证据主要有质量低下的住房和邻里的外部成本以及高质量住房的社会价值。市场失灵的其他基本因素，例如投资和配置过程中的次优程度问题，都没有经过大量实证检验的研究。

8.3 住房作为再分配的手段

●原 则

从政策上推行公共住房最重要的理由从来不是效率，而是因为它是一个直接而有效率的再分配手段且能满足最低住房标准。其论证主线非常直接：低收入家庭需要政府对其生活必需品购买提供帮助。政府如何为他们提供这类帮助呢？一种方法是通过收入补贴，提高低收入者的购买力但是允许他们自由选择购买何种商品。此类方法的成功与否取决于产生所需的供给响应的市场激励体系的效率。另一种方法是将补贴交给住房供给者，可以是公共住房供给者也可以是私人供给者，在提高住房供给量的同时通过事先确定的供给优先顺序提供住房。这又产生了一个问题，即这些优先权是如何变为可实行的决定的，换句话说，谁应当得到那些被配置和价格原则影响的真正补贴。

一个相当不同的关于分配的问题与非均衡价格和分配产生的影响有关，尤其在一些缺乏住房的地区，这样，补贴政策收益归于私人土地所有者和房屋持有者，而牺牲了消费者的利益。这个直接的问题可以通过针对私人部门的租金管制解决。但是这一举动对促进供给增加会产生不利影响，而使供给无法回到均衡状态，更会将成本强加到那些无法获得租金管制住房的人身上。同样，可以通过公共住房和政府提供住房补贴来缓解那些需要政府优先照顾的群体的压力。如何选择取决于两个部门对于刺激的相关反应效率和最终配置规律的相对公平程度。

目前对于原则性的争论主要集中在收入补贴中的住房救济金这一问题上（Hills et al.，1990；Galster，1997；Yates & Whitehead，1998）。补贴的形式可能会反作用于公共和私人资源的可得性，同时影响社会和私人部门确保住房供给的相对能力。

政治家从经济学家那里学到的为数不多的经验是"收入补贴比供给补贴更好，因为它丰富了个人选择，从而为个人提供了更大的效用"。这一观点在房地产方面应用时并未作出相关的修正。但是这样的论证过于简单。原则上讲，管制、税收、补贴和直接住房供给都可以同等有效地解决市场失灵问题。现实中合理的干预手段取决于市场本身的性质和干预程序本身的属性。因此，为了抵消市场失灵，我们有必要解决不同干预手段的相对效率问题（Whitehead，1983）。特别是，收入补贴的设置并没有考虑私人和公共部门提供额外住房的相对能力。它也只考虑到住房市场，而没有考虑到其对劳动—休闲选择带来的冲击（尤其是在英国，收入补贴的形式是非常不合适的）。相似地，供给方补贴还可以抵消外部性和其他市场失灵，这些都无法通过决策导向的需求方补贴来解决。当考虑到住房的准公共物品性质时，也明显应该选用供给方补贴。最后，在一个以分配和效率作为目标的次优世界中，转移需求价格弹性较低的商品将会比转移收入带来更小的市场分配扭曲（Bös，1983，1985）。因此，虽然要解决的问题是分配问题，达到选定分配目标的最合适的手段终究还是依赖于现实中不同市场失灵的相对重要性。这个问题只能通过实证研究解决。

在这个更广泛的收入补贴对比供给补贴以及面临短缺时的管制的问题中，还存在价格和租金的问题，它们确定了政府帮助的程度。

在一个运行顺畅的市场中，价格反映了资源的成本，由此帮助现有住房资源实现效用最大化的配置。在现实中，尤其是在那些并未达到均衡的时候，支付能力可以对效率起主导作用并催生政府干预。公共住房租金和房价的确定带来了一个严重问题，即它是该符合目标社会需求还是真实反映房屋价值和成本，例如通过降低较大面积房屋的价格使目标家庭可以负担得起合适的住房（Maclennan，1986c；Kleinman & Whitehead，1991）。当定价低于市场水平时会产生住房短缺，此时保证分配和效率目标的难题就被恶化了，这样的话未受到政府资助的人就不得不花费更多的资金从一般市场上获得住房。

●实　践

我们毫不怀疑一种观点，即不同国家对需求补贴和供给补贴的相对益处的看法取决于国家本身的意识形态（Yates & Whitehead，1998）。在美国，大家公认需求补贴效率更高，部分是因为对市场失灵、准公共物品和社会福利没有多少关注，因此对于补贴的讨论标准集中于成本和选择方面（Galster，1997）。大多数支持需求补贴的美国研究都基于一点，那就是获得补助的人们可能会移居至其他子市场，因此刺激了住房供给者加大投资和淘汰低质量住房，这与过滤理论有异曲同工之妙。而在欧洲，研究人员的看法则显得更加宽泛。例如，耶茨和怀特黑德支持一种不可知论的分析，认为存在某些阻止任何形式的补贴达成目的的有效性的因素，更详细地分析供给补贴和需求补贴的权重问题应该根据目标不同和实证证据而异。

在实践中，英国与其他一些欧洲国家，虽然继续使用供给方补贴政策，但这些政策都广为诟病。目前总体住房补贴的范围已经逐渐缩小，同时需求方补贴的重要性大增（Turner & Whitehead，2002）。因此，供给方补贴已经大大减少，在荷兰和瑞典这类以住房为社会物品的国家中都低至净财政拨付量为零的水平，而在英国补贴仅限于维修现有公共存量住房和十分稀少的新建住房项目。值得讨论的是，这些现象反映了市场失灵在增长的经济体中不断变化的影响。大规模开发项目已经解决了市场短缺的问题，某些发生突变的地区除外（例如1990年代德国的某些地区）。

不断上涨的国民收入提高了整个国家的平均住房标准，同时政府帮助淘汰或改造低质量住房使得基本负外部性的冲击有所降低。各个收入阶层的个人都要求必须维持基本的维修和改良，即使在投资水平低于社会最优值的情况下也是如此。随着标准的提升，与健康相比，住房作为准公共物品的重要性在慢慢降低，因为在健康方面，日新月异的科技不断扩展治疗和预防性药物，而国民希望任何人都可以获得这些药物。相同地，国民收入在绝对值上已呈现出普遍增长态势，即使收入的实际分配可能恶化，因此住房补助的需求看似变成了只对低收入家庭进行更广泛的帮助。

其结果是，对于目前欧洲政府确定的优先顺序来讲，只有三个干预市场方法被认为仍然是重要的：

● 确保那些被其他政府项目忽视的仍然处于收入最底层水平的人群可以取得适合的住房。

● 解决邻里区域问题，因为住房服务的新定义包含了当地环境和服务水平（这里负外部性产生的市场失灵容易主导市场）；抵消调整带来的问题，例如区域或子区域的经济突然失去活力所带来的住房方面的后果。

● 维护和改善现有存量住房，这个市场中因信息不完整导致的投资不足和风险厌恶现象较为普遍。

与此同时，许多欧洲国家已经重建了它们的社会部门，引进了更多私人的参与，特别是在融资阶段。荷兰曾经尤其重视保护社会租赁部门，但现在其政策重点已转移至加大自有住房比例上。瑞典将直接补贴的焦点放在了经济衰退的某些地区。英国地方政府建造的大部分简易住宅被转移给独立的所有者，政府继续增加对共有所有权和其他低收入住房所有体制的重视。此外，新增公共住房建设已与私有部门的发展有了直接联系（Turner & Whitehead，2002）。

在美国，政策的重点仍然是对收入支出比例最底部的人群提供直接补贴。大多数新项目主要集中于为个人提供更多机会，反映出了对选择的重视。相似地，新项目更加注意削弱不可移动性和歧视（主要是种族歧视）的额外成本，它们将某些家庭排斥在了就业和住房市场之外。这些政策特别注重向混合型社区的移居和私有住房的获得，目前私有住房被认为对个人信用、就业和健康的生活习惯都有所促进（*Housing Studies*，特刊 2002）。

因此，整个欧洲和北美住房政策的大趋势是更加注重对低收入住房持有者和贫困邻里的协助工作。但是，欧洲仍然强调对供给方的干预（尤其是在城市改造方面），而美国的协助则重在帮助特定个人提升其在住房系统中的地位。

这两种方法都涉及私人和社会供给的效率问题，因此也就涉及市场失灵与政府管制失灵的问题。

8.4　住房管理

◉ 原　则

市场失灵问题（同时也包括政府管制问题）是贯穿 20 世纪 70 年代的住房政策讨论的主要话题。直到 80 年代初，经济学家才开始在政治现实下使用新兴的政府管制系统比较分析（尤其是那些管制失灵的）来研究住房供给。

管制失灵的理论产生于对财产权特性的研究。被明确界定的私有财产可以使个人利用资源谋求效用最大化。由于追求效用最大化，个人会有效地使用资源。

私有财产权也允许这些资源以其未来价值完全资本化的价格进行交易。因此，任何资源都会分配到最佳用途，资源利用的低效率因缺乏竞争力而出局。若以上假设成立，则政府管理应当集中在保持自由市场和改善合同机制上。

公共住房存在着财产权利界定不清、无法将效率或者无效率资本化等问题。因此，这种制度不能刺激资源向有效利用者方向流动。由于信息不完全和有限理性，在决策者和政策实施者之间界定不充分的互动产生了低效率的合作，这也使最终成果并不尽如人意（Hölmstrom，1979，1982；Macho-Stadler & Pérez-Castrillo，1997）。尤其是那些代理固有的问题，它们不能被市场压力所解决。因此，决策者使用各种资源来达到自己的目标而不是社会或者私人住房所有者的目标。以上问题在存在风险和不确定性时将更加恶化，当存在政策风险时恶化尤其严重（Williamson，1979）。因此，地方政府和其他社会供给方倾向于保持一种家长式的视角来对住房进行分配，这样的分配并不能达到个人和社会的目标。

同样，供给成本，尤其是管理成本和维护成本，会比收益最大化机制下的成本水平高出很多。因此，分配机制并不会正常反映机会成本和价值。同时，寻租行为会产生资源的错误配置（Posner，1972）。这些问题在住房市场中被看作特别普遍的现象，因为住房商品本身具有复杂属性且住房的不同属性对于不同偏好消费者会产生不同价值。

对于交易成本更加宽泛的分析（Williamson，1975，1986）强调决策的组织内部化可以减少潜在合同失败的影响，呼吁使用企业代替市场以及整合不完全的合同安排。此分析方法倾向于规模化供给、外部性的内部化和放弃合同安排，例如用居住自有住房来代替房主/租客的安排。另一方面，组织内部的信息和代理问题，以及缺乏外部市场压力来分配资源都反对公共住房安排。

比较不同形式的管理主要从三个核心方面进行：

● 目标明确性。如果目标不明确，尤其是存在多种目标的条件下，几乎不可能制定有效的合约，确定刺激和观测产出也是极端困难的。

● 刺激结构的合理性，尤其在需要权衡风险和最大化收益的情况下。行政机构的刺激结构很少是界定清晰的，而监管措施却十分广泛。

● 目标经济活动——在这里是公共住房供给——与其他经济部门和总体资源分配具有相关性。在市场系统中，它通过资产的资本化和资产买卖来实现；在行政系统中，这个目标则是通过管制体系达到的。

现实中，任何管理系统都是不完美的。因此需要针对特定产品分析市场、政策和管制系统的特点来选择成本最低的运行方式，这个过程中发现的大多数相关因素还是回归到了市场失灵和信息失灵。

在过去的几年中，针对减少各种由政府管理失败带来的成本的研究层出不穷，其中大多数以金融市场为分析对象，也有少部分从非营利组织角度进行分析。这些研究强调适当的风险分担程序、债务融资的使用和政策体系来确保提高刺激的效率（Pollack，1985；Hansmann，1996；Allen & Gale，2000）。所有研究都承认并不存在一个唯一的解决方案，同时也认为管理的形式与公共和私人目标之间的区别并不一定直接相关（Bromwich et al.，2002）。正是这些研究的发展为我们使用多种可能的手段（从公共住房和私人住房市场收入补贴）来实现"为每个家庭都提供一套负担能力内的适宜住房"的目标提供了支持。

● 现实：政府管理 VS 市场失灵

对于管理失灵的分析直到 1979 年英国保守党政府上台才开始成为住房政策的经济学分析中的核心。在那个时候，通过行使优先购买权得到公共廉价住房被写入《保守主义宣言》，首次宣告了授予私有化更多优先权（参见本书威廉斯所写章节）。住房政策发生如此巨大的变化，主要是因为政治和宏观经济原因：首先，削减政府支出（在保守党政府上台两年内削减了 85％ 的住房投入）；其次，使用自由金融系统促进自有住房使用和廉租房资产重构；最后，住房政策在政府政策中优先度并不高。更加基本的是，政府不断强调个人性和选择的益处（就像撒切尔夫人著名的观点：社会并不存在）。尤其在住房配置方面，住房的私人物品特性似乎已经因为社会供给而消失了。

因此，私有化被认为提高了生产效率，使资源配置更具消费者导向，并在使用最新的自由金融体系将私人刺激和约束引入生产之后影响现有住房存量的管理和改进（Whitehead，1984）。这种分析是公共服务的地方政府强制性招标制（Compulsory Competitive Tendering）的核心基础（Baker et al.，1992）。它也是使用私人融资的核心，试图将私人契约和风险分担的益处与定义明确的社会目标结合起来。自 1997 年起，这些想法充分说明人们越来越重视合伙人制和国际财团合作将所需技能囊括进合适的目标框架的能力。这也与代理关系分析和将多种目标成本最小化研究的不断发展相一致（Bromwich et al.，2002）。

但是目前，有关改变管制体制的后果的实证研究仍然很少。邓肯·麦克伦南对于地方政府与住房协会部门的相关效率的早期研究仍然是为数不多的深入研究之一（Centre for Housing Research，1989）。总的来说，各种评估已经分析了它们本身的结果，例如住房协会的供给中引入私人融资后的结果（Chaplin et al.，1995）。这虽然最终失败了，但仍部分反映了政治现实。

更多的是，尽管可以通过更好的激励系统和不断改进监管和执行来限制管制失灵，使政府管理在实现住房需求的同时达到生产成本最低，但是仍然存在一个严重的问题。部分来讲，因为政策性住房并不是政府的优先事项，政府投资总会受到限制。因此，住房供给水平会保持在最优水平以下，例如，政府以政策权益而非资源最优配置为目的，来决定增加租金和限制借贷许可，这些决策会限制新建住房和对存量住房维护与改善的能力。

8.5 结论

本章的分析为观察工业化国家的趋势提供了一个实用的理论基础，但是经济原理不但会影响直接的政策决定，而且会影响人们对政府应该何时、如何提供公共住房的看法。这些原理也使我们可以尝试回答本章开头提出的关于公共住房特点和作用的问题：我们是否需要公共住房；其所有权是否应该归政府；租金是否应当低于市场水平；资源配置是否应该由政府进行。以上问题的答案并不能简单地归结为经济问题或者是政策问题，无论从经济还是政治方面来看，适合的解决方法取决于过去政策的影响和现有机构、政策及市场体系的力量。

经济理论和现实证据都指出了需要对低收入家庭给予住房专项补贴，以达到社会目标。目前英国估计有超过 1/3 的新建家庭需要某种程度的协助（Holmans，2001）。但是分析表明我们可以在不使用公共（public）所有权，甚至公有（social）所有权的情况下达成社会目标。但是，如果我们从英国现实情况出发，去除那些不适当的限制，地方政府和住房协会就可能在为那些需要稳定的有补贴住处的人们提供住房或给予长期承诺方面有一定的优势。

而在租金低于市场水平方面，情况就没有这么清楚，尤其是在家庭总数和住房总数保持合理均衡的地区。理想的状态是确保足量供给，同时构建与收入相关的补贴来为低收入家庭提供合理援助手段与可能住房。这些在现在看来似乎是一个梦想，尤其是在经济活动在空间上仍然不平衡的情况下。在扩张经济形势下，最低住房标准可以通过一定合理比例的基本收入获得，此时要求丰富消费者的选择从经济角度上来讲本身就是错的。这也说明虽然人们十分重视确保最弱势群体能在补贴帮助下获得可接受的住房，但对行政分配的效果却不是那么重视。

这个分析最重要的结论是，在 21 世纪，政府应减少对公共住房的重视，将更多精力投入到管理市场、确保适量的投资和使不同层次的住房供给者能在成本、质量上竞争，而不是在意识形态方面争执。公共住房仍然存在，但它必须同时做到既满足合理的社会期望又能带来经济收益。

解释各国政府政策多变性的最好理由仍然是迫于特定政治压力的本能反应。但有证据证明，将私有供给和分配的优点与更广泛的社会目标相结合的框架正在慢慢形成。原则上讲，将会产生一个公共住房系统，它对比市场失灵和行政失灵的成本，以此为基础选择使用一定的工具和关系。

实践中，最可能产生的结果就是现状的改变并不多，尤其是在政治压力较小的时期，但是政治压力（宏观经济压力和分配压力）在发生危机时将会占据主导位置。那时，住房政策仍然只是解决特定问题的文字游戏而非一个整体，但经济学至少已经给了我们一些工具来评估政策的结果和寻找改进的方法。

第 9 章

邻里动态与住房市场

乔治·C·加尔斯特

9.1 引言

自 20 世纪 20 年代以来，城市邻里问题已经成为多个不同学科仔细研究的对象。经济学家进入这一领域较晚，直到 60 年代才形成完整的研究体系。在这个新兴研究领域中，邓肯·麦克伦南撰写和参与撰写的两本著作（Maclennan，1982；Grigsby et al.，1987）奠定了坚实的基础。他们的贡献包括：（1）在都市框架下从细分房地产市场的角度分析邻里问题；（2）证明了新古典经济学关于供给、需求、市场运行的假设在住房邻里分析时需要进行修正。[1] 本章基于以上研究针对邻里问题进行了更深入的探讨，研究的对象包括邻里的性质、邻里变化的源头与属性及其结果。

笔者将以一个基于经济学的邻里阐述作为开场，同时对与本概念相关的各种特性加以考虑。之后，再对邻里变化的缘起和属性进行多方面的思考[2]，并指出邻里动态变化过程充满了社会低效率活动。最后，将从邻里重建的相关公共政策中得出一些推论。

9.2 邻里的界定

我们将邻里定义如下：

邻里是多种与居住群落有关的空间属性的集合，有时与其他形式的土地利用相结合。

这个定义借助了兰开斯特（Lancaster，1966）的研究，他原创性地提出了复杂商品的概念：简单商品（有时候包含很多抽象的商品）在多维度条件下的集合。组成"邻里"这个复杂商品的空间属性包括：

- 居住用房屋和非居住用房屋的结构特性：类型、规模、材料、设计、维护水平、建筑密度和景观等。
- 基础设施水平：道路、人行道、街道景观和公共设施等。
- 居住人口的人口统计特征：年龄分布、家庭组成、人种、种族和信仰等。
- 居住人口的社会地位特征：收入、就业和教育水平。[3]
- 税收/公共事业属性：公办学校质量、公共管理、公园与娱乐场所和与当地税收相关的其他项目。
- 环境属性：土地、空气、水体等级和噪声污染、地形地貌、景观等。
- 可达性：到主要就业、娱乐、购物地点的可达性（由距离和交通基础设施两个因素影响）。[4]
- 政治属性：地方政府网络的活跃性、居民通过地方渠道或民选代表对当地事务的影响水平。[5]
- 社会互动水平：地方社交的亲朋好友网络、住户之间的熟悉程度、人际纽带的类型和质量、居民的认同感、对于当地志愿事业的参与程度以及社会化、社会控制力量和本地化社会制度的强度。[6]
- 情感特征：居民对于所在地、历史著名建筑或区域的认知。

以上组成"邻里"属性的共同特征是它们都与空间有关。只有在确定了观察地点后，这些属性的特征才可以被观察和测度。这并不是说邻里的所有属性都是同质的，而是说这些因素的分布组成只有在划分了空间后才能确定。另外，以空间为基础并不意味着它们本来就与地理有关，有些特征是（例如基础设施、地形、建筑物）如此，而其他特征则是个人的空间聚集赋予地点的特征（种族、收入、生命阶段）。

我们强调的是，虽然以上属性都会在邻里中以某个程度出现，但是即使在同一个都市区中，不同邻里属性的数量和组成也各不相同。这说明，依据邻里所含的属性集合，可以对邻里进行种类或质量的分类。这当然是社会领域分析的一个原则（Greer，1962；Hunter，1974）。但是，与这种学派不同，我们将对邻里分类的角度扩展到了人口统计特征和社会地位特征。如果我们要理解邻里变化，则这种扩展是必需的，因为投资者决策更多地依赖于人口统计特征和社会地位特征。

商品必然被消费，但是邻里的许多属性都具有准公共物品性质，具有非排他性、非竞争性。四种类型的使用者会从邻里中获得收益：家庭、工商业者、房屋所有者、地方政府。[7]家庭对于邻里的消费主要通过占有一套住房和使用附近的私人和公共空间，获得一定满足或者居住生活的质量。工商业者的消费形式则是占有一座非住房类建筑（商店、办公大楼、工厂等）并收取其带来的净现金收益。房屋所有者则通过持有区域内的房屋和土地而获得的租金与资本利得来消费邻里。地方政府通过征税来消费邻里，这些税收主要来自房屋所有者，税基为他们拥有的居住或非居住房产的评估价值。

9.3 邻里的特性

我们先讨论产生邻里动态的四个空间方面的属性和特性，包括：持久性的跨属性变化、定价的跨属性变化、消费者对属性的相对评价、消费对属性的影响。

构成邻里的空间属性在持久性方面有所不同。有些属性，例如地形地貌，是永久性的。城市排水等基础设施和建筑物则可以维持几代。其他的，例如某个地区的税收/公共服务、人口统计特征和社会地位情况则可能在几年内发生变化。区域内的社会关系和公共行为模式的转变更快。从以上观察得出的结论如下：虽然众多消费者借以评估社区好坏的某些核心特征在一定时间内是不变的（因此它们是可预测的），但其他的核心特征却会改变。这就说明消费者对于这些非持久性指标的预测，再加上他们的风险厌恶特性和对于这些指标的偏好，会决定他们未来很长一段时间内对邻里作出有关搬迁、财务和情感投资的决策。[8]

市场机制对构成邻里的空间属性的定价也不同。潜在消费者参加商品的竞标前，必须获得关于商品质量和数量的少量信息，还需要知道他们消费这个商品可能获得哪些益处。房地产市场显示出满足以上标准的许多属性。实际上，这是研究了 30 多年的特征价格指数的基础。[9]这些研究表明很多属性（例如建筑面积和质量、可达性、税收/公共服务水平、居民的人口统计和社会地位特征以及污染水平）都是可以定价的，因此也是测量消费家庭支付意愿的一种方法。但是，大多数邻里的社会互动维度无法被有效地定价，这主要是因为预期竞价者很难评估它们的价格。这些维度的特殊性和个人化意味着潜在迁入者只能在定居一段时间后，才能确定他们对社区的适应程度。由此得出的一个推论是，长住居民具有与迁入者和投资人大不相同的市场评估（"保留价格"），因为前者的评价中含有对社会互动活动的资本化（正的或负的）。因此，当前者的社会环境评价为正时，他们可能会抗拒外部市场力量；当评价为负时，他们更容易对所在社区给出较低竞价并最终被新来者替代。另一个推论是，邻里特别倾向于形成内部交易，这主要是因为邻里中居民、住房所有者和他们的市场中介会为偏好的买家和迁入者提供独家信息。

即使市场可以对邻里的各个属性进行定价，这个价格也是与竞争邻里的同一属性相比较得到的，而不是由属性集合本身的性质决定的。[10]最明显的例子可能是社会地位属性。某一个邻里中的家庭绝对收入水平可能会上升，但如果上升的速度与都市区内其他邻里区域相同，消费者对于该邻里的社会地位属性定价就不会改变。某些其他属性也有类似表现，例如可达性、学校水平和社会治安等。其结论是，当一个大规模建设或者城市改造工程产生了新邻里后，它们会改变已有邻里的相对吸引力。同时，因为相对评估会改变资源的空间流动，已有邻里的绝对变化将随之发生（Galster，1987；Grigsby et al.，1987）。

组成邻里的各种属性可以通过消费行为被改变。这些改变可能是直接的也可能是间接的。直接改变例如家庭通过占有住房而消费邻里，如果迁入的家庭与长住家庭存在系统性差异，他们可能立即改变邻里的人口统计特征和社会经济水平。相似地，社区会出现不同类型的房屋和商店的所有权，例如消费从自住自有住房转为不自住自有住房。间接地，邻里中占有率和/或所有权类型的变化不仅会不断改变邻里现在的特征，还可能引发长期的更广泛的特征变化。若占有率或所有权类型的变化使得邻里现在或潜在居民的决策发生变化，改变流入社区的资源，长期变化就会发生，笔者将在后面深入探讨这个问题。换句话说，消费邻里所带来的经济和精神方面的成本和效益对其消费者的外部影响非常大（Maclennan，1982）。

满足以上条件则可以得到以下推论：邻里的很多属性随时间互为因果，一个属性的变化可能导致一种或多种类型消费者改变决定，进而改变其他属性，循环往复（Galster，1987；Grigsby et al.，1987；Temkin & Rohe，1996）。

9.4　邻里是怎样形成的?

虽然将邻里理解为具有固定、明确属性的一种商品比较有诱惑力，但是我们应当用一种动态变化的眼光看待它。实际上在任何时点，组成邻里的各种属性都是过去及（尤其是）当前流入流出邻里的家庭和资源的结果，这些资源包括金融资源、社会心理资源和时间（Galster，1987）。毫无疑问，当一块土地或者一片住房建成之后，有些人会认为邻里已经形成了，尽管在没有家庭进驻的条件下它只是一个不完整的邻里。从那个时点开始，一个地区会具备什么特征、会形成什么样的邻里，将由现在和潜在消费者的决策塑造。

因此，从根本上说，邻里的消费者也可以被认为是邻里的制造者。家庭通过入住对邻里进行消费，因此家庭也赋予这个地点它的人口统计特征、身份地位、社会行为、社会公益事业参与程度、社会网络等相关属性。房屋所有者通过购买土地和/或建筑物来消费一个地区的邻里；之后，他们通过建设、保养、重建或放弃等决定来塑造邻里属性。工商业者通过经营企业来消费邻里，由此产生了与建筑类型、土地利用、污染和可达性等相关的属性。地方政府通过征收地方物业税消费邻里，反过来造就了关于公共服务和基础设施的属性。

所有邻里都拥有复杂多样的制造者名单。在名单的第一级必然是上述消费者：家庭、房屋所有者、工商业者、地方政府。在之后的重要位置上，制造者名单还包括房地产中介、保险、抵押贷款机构。这些类别众多的制造者还有更简单的分类。这些群体包括在一个邻里内定居的、持有房屋财产的和/或依靠营业收入或税收的各种群体，和那些现在没有消费邻里但是在某些情况下会消费的人群。他们还包括那些意识到了区域内某些既定财务或社会经济利益的人和那些没有意识到的人。他们也包括那些单纯从商业利益角度进行决策的人、考虑个人感情和满足度的人以及其他那些被政治压力所驱动的人。

与邻里相关的搬迁、购买力和资源配置的决策（在后面统称为"投资"）都充满了大量固有的不确定性，这种不确定性同时来自邻里内外。首先，之前提到的消费者和制造者的双重作用表明个人的决定将直接和间接地影响邻里中其他人的投资结果。虽然邻里整体会影响所有个人消费者和制造者的福利，但影响邻里的却是它多个属性变化的函数。每个属性的变化都不可知，因为大量不同类型的制造者和消费者抱着不同动机对其进行了影响。其次，一个都市区内所有邻里之间的资源流动还会被都市级别的因素影响，例如区域经济、技术创新、人口和移民、州政府和联邦政府的政策以及自然条件，下文将进一步解释这点（Grigsby et al.，1987；Temkin & Rohe，1996）。

这些不确定性会转化为长期的风险，因为对邻里的资源投资一旦作出，便很难被逆转。许多潜在投资都会有很大的现金和心理成本，消费者/制造者并不愿意经常付出这些成本。其他形式的潜在投资，尤其是建筑和基础设施方面，都具有较长的生命周期和确定的空间定位。邻里的这种高风险、高不确定性对邻里变化的相关特征有很重要的影响。

9.5　邻里变化

上文说明了邻里会发生变化（例如它们的属性会发生变化），这都是制造者和消费者的决定对邻里的资源流的不断影响造成的。这些决定与邻里间的相对比较和未来预期有关，以上因素都具有高风险、高互动性和多因素决定等属性。本节中将更深入地讨论这些条件引发的邻里动态变化的本质。

我们发现思考两个互相重叠的过程有助于理解某个邻里为什么变化以及如何变化。一个是在都市区域内通过整个邻里体系不断产生后效的宏观过程，即可以通过新古典经济学进行完美分析的市场细分框架。另一个是一系列微观过程，它们描述了在邻里内调整和在多个细分市场邻里之间调整的不同属性。微观过程可以通过非线性不连贯"复杂模型"进行模拟。

我们首先分析宏观过程，说明基本上所有邻里的变化都是受外部因素的影响而产生的。之后将讨论微观过程，表明它们如何在单个邻里中导致非线性、阈值调整。最后会解释为什么邻里变化对社会是低效率的。

✿邻里变化的宏观过程

假设一个都市房地产市场的质量细分模型。[11]它假设存在一个私人控制租赁和销售的市场，其中供给方的驱动力是（但不只是）长期回报，家庭的驱动力为满意度。首先将都市的存量房地产划分为"质量子市场"，同一个子市场中的所有住房单元都是可替换的，考虑了住房的各种属性，其中包括组成邻里的各种特征（关于住房子市场请参见本书中涂撰写的章节）。[12]子市场可以依照质量"最低"到"最高"进行排列，质量水平越不相似可替代性越小。[13]每一个子市场都具有自己的供给和需求函数。对函数因素的讨论超出了本章的范围，在此仅强调子市场间的互动机制，它对于理解邻里变化的系统过程来讲非常重要。

一方面，一个子市场的供给（通过新增建设或者改造现有建筑）将被开发商和所有者在此子市场取得的相关收益率（风险调整后）期望所影响。另一方面，家庭在某一子市场中的住房需求将受其市场评估（售价或资本化租金）影响，家庭的市场评估基于与替代市场的比较。对于子市场中供给或需求的任何冲击都会影响整个子市场序列，住房所有者和开发商根据新的子市场收益率期望调整供给决策，而消费者通过新的相对于替代市场的市场评估调整他们的居住决策，影响的序列传递正是通过他们的决策调整进行的。

这个都市住房市场细分模型可以有效地说明邻里动态变化背后的宏观过程（Rothenberg et al.，1991）。都市住房子市场和邻里并不是统一体，但是它们之间的关系非常密切。子市场的概念范围比邻里和多个连续邻里的集合体更大。它包括了一系列可以互相替代的住房单元，各个单元之间不考虑区位或邻近性。但是，在美国和其他国家，大多数邻里都是由同属一个质量子市场（由家庭、所有者和开发商决定）的住房组成，原因包括三个方面（Vandell，1995）。首先，建筑的规模经济使开发商在兴建大量租赁物业时使用具有相似物理属性的设计。其次，美国人（也许其他国家也如此）愿意为居住在同等身份居住区而支付额外的费用，这些区域中往往具有排他性的土地使用政策，在小规模地块中限制了住房种类的多样性（Grigsby et al.，1987）。最后，因为空间特性是住房单元质量以及子市场的重要组成部分，邻近的住房有许多共同属性，所以也被重复归入相同的质量子市场。

前面的叙述表明，首先，影响某个特定子市场内的宏观经济力量也会影响到这类住房所在的邻里；这个邻里中同质住房聚集水平越高，宏观力量对其的影响越大。其次，宏观经济最初对于都市区所有区位都产生了影响（这种影响包括质量子市场形式和地理区位环境），这些影响也会对很多地方造成一定（有可能很小）的冲击，冲击的强弱随着冲击向替代性越来越小的子市场中（以及它们的邻里）的不断传递而减弱。

为了证明以上推论，请假设以下的场景。在一个城市化地区的外围，开发商投机于未开发土地，建设了一个高质量住房子市场的邻里（Galster & Rothenberg，1991）。若高质量住房的供给增长量超过了需求增长量（假设需求来自都市区高收入家庭增长），那么至少在短时期内，此类物业市场评估价格和收益率会出现下降。许多过去没有选择高质量住房的家庭在这个时期可以选择这类住房，因为其支付能力上升了。[14]伴随而来的是这些现有高质量住房所有者（或者租户）因为受到实际（和预期）收益率下降的刺激，主动将持有的高质量住房降低等级，使其可以参与较低质量子市场的竞争，从比较优势中取得超额收益。为了达到这个目的，他们采取被动降低维护水平的方法：降低公寓维护费用，使其低于原来子市场内维护费用的合理水平。家庭和供给者联合作出的这些调整将高质量住房子市场的回报率恢复到最初水平，同时减少了质量相对较低子市场的回报率。此时，需求有所下降（原需求者选择更高级的住房），供给上升（一些高质量住房所有者将其物业降低等级），因此拉低了市场价格。这一系列供给和需求调整动作不断向上级市场传递，而非均衡作用的影响在整个质量子市场序列中不断向下传递。在每一步中，子市场间的互动水平取决于家庭总体的弹性影响因素（例如新增有益的公共设施、相对于其他邻里因素的对结构的偏好、风险厌恶）和住房供应者的弹性影响因素（例如住房转换成本、对于收益率变化的预期、风险厌恶）。

在整个系统通过调整减少子市场间收益率差别的同时，模型也预测出了由邻里组成的子市场中一系列人口统计特征和物理属性的变化。现在在所有子市场中存在一种倾向，那就是需求和/或供给水平被最不具竞争力的邻里所改变，这表明：（1）从外部移入的家庭比离开的家庭收入更低（被称作"收入演替"）。（2）住房单元质量下降；极端情况下，在最低质量子市场控制下的邻里中，住房可能会被荒废或放弃。超过需求的高质量住房建设使得一系列相对低质量的住房无法吸引家庭的注意力，也更加便宜。以上现象造成了资源流动的变化（家庭持有住房模式、所有者金融资源），最终将改变这些邻里中的绝对人口数量和住房属性。[15]

●外部变化力量的主导性

在上述论证中笔者想强调的是源于外部的力量引发了现有邻里的一系列变化。[16]尽管本次论述中初始冲击是投机性的新增建设，但其他因素也能引发同等的宏观动态过程，例如都市区人口流进或流出、技术进步、新交通基础设施建设、税收政策变动、公用设施成本、公共政策和家庭收入分配变化。这些邻里的外部力量将使那些控制资源流向的决策者改变决定，其机制为上文描述的都市区住房市场的质量子市场序列的联系。因此，邻里改变的最根本原因是外部诱因。[17]但这并不是说，这些变化一旦发生了，它们本身不会累积或者自我实现。

●邻里变化的微观过程

一旦宏观过程引发了变化，邻里的动态调整将会是一种非线性、不连续的过程，我们称其为门槛效应。[18]理论认为，四个截然不同、同时又不互相排斥的模型造成了门槛效应：集体社会化模型、传染模型、博弈模型、偏好模型。[19]前两个模型依赖于集体行为和社会互动交流形成门槛，后两个则更多地引入了独立的态度和行为。我们可以用集体社会化模型、博弈模型和偏好模型分析家庭迁出邻里的行为；用博弈模型分析家庭的迁入；用集体社会化模型、博弈模型和传染模型分析居民、住房所有者、商人停留在邻里的决策。

集体社会化理论集中讨论了社会团体在塑造个人态度、价值和行为中的角色（Levine，1971；Weber，1978）。这种效应可能发生的程度为：（1）个人与群体存在社会接触；（2）该群体可以比其他群体产生更加有力的威胁或诱惑以保持其地位。以上两个条件可能涉及门槛的产生。考虑到人际交往对于加强一致性的重要地位，如果目标群体是由分散于都市各地的个人组成的，他们将不太可能有效地向可能接触到的人传播他们的地位或为了达成一致而施加压力。只有当一个群体达到了一个可观的密度或统治了一个特定区域后，它才可以有效地塑造其他人的行为。越过这个门槛之后，随着成员的不断增加，这个群体对非追随者的惩罚力度出现了非线性的提升。这在集体的主导地位达到一个区域的基准时最有可能发生。[20]

传染模型的基本宗旨是，如果决策者生活的邻里中有某些邻居表现出不协调的行为，那么他们很可能自己也采取这种行为。这样的话，社会问题被认为是具有传染性的，它们通过邻居的相互影响而传播。克兰（Crane，1991）提出了一个正式的传染模型来解释社会问题的发生和传播过程。他认为传染模型的重要意义在于邻里中的社会问题存在重要的发生概率等级。他认为，如果

> 问题发生的概率低于临界值，问题发生的频率和流行概率将保持在一个低水平均衡上。但是如果发生的概率超过临界值，这个过程将爆炸性地传播。换句话说，将发生一次传染，将发生概率提高到一个较高的均衡水平。（p. 1227）

博弈模型假设许多考虑到邻里的决策情况中，可选行为的成本和收益都不确定，决策取决于有多少其他参与者选择了哪些行为。但是，个人对于一个选择的预期结果取决于之前作了该选择的决策者的数量或比例。因此，对于观察到的已有行为，其门槛数量的概念是本模型的中心。著名的因徒困境是博弈理论最简单的实践（Schelling，1978），但是在邻里变化过程分析中，则应用了更多更复杂的分析方法（Granovetter，1978；Granovetter & Soong，1986）。作为一个例证，请考虑一个已经荒废的邻里，它发出一个信号，如果业主群体改善了他们的住房，则住房价值将大大提高。但是，单个业主可能认为如果其他人不进行物业改造，他们就无法收回其边际投资的价值。在不考虑他人行为条件下，一个保守的行为博弈策略追求最大预期损失的最小化，它将使住房所有者选择不提升物业品质。只有当已经提升物业品质的家庭数量超过一个门槛值之后，这些多疑的人们才会选择升级自己的物业（Taub，Taylor & Dunham，1984）。

偏好模型认为在居住环境中，当他人集体行为（或外部事件）所造成的一个不受欢迎的邻里属性超过了参与者可以忍耐的水平时，参与者将进行反应。当邻里属性已经到达临界点时，一个内生的过程将会发生。这个过程产生的原因如下：假设邻里内部的参与者存在不同容忍等级，等级最低的人最先反应。如果容忍等级最低的人对初始事件的反应对邻里属性造成了新的影响，对剩余参与者中某些容忍水平较低的人而言邻里属性已超过了容忍水平。新一轮属性变化和参与者调整将持续进行，直到整个过程结束。极端情况下，当所有邻里内参与者都进行了反应，这一过程才会停止。偏好模型理论上的发展集中于研究邻里中种族构成的改变，尽管偏好的扩展对于其他类型的邻里属性来讲也是显而易见的。[21]

虽然门槛效应的起因具有不确定性，但这并不意味着宏观过程引发的邻里动态变化调整是迅速的、平滑的和连续的。微观过程则为调整带来了复杂性和不确定性。在某些情况下，邻里调整速度会极端缓慢；在其他情况下，邻里会在门槛值附近出现间歇性调整。宏观过程可能会引起某些家庭离开原来的邻里，但如果迁移人群的种族或社会地位对于迁出地或迁入地邻里意义重大，微观过程引发的调整就会出现远超过宏观调整所预测的结果。

● 邻里变化与社会效益

以上讨论表明流入邻里的资源的变化并不见得能产生良好社会效益结果。至少有四种原因可以解释以上现象：外部性、博弈、预期、属性的不合理定价。

因为消费邻里的行为可以直接或间接地改变它的属性，这样的改变会影响其他消费者和制造者的决策过程，我们可以认为这样的行为产生了外部性。一个少数民族家庭迁入全体为白人家庭的邻里的决定会对保守的人产生外部性。物业所有者选择修葺建筑外立面将会为邻里提供正的外部性。而这样的外部性收益和成本对于决策者来说并没有意义，因此他们将会选择次优水平的行为。

前面对于博弈的讨论也对这个问题有效。鉴于邻里内其他消费者和制造者决策的不确定性，而个人的选择依靠于其他人对该选择的取舍，自主的决策者很可能不会选择集体利益最大化的策略。最好的例子就是人们不愿意对破旧住房重新装修，除非邻里内其他投资者先装修。

毫无疑问，预期是有缺陷的且容易出现大错误，但是这本身并不说明存在对于无效率选择的系统性偏见。相反，从决策者角度来看，对未来的预期可能会证明是非常"明确"的，导致由此进行的选择会促进预期的发生。这就是著名的"自证预言"现象，其最好的例子就是房屋的恐慌性销售。由于邻里出现了一些预期变化，一些房屋所有人开始相信房价会快速下降。因此，他们选择打折以便尽快售出住房。但是，坊间层出不同的"出售"标牌和"房价将跳水"的流言使邻里内的其他住房所有者对房价将下跌信以为真。当他们加入卖房大军时，就像有些人预测的一样，他们中出现了集体恐慌性抛售，结果真的房价跳水。这些自证预言动态过程产生的价格当然不可能有效配置资源。邻里的价格被人为降低，而不是由准确的资本化（和住房的替代成本）得出的，这就鼓励了融资能力较差的购买者购置房屋。这些业主很可能比他们的高收入前任业主减少了住房维护和修缮的投资（Galster，1987），因此缩短了物业的使用寿命。

最后，在上文已解释了存在某些特定邻里属性（尤其是那些感觉和社会互动类属性），潜在（没有进驻特定邻里区域的）消费者和制造者不能像居住在邻里的那些人一样准确评估它们。信息分歧造成了代理问题，很可能造成低效率交易现象。那些尝试出租和出售住房的所有者倾向于掩饰那些潜在消费者尚未察觉的邻里中不好的属性（不会在价格中相应打折）。这表明后者将会作出低效率的选择：如果他们具有完全信息，他们在同等价格下将会选择一个更高质量的邻里。

9.6　邻里重建政策的含义

由于篇幅所限，此处仅仅涉及前述邻里政策的某些显著意义。[22]首先，门槛效应表明政策制定需要仔细确定目标。政策对于邻里的干预需要保持在初始边缘的平衡，出现灾难性下降说明对于邻里来说，合理的资源配置不是单纯在不同邻里之间平分稀缺公共资源。例如我们最近查阅的美国关于贫困集中问题的实证研究表明，当邻里贫困率超过 20% 时，许多社会问题都会迅速恶化。

其次，决策者对于邻里之间的相关比较使得干预有可能互相抵消。在一个停滞的都市圈中，收入和家庭数几乎没有增长，一次大规模的公共改造会显著提高某个萧条邻里的物理质量，重建邻里的质量大大超过了周围的邻里，也就侵蚀了周围邻里的利益。这些被超越的邻里相对质量下降，会造成投资人和家庭调整其掌握的资源流向那些重建邻里，重建前者的绝对质量下降。不过现在已经有了许多警告。在以下情况中，低质量邻里的重建很可能产生"总和为正"的结果：(1) 在都市区内家庭数量上升（下降），同时收入上升（下降）；(2) 重建区域中一定比率的住房为补助的平均水平；(3) 公共住房是被超越的邻里中住房供给的主体；(4) 只有部分邻里会被超越，因为其他邻里也进行了重建。

9.7　结论

本章回顾了邻里经济学，它由邓肯·麦克伦南于 20 年前建立。我们将邻里界定为与居住聚落有关的以空间为基础的属性束，有时还包括其他土地利用。这个属性束是多维度的，包括建筑、地形、人口统计特征、公共服务和社会互动等多个方面。

在任何时点，组成邻里的各种属性都是过去和当前流入流出邻里的家庭与资源的结果，这些资源包括金融资源、社会心理资源和时间。四类核心使用者决定了这些资源的流向，即家庭、工商业者、房屋所有者、地方政府，因此他们可以被认为是邻里的制造者。但是，他们同时扮演着双重角色，因为他们同时消费这种名叫邻里的复杂商品并从中获益。为了理解影响生产和消费决定的因素和过程，我们必须揭开邻里变化的秘密。

很多商品都是多维度的，但是邻里有许多特性，我们可通过衡量这些特性来进行决策：

● 不同的邻里属性在持久性上不同。因此投资人必须在持久属性上具有长期的战略，与之相伴的是受社会影响的不完美预期。自证预言现象和博弈策略导致了低效率的产出。

● 邻里的社会互动和感情属性无法被准确地定价，这主要是因为信息不完整。由此造成的代理人问题导致了低效率的产出。

● 消费者用比较的方法对邻里的属性进行评估。这导致同一都市区其他邻里的改变会引起特定邻里的改变，同时表明一个特定邻里发生变化的起因往往在这个邻里之外。

● 家庭和房屋所有者消费邻里的行为直接地或间接地影响了邻里的属性。这说明邻里的属性往往是互为因果的。因为此过程会对邻里内其他消费者/制造者造成外部性，也就造成了低效率。

前面的论述证明市场失灵是毫无争议的。由于邻里概念内在的许多原因，家庭和资源的空间流动的变化将会导致低效率的产出。因此乍一看组织干预很有必要，不论干预是来自非正式社会活动、非营利社区组织还是政府部门。

非正式社会活动可能采取处罚和奖励的措施，规则由邻里成员制定，以保证集体遵守文明行为和建筑保养规范。政府可能设立社区组织，旨在建立邻里内团结优势或树立邻里的正面形象。遗憾的是，这两种做法从空间角度来看都过小，不足以对引起邻里变化的宏观过程造成影响。

政府可能会提供金融方面的激励措施、规章制度、基础设施投资和公共服务，并将它们的目标设在邻里重要的门槛临界点上。如果这些措施相互协调，它们可以协助修正重要邻里投资人的认知，提供补偿性资源流，将博弈行为产生的损失最小化，将外部性内部化和建立适度预期，因此能够减轻自证预言现象。但另一方面，除非达到特定条件，否则大规模城市重建可能会产生邻里零和冲突。

致　谢

作者对为本章草稿提出宝贵意见的格伦·布拉姆利、肯尼思·吉布、埃德·卡恩斯（Ade Kearns）、托尼·奥沙利文和加文·伍德表示感谢，他们的意见完善了本章结构。本章中的部分材料来源于《城市研究》期刊，在此一并表示感谢。

注　释

[1] 与其同时代的著作里，加尔斯特（Galster，1987）、罗滕伯格等（Rothenberg et al.，1991）也得出了相似的结论，扩展了理论和实证研究的分析范围。

[2] 更全面的研究邻里的社会科学综述参见 Hunter，1979；Schwirian，1983；Hallman，1984；Temkin & Rohe，1996。

[3] 冯勃温特（Von Boventer，1978）和麦克伦南（Maclennan，1982）对这个方面进行了较为深刻的分析。

［4］这一因素在早期经济模型中决定了家庭的区位选择（Maclennan，1982）。

［5］更多此方面的研究，参见 Hunter，1979；Schoenberg，1980；Temkin & Rohe，1996。

［6］更多此方面的研究，参见 Warren，1975；Schoenberg，1980；Fischer，1990；Warren & Warren，1977。

［7］那些不常驻于此地工作、购物或者寻求娱乐的访客也会从邻里获益。为了更简单地分析邻里变化的决定因素，我们没有将游客纳入重要消费者的范围内。

［8］莱文等（Leven et al.，1976）和麦克伦南（Maclennan，1982）也强调了这点。

［9］关于特征价格指数理论和实证的评价参见 Maclennan，1977b，1982；Rothenberg et al.，1991。

［10］尽管有些属性可能具有一个最低临界值，低于这个值的时候，就不会有人进行竞价，例如空气质量。

［11］这个模型由罗滕伯格等（Rothenberg et al.，1991）创造。在政府供给和分配主导的住房市场中，这个模型作为理解邻里变化的工具，受到了较大的限制。

［12］麦克伦南（Maclennan，1982）认为因为住房具有持久性、多维复杂性、空间固定性，子市场可以作为一种有利于研究的假设。他并没有提到质量可以作为细分的标准。使用特征价格模型分析子市场参见马尔佩齐撰写的章节。

［13］这一假设对于供给和需求两方面都成立；住房所有者发现当质量改变要求越大时，他们的住房的改建成本也越高。

［14］准确地说，子市场间需求的交叉弹性决定了这个现象（Rothenberg et al.，1991）。

［15］精明的读者将发现以上结论通常被称为"过滤效应"。更完整的分析，参见 Maclennan，1982；Galster & Rothenberg，1991。

［16］麦克伦南（Maclennan，1982）、格里格斯比等（Grigsby et al.，1987）、加尔斯特（Galster，1987）以及特姆金和罗厄（Temkin & Rohe，1996）也提出了相似观点。

［17］这与认为内部制度和社会结构原因是邻里变化的主因的那些人的论点不同（Schoenberg，1980）。

［18］麦克伦南（Maclennan，1982）也同意这个观点。

［19］对于以上观点的总结，参见 Quercia & Galster，2000；关于创新部分，请参考 Glaster et al.，2000。米恩在本书中讨论了一系列"复杂模型"，也取得了上述结论。

［20］很多现代社会学关于集体社会化的研究都发现了门槛效应，例如威尔森（Wilson，1987）发现大量中产阶级家庭离开城市中心区，将低收入黑人留在

当地，将其孤立在统治地位阶层创造的正面的生活模式之外。经济学家也建立了许多数学模型来分析集体社会化现象，在其中门槛效应经常用来解决特定假设下的复杂问题（Akerlof，1980；Galster，1987；Brock & Durlauf，即将出版）。

［21］以上分支的启发性研究，请参考 Schelling，1971，1978；Shnare & MacRae，1975；Von Boventer，1978；Taub et al.，1984。变量研究参见米恩撰写的章节。

［22］详细分析参见 Galster，1987；Grigsby et al.，1987；Rothenberg et al.，1991；Temkin & Rohe，1996；Quercia & Galster，2000。

第 10 章

在美国获取住房所有权：观点变化对不动产权属选择约束的影响

约瑟夫·吉奥科

10.1 引言

对于世界上很多国家来说，住房所有权的获取都是一个重要的社会和经济问题。但是在不同国家，决定这种可获取性的因素是不同的。本章回顾并讨论了美国学术界和政治圈在影响家庭不动产权属选择的预算约束方面关注点的显著变化。[1]

显然，美国对于什么约束了住房所有权的获取这个问题，关注的重点从永久收入转移到了现有财富（非人力的财富）。这个变化对学术研究和美国围绕住房所有权的公共政策都产生了重要的影响。考虑到邓肯·麦克伦南在学术界和政策领域都扮演了重要的角色，将这个论题包含进本书是很恰当的。

这个变化首先影响了有关所有权选择的整体研究，使得某些所有权转变的理论模型彻底改变了其驱动力量。琼斯（Jones，1995）的研究引导人们接受了一种新观点，即家庭住房的净现值和资产价格推动了从租赁到购买的过渡，而不是永久收入以及住房所有和租赁的比较使用成本。下文将对这个新观念进行详细评论。琼斯（Jones，1989）及利纳曼和瓦切特（Linneman & Wachter，1989）的实证研究证明现实中非人力财富在解释家庭不动产所有权选择差异上是极其重要的，它比永久收入更适合解释这个问题。

权属选择预算约束方面的新观点的第二个重要影响是促使美国人改变了对住房所有率的种族差异的看法。近期采用微观数据的研究发现，若家庭财富能受到很好的控制，平均水平家庭的住房所有率种族差异很小，甚至可以忽略不计。这项发现对于美国意义重大，因为在美国住房所有率的整体种族差异率仍有 25%。在这项研究上，查尔斯和赫斯特（Charles & Hurst，即将出版）得出结论：白人与黑人在住房拥有上的巨大差异是由抵押贷款申请上的种族歧视造成的。抵押贷款申请差异可以由收入、家庭结构和父母财富的代际转移的种族差异来解释。因此，财富——这次指父母的财富——又一次扮演了重要的角色。这对致力于缩小美国住房所有的种族差异的政策制定者来说自然有着非常重要的意义。

新观点还认为现有财富是限制住房所有的主要因素，它的第三个重要影响是改变了我们对住房所有权的可支付性的认识。不动产权属的实证研究发现，决定可支付性的主要因素是财富而不是收入，这就表明如果想提高美国的住房所有率，正确的做法是放松首付限制，而不是帮助家庭达到月还款额收入比的要求（例如降低利率）。最近，低首付抵押贷款在美国激增，整体住房所有率也有所增加。但这并不是说这是个好政策，因为这种贷款的违约情况尚不明晰，而且也没有经历过经济周期的检验。然而，研究改变了我们对租赁过渡至所有的真实限制因素的看法，低首付贷款确实是受此影响而出现的。

本章的内容安排如下：下一节介绍并讨论有关"现有财富是不动产权属选择的关键限制"这一观点的最新理论发展，简短地讨论率先测试该理论的重要实证研究。接下来的一节将重点讨论这种新观点对我们理解美国住房所有种族差异的影响。自有住房的可支付性问题将在随后讨论。最后，将作一个简短的总结。

10.2 不动产权属选择的约束：理论和实证经验

不动产使用权在住房经济学中的重要性使得关于它的研究历史悠久。[2] 传统的权属选择模型中，租赁/所有选择是二者所提供的住房服务的相对使用成本以及永久收入的函数，此外还考虑了生命周期中对拥有住房的偏好（基于效用）。

罗森（Rosen，1979）为这个模型提供了一个特别清晰的解释：家庭选择为他们提供最大效用的不动产产权形式。所有权的效用是这样给出的：

$$V_o = f(p_o, p_x, y) \tag{10.1}$$

式中，V_o 代表选取所有权的间接效用函数；p_o 代表与所有权相关的住房服务的使用成本（或者单位价格）；p_x 代表所有其他商品的价格（x 代表计价商品）；y 代表永久收入。以此类推，

$$V_r = f(p_r, p_x, y) \tag{10.2}$$

式中，V_r 代表租赁权的间接效用；p_r 代表租赁的住房服务的使用成本（或者单位价格）；p_x 代表所有其他商品的价格（x 代表计价商品）；y 代表永久收入。以此类推，

如果 $V_o > V_r$，家庭将选择购买。模型的实证研究经常采取二元选择模型的形式：

$$V^* = V_o - V_r = v(p_o / p_r, y, z) \tag{10.3}$$

式中，住房服务的价格以计价商品来表达。添加了表示家庭特点的 z 变量，这些

特点会影响特点权属下的家庭效用，无论住房服务的消费量为多少。因此公式 10.3 表现为概率函数，预测一个分对数模型或概率模型。

　　在这种结构下，一些不确定性和不完善性导致对特定权属的偏好大于其他权属。[3]住房交易的大额性、不完善的租赁市场和不均等的税收都是出现不动产产权偏好的原因[4]。为了便于说明，请注意这个模型中不动产权属决策的潜在约束是永久收入。既然住房具有交易大额性且住房需求是住房消费的跨期最优化决策，如果家庭没有流动性约束，那么永久收入必须达到一些临界值家庭才能购房。因此，对于缺乏流动性约束的家庭来说，永久收入越高，家庭选择购房的概率也越高。

　　琼斯（Jones，1995）提出了一种不同的观点，他认为非中性税收本身并不足以构成权属选择理论的坚实基础。[5]琼斯发现许多重要的实证研究都表明很多家庭有信贷约束。[6]数据也显示美国和加拿大的大部分住房所有者都超过了一定年龄，且即使发生收入、利率和其他巨大变化，他们仍然是住房所有者。再考虑到新兴的持久型不流通商品的资产定价模型的理论启发[7]，他认为人们对拥有住房有一种根本的偏好。从该观点可以得出推论，在住房市场中流动性不高的稳定家庭可以从拥有住房中获得更大的效用（当然，假设权属期间的住房服务量为常数）。

　　那么，是谁租赁住房呢？主要是年轻的、才成立不久的家庭，没有足够财富承担首付的家庭，以及那些资产单一、杠杆性高、流动性低和风险高的家庭。这些家庭会在什么时候转而买房呢？当变换权属的净效用变化为非负时，他们才会放弃租赁的方式。在格罗斯曼和拉罗克（Grossman & Laroque，1990）的一份关于资产定价的重要论文显示，研究对象只有在积累了达到一定临界值的低风险、高流动性的资产后才会购买住房。[8]

　　在这个世界中，现有流动性财富是住房所有的潜在约束，而不是永久收入中的与人力资本相关的财富。所有和租赁的效用区别可以表示为：

$$V^* = v(w, p_h, z) \tag{10.4}$$

式中，w 是家庭的净财富；p_h 是住房的存量价格（而非流通服务的单元价格）；z 是反映家庭成立时间和流动程度的人口统计学特征。相关使用成本在琼斯模型中被完全忽略了，因为他认为所有和租赁很难相互替代。[9]这个强烈的假设引起了领域内许多研究人员的质疑。很多后来的实证研究也确实包含了对所有和租赁相关价格的控制。但这个问题并没有影响关键的结论：事实上，在实践影响方面，财富约束比收入约束更占据主导地位。[10]

　　虽然这些不同的权属选择理论看法还涉及其他有趣的基本概念问题，但我们现在将注意力转向最近的实证研究，因为正是它们推动我们改变了对种族和住房所有权以及住房可支付性的看法。虽然以前的研究也发现了财富可能会限制有关的权属选择和过渡[11]，但琼斯（Jones，1989）及利纳曼和瓦切特（Linneman & Wachter，1989）提供的直接证据表明，在实证方面，首付要求本身不仅非常重要而且是主导因素。[12]

　　琼斯（Jones，1989）使用公式估计了选择拥有住房的概率。式中，w 为家庭净资产；y_p 为永久收入（估计值）；ia 为持有的非流动性资产；z 为人口统计特征的控制值：

$$P_r(\text{Own}) = g(w, y_p, ia, z) \tag{10.5}$$

注意，净资产 w 是一系列虚拟变量，说明目标区域市场中家庭净资产与房价相比超过或相差多少。纳入持有的非流动性资产旨在测试是否存在格罗斯曼和拉罗克效应（Grossman & Laroque，1990）或普劳特效应（Plaut，1987），即家庭需要对冲房价风险。该模型的估计使用加拿大的横截面数据，侧重于年轻家庭。[13]

利纳曼和瓦切特（Linneman & Wachter，1989）在同样的方法中应用了美国的数据[14]，但是他们对限制因素建模是基于房利美和房地美所使用的传统贷款的承销标准，即这两个机构购买任何贷款价值比大于80％的贷款前，都要求这些贷款已被保险，这就是它们对家庭财富的限制的详细要求。这个20％的首付要求说明，满足承销标准的最大房价是家庭净资产的5倍。他们接下来设计了一系列变量来反映家庭财富受限的程度。然后，他们又用同样的方法测算了家庭受限于房利美和房地美的收入要求的程度。[15]之后，利纳曼和瓦切特用美联储1977年消费者信贷调查以及1983年消费者金融调查的数据估计了模型。他们只选取了这些横截面数据中的新搬迁者作为样本。

这些论文的结果都强烈表明，财富限制比收入限制更能影响权属状态。换句话说，相对于不满足收入限制因素，不满足财富限制因素对拥有住房的概率的负面影响要大得多。利纳曼和瓦切特（Linneman & Wachter，1989）研究中的代表性结果为，当其他条件都相同时，高度受限于收入的家庭的住房拥有概率比不受限家庭要低32％。但这个结果的显著性与受限于财富相比则逊色很多。例如，他们的研究表明，高度受限于财富的家庭拥有住房的概率比不受限家庭要低61％。这在一个整体住房所有率只有60％的国家中是一个非常惊人的影响。本质上来说，如果一个美国家庭受限于典型承销标准所规定的财富要求，他拥有住房的概率的绝对值就会非常低，即使这个家庭符合全部或多个拥有住房的典型家庭的人口统计特征，例如受过良好教育、年龄大于35岁和婚后拥有未成年的孩子。

这些研究中的任何一个样本都证明高度受限于财富的负面影响高于受限于收入的负面影响。利纳曼和瓦切特（Linneman & Wachter，1989）认为，这是因为如果一个家庭不能负担期望住房的首付，其最优的替代选择就是租赁住房。但如果家庭是受限于收入而非受限于财富，情况就不一样了。受限于收入的话，家庭可以将贷款价值比降低至80％以下，以满足还款收入比的要求。因此，受限于收入而非财富的家庭具有租赁住房外的另一个替代选择，这个解释非常具有直观吸引力。

随后的其他实证研究再次证实了这些结果。[16]这项研究具有很重要的现实结果：20世纪90年代中后期，美国出现的大量低首付抵押贷款就是证据，有些贷款的贷款价值比甚至超过了95％。[17]主要住房研究者和政府公务人员之间有一个广泛（非正式）的共识，20世纪90年代住房所有率从60％到68％的显著提高至少部分与放松财富限制有关。[18]

　　因此，现在我们明确可流动的财富才是影响住房所有权获取的关键因素，至少在美国和加拿大是如此。其原因是关于首付要求的权益相关需求，这点也同样明显。由此我们可以得出结论，除了当前收入和利率水平，储蓄行为和储蓄能力也是决定谁能拥有住房的重要因素。而且，由于代际财富转移，除了年轻家庭本身外，父母的储蓄历史也可能很重要。在接下来两小节中笔者将强调，这些因素对于我们理解美国住房所有权倾向的种族差异以及住房可支付性的驱动力非常重要。

10.3　美国住房所有权的财富限制和种族差异

　　住房所有倾向的巨大总体种族差异已经困扰了美国很长时间。1970 年的十年普查数据显示，61.2% 的白人家庭拥有住房，而只有 38.3% 的黑人家庭拥有住房，白人的住房所有率大约为黑人的 1.6 倍。到 1990 年，两个种族的住房所有率分别增长到 69.4% 和 44.5%，白人住房所有者比例仍然是黑人的近 1.6 倍。这个差异备受关注，主要有以下三个原因：（1）自有住房的税收优惠地位[19]；（2）住房权益在家庭财富创造和保留中的重要作用[20]；（3）人们将拥有住房与社会利益相联系[21]。

　　前一节中讨论的实证研究与种族差异问题息息相关，因为它提出了一种可能性：控制财富可以大大缩小预估住房拥有概率的种族差异。众所周知，净资产的种族差异总体水平非常高。查尔斯和赫斯特（Charles & Hurst，即将出版）使用 1994 年密歇根大学收入动态跟踪研究的数据，测算出黑人家庭的平均财富或净资产为 43 365 美元，而白人家庭为 220 428 美元。当然，财富的分配失真会影响均值，但黑人家庭和白人家庭财富的中位数也存在很大差距。具体来说，黑人家庭净财产的中位数为 9 435 美元，而白人家庭则为 77 371 美元。[22]

　　因此，必须控制微观数据中的财富种族差异程度，以便考察其是否能解释所有权倾向中的较大总体种族差异。利纳曼和瓦切特（Linneman & Wachter，1989）研究的结果表明财富的种族差异可能很重要。事实上，当利纳曼和瓦切特使用相关参数的均值进行计算时，其对数方程的结果显示，其他条件都相同时住房所有率不存在种族差别。也就是说，如果仔细控制财富，典型的黑人家庭拥有住房的可能性并不低于同等条件的典型白人家庭。

　　吉奥科、利纳曼和瓦切特（Gyourko，Linneman & Wachter，1999）更全面地检查了财富的种族差异作为住房所有率的总体种族差异原因的可能性，财富的种族差异使白人家庭更容易满足首付要求。他们应用了 1962 年、1977 年和 1983 年美联储财富调查这三个横截面数据，估计出了一系列模型来测度远离样本均值的家庭在拥有住房概率上的种族差异。

　　在他们的论文中，财富限制因素也遵守了利纳曼和瓦切特（Linneman & Wachter，1989）研究中的"管制规则"。因此，如果一个家庭的净资产没有达到二级市场中机构购买贷款的承销标准所规定的首付要求，那么这个家庭就是财富受限的。房利美和房地美规定了 20% 的首付要求，否则贷款需上保险。也就是说，若特定社会经济阶层的普通住房价值为该阶层某家庭净资产的 5 倍以上，则这个家庭就被归为财富受限家庭。[23] 此外，该研究还引入了另外两组控制标量测度财富受限的程度（例如，使用家庭财富的差额确定家庭是轻微受限还是十分受限，其中不受限家庭的差额为 0）以及财富缓冲效应（例如，测量不受限家庭的净资产超过首付要求的金额）。[24]

吉奥科、利纳曼和瓦切特（Gyourko，Linneman & Wachter，1999）接下来估计了全部财富限制变量（和永久收入）与种族虚拟变量的二项分布函数。与前面的研究结果相同，财富限制程度对拥有住房概率有巨大影响。对于具备典型自有住房家庭特征且不受财富限制的白人家庭，1962 年横截面数据所估计出的拥有住房概率为 96%。将其中家庭改为财富受限家庭，拥有住房概率将降低 51 个百分点（45%）。而同样条件的少数民族家庭，受限于财富的影响更大，为 80 个百分点（例如，拥有住房概率从 100% 降至 20%）。

但是未受限于财富的家庭的拥有住房概率却不那么受种族差异的影响。表 10—1 再现了吉奥科、利纳曼和瓦切特（Gyourko，Linneman & Wachter，1999）的所有研究结果。在不受限于财富的家庭中，少数族裔家庭拥有住房的倾向略高于白人家庭[25]，但二者的概率非常接近且都很高。这是利纳曼和瓦切特（Linneman & Wachter，1989）研究得出的结果，他们用样本均值估计了回归函数的结果。换句话说，在其他条件都相同时，若白人家庭和少数民族家庭均拥有足够的财富，能够满足普通贷款的承销标准所要求的首付和交易成本，则二者间并不存在住房所有率的经济差异。

表 10—1 显示财富受限家庭的情况不同于不受限家庭。这组数据中白人家庭的住房所有率远远高于少数民族家庭。1962 年的样本中二者相差 25 个百分点，1983 年的样本中则相差 12 个百分点。这个结果并不只体现出了巨大差异，它对少数民族家庭意义重大，因为这些家庭就是财富受限家庭的代表。详细点说，受限家庭与不受限家庭的差异结果适用于 1/3 的白人样本家庭，但它却适用于高于 1/2 的少数民族家庭。

表 10—1　　　　住房所有率预测值与拥有住房概率的种族差异

	1962 年	1983 年
典型不受限家庭		
少数民族家庭	1.00	0.97
白人家庭	0.96	0.91
拥有住房概率差异	0.04	0.06
典型受限家庭		
少数民族家庭	0.20	0.17
白人家庭	0.45	0.29
拥有住房概率差异	−0.25	−0.12

资料来源：Gyourko，Linneman & Wachter，1999，表 6。计算细节和样本家庭的定义详见三人的研究。

注：吉奥科、利纳曼和瓦切特使用了白人和非白人的种族特征。他们试验了更详细的种族分类（包括黑人和非黑人分类），但这并没有改变他们的关键结论。

因此，财富的种族差异并不能完全解释拥有住房倾向的种族差异。而且，许多财富受限的家庭（尤其是白人家庭）拥有住房的事实表明存在着某种类型的测量系统误差。被归为受限的家庭测算出的净资产往往很低，勉强大于 0。这表明这些家庭能够获得更多资源来负担首付，其负担能力大于美联储调查数据所得到的低资产。

有其他研究表明父母财富的代际转移是未观察到的资源的合理来源之一。[26] 这种转移不仅数额巨大，而且年轻一代少数民族家庭的父母的净资产毫无疑问比白人家庭要少许多。虽然吉奥科、利纳曼和瓦切特（Gyourko, Linneman & Wachter, 1999）推测代际转移的种族差异可以解释受限家庭的住房所有率的种族差异，但事实上由于他们使用了跨横截面的数据处理方式，研究的因果关系方向并不是完全可信的。

查尔斯和赫斯特（Charles & Hurst，即将出版）关于这些问题的近期研究中使用了密歇根大学收入动态跟踪研究，跟踪了一个包含黑人租户和白人租户的样本。他们分析了样本租户在住房过渡上的种族差异的原因。重要的是，他们成功地分别观察了申请贷款可能性与贷款审批成功与否可能性的种族差异。虽然在抵押贷款审批失败概率方面存在显著的种族差异，查尔斯和赫斯特却发现这并不能解释黑人家庭拥有较低的住房租赁向住房所有的过渡率。实际上，他们所定义的住房过渡的首要原因为黑人更不可能申请贷款。他们的调查显示，收入、家庭结构、用于首付的父母财富代际转移上的差异是申请差距的主要原因。因此，对权属选择决策的预算约束建模时，除了要考虑年轻家庭的财富，还需要考虑他们的父母的财富。

就像琼斯（Jones, 1989, 1995）、利纳曼和瓦切特（Linneman & Wachter, 1989）的研究提出了有关增加住房所有率的重要政策问题一样，查尔斯和赫斯特的研究也提出了关于黑人家庭的政策问题。有大量研究针对抵押贷款市场的歧视问题[27]，而查尔斯和赫斯特却确证了贷方并不是公平地对待黑人家庭和白人家庭，而少数家庭之所以如此受限，其原因是家庭财富，包括他们自己的家庭财富以及父母的家庭财富。

因此，解决所有率种族差异的当务之急是找出放松这些限制的方法。我们当然应该随时随地地消除借贷市场中的歧视，但政策制定者和家庭都应该理解仅这样做并不能使所有率的种族差异降低多少。

10.4　对讨论可支付性的启示

20 世纪 80 年代，独栋住房的可支付性问题加入了住房质量和种族歧视等问题，成为美国政策关注的内容之一。当人们纷纷猜测老龄化人口会在接下来几年中提高住房所有率时，综合所有率实际上却下降了 1 个百分点，呈现出退至第二次世界大战时的水平的趋势。[28]

虽然对自有住房的可支付性的顾虑造就了一个名为《国家可支付住房法案（1990）》的国家法案，但事实上住房可支付性从过去到现在还是没有准确的定义。然而，正如利纳曼和麦格鲁伯（Linneman & Megbolugbe，1992）所指出的，如何定义可支付性有重要的政策后果。

在研究发现是财富限制了住房租赁向住房所有过渡之前，人们认为利率政策是可支付性问题的关键。由全美房地产商协会（National Association of Realtors，NAR）发布的最广为人知的美国可支付性指数就隐含了这种认识。该指数以 100 为基础，表示中等收入家庭有能力支付中等价值的住房。由于利率变化比收入变化要大得多，NAR 住房可支付性指数随时间的变化主要反映了利率变化。图 10—1 由吉奥科和特蕾西（Gyourko & Tracy，1999）绘制，该图十分明显地体现了二者的相关性。每当抵押贷款长期利率较低时，NAR 序列就表现出极好的可支付性（反之亦然）。考虑到美国持续的长期抵押贷款低利率，NAR 序列表明现在的住房比自 1974 年以来任一时间都更经济。

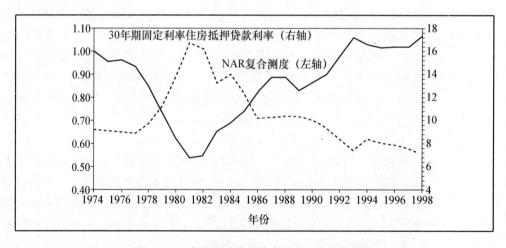

图 10—1　全美房地产商协会住房可支付性指数

资料来源：Gyourko & Tracy，1999，表 1。

但是，包括行业收入差异的锐增在内的多种经济变化对只关注中位价格住房的可支付性是否合理提出了疑问。尽管利率降低了购买住房所需的收入，但它并没有直接降低首付的相关要求。因此，与上文所述研究的启示一致，住房可支付性的关键因素是储蓄和收入（以及房价和利率）的水平与增长速度。

吉奥科和利纳曼（Gyourko & Linneman，1993）、吉奥科和特蕾西（Gyourko & Tracy，1999）的两篇文章试图将财富限制的新观点用于构建住房可支付性指数，而跳过使用 NAR 住房可支付性指数。吉奥科和利纳曼（Gyourko & Linneman，1993）使用了十年普查和美国住房调查（American Housing Survey，AHS）的数据来回答一个简单的问题：给定房屋质量，建成 10～15 年的某住房对一个与当时占有该住房的家庭定位相同的当今家庭而言，可支付性是增强了还是减弱了？为了展开分析，他们构建了五种类型住房的基准价格指数和质量调整后的价格指数。后者根据他们论文中的标准特征价格技术构建。

该研究值得注意的第一点就是真实住房价格增值随时间和住房价格分布的不同而有显著不同。也就是说，廉价住房和高价住房的房价增长的时间表现非常不同（见表 10—2）。表中的数据为未经住房质量调整过的在房价分布的 10、25、50、75 和 90 百分位数的房价增长。很明显，20 世纪 80 年代出现了一个价格增长趋势的反转，之前美国一直经历着正的真实价格增长，其中廉价住房的房价百分比下降尤其大。实际上，价格位于 50 百分位以下的廉价住房的价格下降是如此大以至于 1989 年的房价退到了 1974 年的水平。

表 10—2　　　　　真实房价增长——全美总数据和年均增速（后者在圆括号中）

房价的百分位分布	时限		
	1960—1974 年	1974—1981 年	1981—1989 年
10	35.1 (2.2)	54.1 (6.4)	−38.1 (−5.8)
25	48.8 (2.9)	39.6 (4.9)	−28.7 (−4.1)
50	44.5 (2.7)	17.3 (2.3)	−16.8 (−2.3)
75	46.5 (2.8)	19.2 (2.5)	−1.5 (−0.0)
90	49.2 (2.9)	41.2 (5.1)	−2.0 (−0.0)

资料来源：Gyourko & Linneman, 1993，表 4。计算数据基于十年普查和美国住房调查。

但吉奥科和利纳曼（Gyourko & Linneman，1993）论文中经质量调整后的价格序列却有十分不同的表现。[29] 表 10—3 为不同类型住房未经调整价格和经质量调整价格的增长情况的比较结果，可见质量调整后的廉价住房的真实价格增长远远大于未调整以前。[30] 这个结果不但表明低质量或中等质量住房的未经处理的价格序列可能严重歪曲了它们的可支付性，而且表明低价住房可能经历了更严重的价格损失。这究竟是由于需求基本特征的改变，还是由于许多低收入家庭花费大部分财产购买住房后不能对其进行有效维护？答案尚不清楚。但至少，这又引发了对储蓄和财富的思考，它们对拥有住房能力和家庭财产保值能力都有重要影响。

表 10—3 还显示，昂贵住房，也就是高质量住房在价格质量调整前后的表现也有所不同。位于价格分布顶端的房价表现出，未经调整序列的增长幅度大于统一质量后的序列，这说明质量改进可以解释巨大的价格增长。与很多劳动经济学的研究相同，吉奥科和利纳曼（Gyourko & Linneman，1993）也发现技能最低工人（定义为没有高中文凭的工人）的真实工资在 1960—1989 年有所下降。结合这些发现，质量调整后的房价数据与收入数据表明，在 20 世纪 80

年代末期，低技能工人家庭只有在夫妻双方都工作或者降低住房质量要求（或二者兼有）的条件下，才能负担得起购买住房。由于房价 10 百分位或 25 百分位的住房质量下降区间有限，它们似乎面临着最严重的可支付性问题。这些家庭负担不起首付，而且数据也表明即使他们拥有了住房，他们可能也只能让住房资本贬值。

表 10—3　　价格分布各百分位住房以及特征束的统一质量房价和未调整房价增值

	1974 年特征束			未调整价格		
	1974—1989 年（%）	1974 年—峰值（%）	峰值—1989 年（%）	1974—1989 年（%）	1974 年—峰值（%）	峰值—1989 年（%）
10 百分位						
总增值	28.1	54.6	−17.2	−4.7	54.1	−38.1
平均年增值	1.7	6.4	−2.3	−0.3	6.4	−5.8
25 百分位						
总增值	13.1	20.2	−5.9	−0.5	39.6	−28.7
平均年增值	0.8	4.7	−0.6	−0.0	4.9	−4.1
50 百分位						
总增值	13.7	22.8	−7.5	−2.5	22.6	−20.4
平均年增值	0.9	5.3	−0.7	−0.2	4.2	−2.3
75 百分位						
总增值	4.4	29.2	−19.2	17.4	48.3	−20.1
平均年增值	0.3	6.6	−1.9	1.1	10.4	−2.0
90 百分位						
总增值	4.4	28.7	−18.9	38.3	41.7	−2.4
平均年增值	0.3	6.5	−1.9	2.2	7.2	−0.2

注：计算还使用了 1989 年的特征束。质量变化的启示并不受影响。详见吉奥科和利纳曼（Gyourko & Linneman, 1993）。

资料来源：Gyourko & Linneman, 1993，表 6。计算数据基于 1974—1989 年美国住房调查。

吉奥科和利纳曼（Gyourko & Linneman, 1993）得出结论，中上质量住房的可支付性对于其典型所有者在这些年间没有发生与低质量住房相同的变化。这些挣钱者的收入和工资保持不变或有所增长，但质量稳定的高品质住房束的真实价格几乎没有增长。由此可得，即使他们负担不起更高质量的存量住房，这些家庭仍然能够承担 20 世纪 70 年代建成的中高质量住房。

吉奥科和特蕾西（Gyourko & Tracy, 1999）更进一步地研究了可支付性问题，他们将分析数据更新到了 20 世纪 90 年代，并且在原研究的均值回归方法的基础上添加了分位数回归方法。分位数回归方法与均值回归相似，但放松了只用均价特征束构建质量统一价格指数的限制，即每个百分位房价指数都用自身的特征束构建（例如，25 百分位住房的价格指数用它的特征束构建）。更明确地说，选取 25 百分位住房的特征束时，75% 的住房的实际价格会高于我们用选取的特征束和特征束价格预测出的房价。因此，如果说浴室特征能使高质量住房的增值大于低质量住房，那么浴室特征束价格在住房分布顶端和底端各百分位就会不同。[31]

　　图 10—2、图 10—3 和图 10—4 分别为吉奥科和特蕾西（Gyourko & Tracy, 1999）得出的未经处理的真实序列、使用均值回归方法的统一质量房价序列和使用分位数回归方法的统一质量房价序列。虽然后两种方法的结果有许多相似特征，但它们在房价分布的两端有很重要的不同。在房价分布的顶端，分位数方法表明真实价格在 1974—1997 年有较快增长。均值特征价格法显示 1997 年的 90 百分位统一质量房价只比 1974 年高 1％，而分位数特征价格法测出的增长为 31％。图 10—2 表示 1997 年未经调整的 90 百分位住房价格比 1974 年增长了 35％。在使用分位数方法估计时，顶端住房的质量增长带来的价格增值看起来就不是那么明显了。

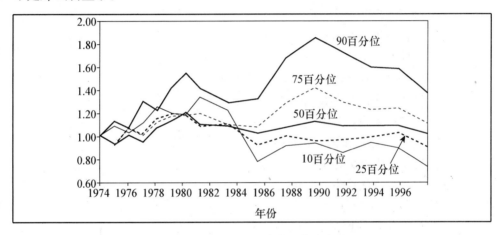

图 10—2　未经处理的真实房价序列

资料来源：Gyourko & Tracy, 1999，表 5；基础数据来自 AHS 全国序列。

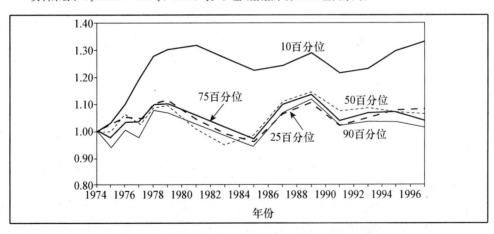

图 10—3　使用均值回归方法的统一质量房价序列

资料来源：Gyourko & Tracy, 1999，表 6；基础数据来自 AHS 全国序列。

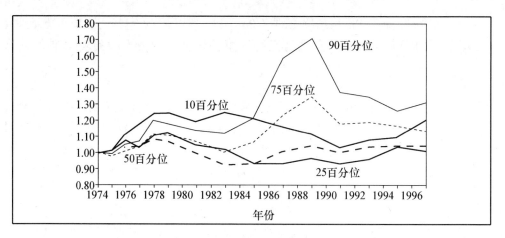

图 10—4　使用分位数回归方法的统一质量房价序列

资料来源：Gyourko & Tracy，1999，表 7；基础数据来自 AHS 全国序列。

在质量分布的底端，均值特征价格指数（见图 10—3）表明 10 百分位的稳定质量住房价格在 1997 年比 1974 年高出 33％。分位数指数也显示了一个稍温和的相似结论，其增值为 20％。10 百分位未调整序列远低于其他两种方法序列的事实说明，房价分布底端的住房的质量恶化了。[32]

总的来说，此研究与前文讨论的其他研究确认了财富限制的重要性，将人们带离了只关注收入和利率衡量中等收入家庭的可支付性的偏见。虽然 NAR 住房可支付性指数显示在过去的 20 年里，住房所有率有稳步的提高，但其他证据却对这种方法产生了怀疑，尤其当人们考察中等收入家庭或工人问题时。吉奥科和特蕾西（Gyourko & Tracy，1999）使用分位数回归法得出的 10 百分位稳定质量房价的增幅虽然小于吉奥科和利纳曼（Gyourko & Linneman，1993）用均值回归法得到的增幅，但他们都认为稳定质量住房的真实价格有上升。同时，劳动力市场的数据继续显示出工资差距的扩大，其中低技能工人无论在绝对值还是相对值上都最具劣势。难以想象这些家庭在未来可以不被财富限制所束缚。如果我们真要解决这类家庭的住房所有问题，必须认清仅靠利率得出的序列不能描绘清楚他们所面临的可支付性问题。

10.5　结论

十年来，关于限制人们从租赁住房过渡到拥有住房的各种因素的认识有了质的飞跃。新模型和大量实证研究说明财富限制是大多数家庭面临的最严重的障碍。对于坚信增大住房所有率能给新业主带来宝贵的社会经济收益的人们而言，学术研究得出的这个新观点有重要的现实意义。至于基本可支付性问题，只有低利率明显不能提高住房所有的概率，尤其是低财产家庭。

无论从经济还是从社会方面而言，20 世纪 90 年代风靡美国的低首付贷款究竟是不是一个好的选择还不可知。英国有研究（Maclennan et al.，1997）强烈暗示，在经济增长期扩大给家庭发放低首付贷款，经济衰退期会付出代价。尽管美国和英国的市场有很大不同，简单套用这个结论是不行的，但这项研究依然有警示意义。但是毫无疑问，必须有这样一些研究来明确可支付性限制的最基础的问题。

此外，近期研究表明，在美国财富的种族差异可以在很大程度上解释住房所有率的总体种族差异。在这种情况下，不仅是希望拥有住房的年轻家庭的财富，他们的父母的财富也是个重要因素。美国的政策制定者至少应该明白，如果没有一项政策解决流动性财富分配的种族差异问题，仅仅终止抵押贷款市场的种族歧视并不能显著减小住房所有率的种族差异。

最后，未来的研究不应该只关注中等收入家庭。劳动力市场中越来越大的工资差异和其他因素已经使收入各阶层的可支付性问题有了很大区别。我们必须使用不同的估计技术，以便更好地研究不同家庭在可支付性上有多大区别。

致　谢

衷心感谢肯尼思·吉布、彼得·利纳曼和托尼·奥沙利文对原草稿的批评指正。当然，他们并不对任何仍存在的错误负责。

注　释

[1] 尽管住房使用权的可获得性是一个国际问题，但本章着重关注美国的情况和相关文献。限于本文长度，涵盖多个国家的研究并不可行，因为贷款市场规则和种族影响等主要因素在各国之间差别极大。

[2] 文献数量很庞大，这里我们将不一一列举详尽的书目。从以下学者的精选文献中可以获得对关键问题的一个很好的理解：阿特拉和瓦莱雅（Artle & Varaiya，1978）、韦斯（Weiss，1978）、罗森（Rosen，1979）、亨德肖特（Hendershott，1980）、布吕克纳（Brueckner，1986）、波特巴（Poterba，1991）以及亨德森和约安尼迪斯（Henderson & Ioannides，1983）。

[3] 详见阿诺特（Arnott，1987）的评论。如果有信息丰富的完全竞争市场、中性税收、可分割的住房和其他资产且没有交易成本，家庭就无所谓是买房还是租房。

[4] 因为美国税法规定了大量的住房补助，美国有很多优秀的非中性税收的相关研究。罗森（Rosen，1979）的论著就是这一系列研究中的经典案例。感兴趣的读者可以参见福林和林（Follain & Ling，1988）的研究及其中的文献综述。

[5] 琼斯（Jones，1995）注意到实证文献对所有权概率随相对的使用成本

p_o/p_r 的增加而递减这一假设总是含糊不清。利纳曼（Linneman，1985）也提供了强有力的证据，证明税收基础模型中的税收分类影响并不符合现实。

[6] 详见 Jones，1989；Linneman & Wachter，1989；Haurin，1991；Duca & Rosenthal，1994。

[7] 参见 Grossman & Laroque，1990。

[8] 在这些模型中家庭需要对冲住房价格风险。可参见普劳特（Plaut，1987）关于权属过渡决策的一个早期研究。

[9] 这反映了他的基本假设存在对所有权的根本偏好。此外，不能期待拥有住房比租赁住房有更高的回报。详见 Jones，1995。

[10] 琼斯（Jones，1995）提出的公式 10.4 中，财富门槛是内生的。其他研究者也提出了一些外生限制的模型，尤其是首付要求。参见 Artle & Varaiya，1978；Brueckner，1986；Engelhardt，1994b。

[11] 例如，戴纳斯基和谢夫林（Dynarski & Sheffrin，1985）发现流动收入影响获得所有权的概率，他们指出流动收入补充了净资产，而除了永久收入，所有权获得还有其他限制因素。类似地，亨德森和约安尼迪斯（Henderson & Ioannides，1987）得出结论，个人永久收入的稳定性会影响获得所有权的概率，这也表明永久收入并不是唯一的限制因素。

[12] 这项发现同样也归功于波森斯（Bossons，1978）。琼斯（Jones，1989，1995）正是从他的研究中获得了灵感，他的研究也让笔者首次发现家庭财富对权属选择模式有强烈影响。

[13] 具体来说，微观数据来自加拿大 1977 年和 1984 年消费者金融观察（SCF）的统计。

[14] 但他们的模型中也含有使用成本，因此没有纯粹使用琼斯在 1989 年和 1995 年发表的论文中的权属过渡模型。不过就像笔者在前文中说明的，这对我们当前的目的来说并没有多大的影响。

[15] 房利美和房地美的承销标准规定，年抵押贷款偿付额应大于借款者家庭年收入的 28%。详见 Linneman & Wachter，1989。

[16] 例如，Duca & Rosenthal，1994；Gyourko，Linneman & Wachter，1999。

[17] 低首付贷款放松了财富限制，同时提高了收入限制，因为这些贷款通常附带特殊抵押贷款保险或高利率（或二者兼有）。因此大大加重了收入负担。

[18] 也就是说，这不全是因为低首付抵押贷款的推广。20 世纪 90 年代的真实工资上涨以及财富的增多使得家庭更容易积累普通贷款的 20% 首付，这些贷款不需要抵押贷款保险或特殊风险溢价。

[19] 波特巴（Poterba，1991）估计税收收益使最高收入家庭（最高税收等级）自有住房的使用成本降低了 15%。

[20] 特蕾西等（Tracy et al.，1999）的近期研究表明，即使在 20 世纪 90 年代美国资产权益暴增时，对绝大多数家庭来说（包括中收入家庭），住房权益

仍然是家庭财富的主要组成部分。

　　[21] 参见 Green & White，1997；Dipasquale & Glaeser，1999。他们发现拥有住房将为孩子带来更好的社会待遇并加强家庭的政治和社区参与度。同样，奥斯瓦尔德（Oswald，1997b，1999）认为这种社会资本也有消极面，主要在更容易失业方面。

　　[22] 详细计算过程参见查尔斯和赫斯特即将出版的著作。

　　[23] 这里总结了一系列关于交易成本和对"理想"住房的估计的实证研究。详见 Gyourko，Linneman & Wachter，1999。

　　[24] 这个研究的结果与琼斯（Jones，1989）及利纳曼和瓦切特（Linneman & Wachter，1989）的研究一致，它们都发现了家庭财富受限的非线性效应。基本上，家庭的财富受限程度越大，再受限 1 美元对其权属选择结果的进一步影响就越小。而该研究的财富缓冲效应的结果与格罗斯曼和拉罗克（Grossman & Laroque，1990）的研究一致，净资产略微大于首付要求的家庭与拥有更大余地的家庭相比，拥有住房的概率相对较小。因此，数据显示出家庭往往不愿意受迫于非流动的高风险资产。

　　[25] 非受限少数民族家庭稍高的住房所有倾向可能是由样本选择误差造成的。这些年中广泛存在于就业市场的种族歧视阻碍了许多少数民族家庭积累到非受限水平的财富。能够克服这种歧视的少数民族家庭很有可能具备未被观察到的特征，使他们非常可能拥有住房。

　　[26] 代际转移的研究是储蓄行为研究中的一部分，参见科特林科夫（Kotlikoff，1988）的文献综述。住房方面的有关储蓄行为为如何与父母赠与和首付限制互动的研究，参见 Engelhardt，1994a，1994b，1995；Engelhardt & Mayer，1994，1995。

　　[27] 例如，近期研究有芒内尔等（Munnell et al.，1996）关于抵押贷款审批通过与否的研究，以及伯科维克等（Berkovec et al.，1994）关于违约的研究。奎格利（Quigley，1996）提供了一个优秀的文献综述，回顾了有关是否存在歧视的争论。最后，卡因和奎格利（Kain & Quigley，1972a）率先研究了住房所有和区位选择的种族差异。

　　[28] 在美国，可支付性问题的重点倾向于住房所有权方面。而在其他许多国家，人们更关注租金的可支付性问题（例如，Maclennan & Williams，1990a，b；Maclennan，Gibb & More，1990）。在美国，租金可支付性经常被看作福利相关范畴的问题，对此讨论将会远离本章重点。

　　[29] 他们用特征价格回归为 10 个质量区间的住房进行了定价。有 5 个特征束住房从 1974 年开始向前定价，另 5 个特征束从 1989 年往回定价。控制特征为浴室数目、卧室数目、其他房间的数目、是否为独立住房、有无车库、有无地下室、供暖系统类型、有无中央空调系统、邻里质量、住房总体质量、是否位于其所在都市区域的中心以及是否为二手房。控制特征分别由 1974 年和 1989 年调查中的 10、25、50、75、90 百分位价格的住房的典型特征决定。详见 Gyourko &

Linneman，1993，附表 1 和附表 2。

　　[30] 1974—1989 年，最低质量住房的特征束分别增值了 28.1％和 33.2％，而 10 百分位的未经调整的房价实际上下降了 4.7％（真实价格）。

　　[31] 但特征束的确定与吉奥科和利纳曼（Gyourko & Linneman，1993）所提出的相同，详见注 29。

　　[32] 尽管如此，仍然不能简单地得出结论：质量变化必然能解释未调整序列与统一质量序列的增长的不同。均值特征价格法可能忽略了需求引起的价格变化，但分位数特征价格法可能高估了需求和质量二者变化对价格的效应。详见 Gyourko & Tracy，1999。均值特征价格法和分位数特征价格法可能提供了一种方法来确定未观察到的统一质量价格指数的真实值的界限。

第11章

市场体系中的规划管制和住房供给

格伦·布拉姆利

11.1 引言

本章的基本论点是住房供给至关重要。住房供给结构和机制对宏观经济周期、财富积累、整体福利及其分配、经济竞争力、地区劳动力市场失衡、城市活力和环境因素有着重要的经济影响。基于英国的一些例子证实了这些论点。

● 新建住房供给在英国是缺乏弹性的,这加剧了不同地区间基于经济周期和总价差异的价格波动。这些价格波动效应对财富分配有重要影响,并且很可能进一步加剧宏观经济的不稳定性(Bramley et al.,1995;Meen,1996,1999b)。

● 住房市场的不稳定,其部分原因可能是供给缺乏弹性,但会抑制对居住结构和质量的技术创新(例如对分包的依赖和培训不足)(Ball,1996a)。

● 面对政府管制,市场参与者的竞争行为可能会导致无谓损失,如开发商为获得规划许可而寻租,且体系内存在腐败及其他违法行为等;规划和开发控制的实施方法有可能增加拖延和不确定性(Evans,1991;Cheshire & Leven,1982;School of Planning & Housing,2001)。

● 地方政府的规划可能会产生不同用途土地供给的系统性偏差,进而影响整体竞争效果(Lambert & Bramley,2002)。

● 近年来,公共开支紧缩,且大多数开发建设已由私人运作。在这种背景下,以往的基础设施建设和融资机制可能不再适用,效率降低,进而导致拖延和不公正(Healey et al.,1993;Monk & Whitehead,2000;Department of Transport,Local Government and the Regions,2001)。

● 规划可能有利于城市更新和复兴,但也有可能产生负面影响(Department of the Environment,1999b;Llewellyn-Davies,1994)。

但是，较需求而言，住房市场的供给受到较少的关注，我们如何解释这种不平衡现象？难道没有关于住房供给的有意义的命题供探讨？还是说我们主流的经济学方法在分析住房供给方面力不从心？在理论层面上，如竞争行为假设，可能会偏离要研究的问题。在实践层面上，若要解决主要问题，需要深入研究繁乱的制度或政治程序，也就不再能如愿使用演绎法。即使我们可以描述这些过程，我们也不能测度它们。

简而言之，住房供给可以被分为以下三个维度：

- 新建住房。
- 对存量住房的管理，包括产权形式、获取、定价及融资方式。
- 住房维护，包括修缮和存量住房升级（降级）。

本章主要处理上述第一个维度，基于英国数据进行实证研究。我们首先聚焦于土地利用规划和管制，及其对住房供给乃至整个住房市场的影响。但是，理解这些影响需要对产业结构和规划类型作出前提假设，包括其与基础设施建设和财政问题的关系。

本章的第二节首先简要地回顾以往对住房供给的经济学研究，接下来讨论土地供给的重要性，及土地利用规划在这一过程中所起到的重要作用。本章的第三节一般性地介绍土地利用规划，描述英国的情况，并与其他国家进行对比分析。这一部分还将回顾之前有关规划经济影响的一些实证研究。第四节讨论后续的实证研究，描述跨城市面板数据集并从某些方面对此研究作出评价，特别针对它的地理框架和理论基础。第五节将给出实证模型结果，将得到的弹性值与过去的研究进行对比。在本章的最后一节，将简短评论这些发现对于政策的重要性。

11.2 住房供给研究

住房的计量经济模型主要有两个传统方法：（1）宏观经济和区域的时间序列分析；（2）特征价格模型和其他相关的城市模型。前者在处理动态的时间趋势方面的技术日益精密，包括协整技术等（Meen，1996，1998，1999b；Guissani & Hadjimatheou，1991；Muellbauer & Murphy，1997；Munro & Tu，1999）。学者们重点进行了住房需求和房价的周期性研究，另一方面，新建住房供给和投资模型亦逐渐变得复杂（Tsoukis & Westaway，1991；Ball，1996b）。但是直到现在，由于缺乏数据，关于土地供给和规划政策及实践对住房市场的影响等的研究尚不深入。

关于规划政策及实践对住房市场的影响的研究，现在占主导地位的是美国城市经济学派，主要涉及基于单个物业或小范围区域的横截面分析。总的来说，这类研究更关注需求，包括测算对住房各属性束的需求和对优质环境的需求或支付意愿等（如 Michaels & Smith，1990）。切希尔和谢波德（Cheshire & Sheppard，1989，1997）应用这种方法度量了规划管制的优势，如对城市开放空间的保护。这些著作中有一部分具有与众不同的意义，它们衡量了城市"子市场"的出现和持续存在（Schnare & Struyk，1976；Goodman，1981；Adair et al.，1996；Maclennan & Tu，1996）。研究也表明，其出现的部分原因在于供给约束（Maclennan，1977b，1982；Ball & Kirwan，1977）。城市经济学的另一个传统研究领域是土地集约利用下的住房供给（Muth，1969；文献综述参见 Bartlett，1991；Bramley et al.，1995，第 2 章、第 8 章）。但是，这其中很少有关于新建住房供给本身的城市内部横截面分析。

这个研究领域同时还有一些重要的定性研究，如关键因子的分析和案例研究（通常进行纵向比较）。这些研究可能受微观经济学理论启发，新兴研究视角包括公共选择理论和制度经济学，或者来自其他学科的新见解。进行这些研究的包括蒙克和怀特黑德（Monk & Whitehead，2000）、赖丁（Rydin，1985，1986）、肖特等（Short et al.，1986）、巴洛（Barlow，1993）。其他研究关注土地所有者的激励因素及行为（Adams & May，1992；Adams et al.，1999），规划者和住房建造者也成为主要的关注对象。出于政治目的对此类研究感兴趣的机构支持了研究的开发，提供了结合数据监测、地方案例和重要评论等的研究（Council for the Protection of Rural England，2001；Bate，1999；Industrial Systems Research，1999；Joseph Rowntree Foundation，1994）。

系统化的概念和对规划管制政策约束的度量是这个领域的一个重要挑战（Bramley，1998；Malpezzi，1996；Needham & Lie，1994）。对地方规划管制问题进行更精细的理论研究具有极大的潜力，包括博弈论技术的应用。一些美国"地方公共选择"的文献将规划视为地方政府参与商业和居民之间财政资源竞争的中心策略（Tiebout，1956；Hamilton，1975；Fischel，1990）。

研究住房供给的一个悖论是，它不能与住房需求截然分开。土地与其他要素不同，由于它的固定性和供给限制，土地成本反映基于需求的价值，换句话说，土地价格是内生的（Anas & Arnott，1993a；Bartlett，1991）。更进一步，由于住房建设具有滞后性（Maclennan，1982），对土地或新增建设的引致需求受限于住房市场的预期和不确定性，而住房市场本身就是高度不稳定的（Bramley，1989；Bramley et al.，1995）。

11.3 土地利用的规划和管制

● 规划和管制的本质区别

如前文所述，本章的主要目的是试图用实证模型研究土地利用管制（或在英国的"规划"）对新建住房供给和住房市场的影响。但在此之前，有必要明确这些术语的意义，澄清"规划"和"管制"这两个概念在英国和其他英语国家的重要区别。

土地利用管制是一个规定特定地块允许何种土地利用方式的法律或行政管理系统。"土地利用"既包括土地用途（如住房、工业、商业），也包括土地上该用途的建筑的种类、规模和形式。这种管制在土地所有者试图转变土地用途时起作用，土地用途转变往往就意味着"土地开发"。土地管制与土地规划相关的两个主要原因是：第一，用于表示现行或许可土地利用方式的常用方法是使用地图（从文字上理解就是平面图，也可理解为蓝图）。第二，未来许可的土地利用或开发的决定通常出现在前瞻性的综合政策程序或文件中，也就是常说的规划（但这个时候通常强调时间进度和目的）。

我们自始至终都不能忽略的是，上文定义的规划并不一定是政府职能。但是，总的来说，发达社会需要也有必要建立一套土地利用规划和管制的法律与行政管理基础。在美国和其他国家，它通常以"分区规划"的形式出现，国家被划分为若干区域，每个区域都有特定的土地利用类型，经许可的开发必须遵循某些参数，如最小土地规模、住房建筑红线等。这种方法的本质是土地所有者有权在这些技术规范范围内自由开发（与之相对应的权利是，预期相邻宗地不会以"不协调"的方式被开发）。有学者（Cullingworth，1997a）从该制度发源地——美国的角度出发研究了这个问题。

美国的这种方法与英国模式完全相反。在英国，土地使用权已于1947年完全国有化；私人不得自由开发土地，任何开发决策都需得到地方规划当局的许可，且地方政府决策时都是十分谨慎的（Grant，1992）。20世纪90年代一个非常有趣的发展趋势是试图使英国的体系更加具有"规划导向性"，所以人们有一个普遍预期，即地方政府将会出台更具操作性的地方规划，分配用于某一用途的土地可以优先进行该类用途的开发。尽管评论者非常慎重地对待任何这种结论，但这可以视为朝"分区规划"迈进的一步（Tewdyr-Jones，1996）。

正式的英国模式有一个等级体系，从国家政策指引、地方规划指导（英格兰）、结构性规划（对县或子区域而言）到地区规划。这种政策框架的综合性以及前瞻性与其他国家有很大不同。原则上，地区开发控制决策应该基于一种理性的综合体系，它能将一般性政策用符合地方敏感性和民主性的方式落实到地方空间上。但是这个系统运行起来并不如理想中那么如意，其缺点在于规划的完成和更新均较为缓慢，因此当前规划不能反映当前的信息和政策（School of Planning & Housing，2001），所以这个体系还有很大的改善余地。大部分开发控制决策的滞后，尤其是大规模的开发项目，是由于因谨慎需要而不断进行的磋商。这些磋商经常围绕基础设施的供给问题，而开发商将越来越多地支付基础设施成本。

政界和学界都在反思现在的英国规划系统，包括决策速度、对经济需求的反应以及长期空间导向作用的有效性。但不同评论者和学派在规划亟须因素上存在着冲突和矛盾，如更多的确定性还是更多灵活性、经济开发性导向还是环境可持续性导向、更多地方民主参与还是更多理性和效率，所以预测这个体系在实践中将如何演化十分困难。但是迄今为止英国和北美的差异巨大的系统已经在一定程度上相互交叉，特别是现在"增长控制"和"城市智慧增长"已成为美国体系的重要特征。

● 规划和管制的经济影响

基于经济理论，经济学家对规划和土地利用管制对住房市场产生的影响有着广泛的共识。规划和管制对新建住房的土地供给的限制可能降低供给弹性，提高土地和住房价格，且进一步增加住房密度。但是，也有理论对一些看法提出了不同见解，例如，(1)"无规划"政策的性质；(2)这些影响的福利表现。在第一个问题上，有理论质疑，在没有规划的情况下，因为住房的可达性、基础设施的可获得性和不确定性等，供给弹性是否可以无限高（Bramley，1989；Evans，1983；Wiltshaw，1985；Neutze，1987）。在第二个问题上，规划和管制可能产生积极的环境宜人效果，这至少可以部分解释规划管制下的土地和住房价格明显较高的现象（Cheshire & Sheppard，1989，1997；Monk et al.，1991）。

　　争论更为重要的一个领域，是关于在多种效应下实证分析的有用性，这将研究的重点转移至实证性的度量和建模，包括对规划和管制的度量和理解、对供给反应建模、对住房市场针对这些效应的空间性和时间性调整建模等。这些应用性的实证研究都遵循了麦克伦南的住房经济学著作中的精神，对现在的研究也有借鉴意义，其中包括将在下文阐述的实证研究。限于篇幅，本章无法对现有的实证研究进行完整的文献综述，但是指出已有的一些主要论点是有益的。这些论点来自一些十分有用的文献综述，如菲谢尔（Fischel，1990）、蒙克等（Monk et al.，1991）、波德格金斯基和萨斯（Podogzinski & Sass，1991）的论著，以及规划和住房研究院（School of Planning & Housing，2001）的研究成果。

　　美国的研究大多采用了特征价格模型，以期衡量"分区规划"和最近流行的"增长控制"的效果。但令人惊奇的是，不同研究得出了十分不同的结论，有的研究认为土地利用规划不是一种有效限制，但也有相反结论，认为土地利用规划是有效的且确实推高了土地开发成本和住房价格。土地规划的影响部分取决于地方政府的竞争程度以及控制措施的统一程度。菲谢尔（Fischel，1990）认为，基于政治和法律原因，"增长控制"过于激进，使得城市规模过度扩张，通勤成本上升，进而增加了社会的福利净成本。

　　切希尔和谢泼德（Cheshire & Sheppard，1989，1997）的研究是英国研究中最具有直接可比性的，他们采用一个复杂的城市内部模型，度量了一定数目城市的规划控制和规划基础设施供给的影响。其研究结论是，英国的规划控制抑制了城市规模的扩张，适度提高了房价，但也有负面的福利效应，如住房密度的增加。这一结论与埃文斯（Evans，1991）的定量观察一致，他研究了英格兰南部规划控制较严地区的住房类型。同样，蒙克等（Monk et al.，1996）对四个城市进行案例研究也得出了一致结果，即在更为严格的规划控制下，住房用地与农业用地的价值差异将会更大。

　　笔者目前正进行一系列跨城市横截面研究，分析外在规划和土地供给因素，以便模拟不同政策的中期影响（Bramley，1993a，1993b，1999；Bramley & Watkins，1996a）。这些研究进一步支持了英国供给弹性较小这一结论，并且估算出系统性土地供给将对房价有-0.30～-0.15的弹性影响。这个模型对住房政策与其结果之间的传递机制给予较多关注，并部分地成为与埃文斯（Evans，1996）争论的基础。

　　正如前文所述，这个领域的实证研究的核心问题是如何度量规划限制。布拉姆利（Bramley，1998）回顾了一系列主观性的和客观性的方法，考察了这些方法的相互逻辑关系，并解释了其中的一些缺陷。同期美国也出现了一系列有趣的方法，对它们的回顾和测试参见马尔佩齐（Malpezzi，1996）的论著。但这其中很多方法仅适合横截面数据，而不能对时间序列或面板数据进行分析。这就引出了对这些模型的另一个有力批评，由于这些方法依赖于横截面数据，它们不能用于某一些问题的分析，如生态学谬论、地区异质性等，也不能用于分析动态效应模型（滞后和预期）。美国的一些研究较英国更好，因为它们使用了定义相对一致的都市住房市场区域，并且认识到不同区域的竞争程度是不一样的。一个地区的控制调整需求可能与其临近地区具有可替代性，但是程度不一，这意味着应用计量模型考察这些区域的数据不一定能很好地"抓住"价格的变动。后文我们会再详细讨论这个问题。

混合了时间维度和横截面维度的面板模型提供了一种方法，能够部分克服上述限制。

肖（Hsiao，1986，第1章）认为，基于面板数据的方法可以在下述方面增加模型的有效性：

- 大量增加样本数量和自由度；
- 区分看似符合同一"事实"的不同假设；
- 根据时间序列的长度和详细度，考虑部分滞后和动态效应；
- 剥离遗漏变量的效应（如固定区域效应）。

同时，使用面板数据还有以下优点：

- 降低生态相关和空间自相关扭曲结果的危险；
- 将一些重要的宏观经济变量纳入模型，如利息率。

到现在为止，数据的可获得性是运用这一方法的最大阻碍，但是目前地方或子区域房地产市场已经具备丰富的持续性年度二手数据。特别是在英格兰和苏格兰，规划系统中可用土地的数据至少可以追溯到10年以前。但根据布拉姆利（Bramley，1993b）、布拉姆利等（Bramley et al.，1995）以及布拉姆利和沃特金斯（Bramley & Watkins，1996）使用样本横截面数据的研究，它仍然不能很好地支持规划政策和规划许可实际动用土地之间复杂的传导机制的研究。但是，这些数据使得我们可以对新建住房供给与规划许可用地、房价以及其他相关变量如移民之间的关系建模。

面板数据模型开始出现在这个领域。迈耶和萨默维尔（Mayer & Somerville，2000）给出了一个美国的例子，但值得注意的是其中土地利用管制的度量仍采用的是横截面数据。利什曼和布拉姆利（Leishman & Bramley，即将出版）率先尝试采用上述方法研究苏格兰地区。后面的章节将介绍运用一个类似模型对英格兰的更大分区进行初步研究。

11.4　跨城市面板模型的建立

近年来，一个政府赞助的研究开发了一个政策模型，用以预测英格兰和威尔士之间的移民流动。这个模型，即 MIGMOD，已具有可操作性。钱皮恩等（Champion et al.，1998，2000）详细描述了这个模型，它包括以下两个子模型：

● 用以预测英格兰和威尔士 98 个地区迁出活动的区分年龄与性别的面板模型，采用了 1983—1997 年 15 年的数据；

● 用以研究跨 98 个地区移民流动分布空间互动模型，采用了横截面数据，但按迁出地区、年龄和性别分组。

这两个模型最后合并在一个方便使用的图形界面中，以预测决定性变量给定时的移民流动条件值。为了更好地处理这个模型，建立了一个专门的数据库，包括第一个模型中的大量随时间变化的因子。这个数据库意义重大，因为它包括了经济、人口、住房、社会和环境因子的诸多数据，而这些因子均会对住房市场产生深远影响。

使用这些数据集考察住房市场关系的部分动机是探索将住房市场作为内生因素嵌入移民模型的潜力。一般认为，移民、住房价格、住房建设量同时决定于同一体系，并受相似影响。实际的或者潜在的移民被看作推动住房市场、连接不同但相邻地理区域的传导机制的重要组成部分。移民率可以作为分析住房供给和价格反馈体系的内生变量。但由于基本面板数据集的技术有限以及完整的移民模型的复杂性，笔者在此没有这样做。基本上，有关移民和住房互动关系的研究将是MIGMOD 下阶段重点关注的领域。但是，面板模型确实间接考虑了移民，因为移民的关键驱动因素被包括在了解释变量里。

●关键变量

为了完成这项工作，我们引入了一个额外的数据来源，即由地方规划当局向中央政府汇报的年度"PS3"，用以记录获得规划许可的用于私人住房建设的土地量，其单位同时使用住房单元容量数和面积公顷数，1988—1997 年十年间均有数据。存在相当多地区层面的数据遗漏。一些缺失数据的四舍五入值以内插方式填入，但统计了缺失数据的数量。当将数据添加到 90 个 MIGMOD 区域时，缺失数据的统计量将用于推算"置信度"，"置信度"会用于之后的分析。面板数据集（PLSH）测度的一个主要变量是住房单元容量，除以 1 000 人口数以及平均 2.5 个家庭的人数，得出以 1 000 个家庭（或占用住房）为单位的住房存量。

模型中其他关键变量如下：住房价格以实际值计算（剔除通货膨胀因素），并按纽卡斯尔大学四个"最优"住房类型进行标准化，数据来源于英国国家建筑协会（Nationwide Building Society），它是英国最大的住房贷款机构，保留了超过 20 年的数据。新建住房量根据地方政府的建筑管控记录所得的私人竣工量计算。这些数据虽不是最具有可信度的，但却是目前可得的最好数据。这个方法（PQRP）以每年 100 个住房单元（包括各种产权形式）为单位表示。

其他基于区域和时序的可得经济变量包括：基于布拉姆利和斯马特（Bramley & Smart，1996）及国家统计局个人收入序列（ONS）的家庭总收入（HHINC）；地方劳动力三年变化情况（EMPGRO）；工作年龄内 30～44 岁的男性失业率（ASUNEM）。时序住房变量包括：住房空置率（PVAC）和公共住房竣工率（PQSR），全国抵押贷款利率的时序数据（MGINTR_Z）和实际GDP增长率（RGDPCH_Z）也包括在内。引入模型的每个时间变量都有一年的时滞。原则上，更微小的时滞也是可能的。

近年来关于计量经济问题的时间序列分析技术日益成熟。由于面板数据集的时间过短，我们剔除了有关协整等的复杂方法。但为了谨慎分析数据的时间趋势，我们引入了一个简单的时间趋势（TIME_Z）。同时我们也试用了一个纯粹以一阶差分构建的模型。

废城（又名"棕地"或"再回收土地"）的新建住房量目前已有横截面指标（PNBU）可用，尽管其最终需要建立在时序基础上。有关城市组成的指标使用了主成分分析法，这个方法基于对聚落类型的度量（基本以现有人口的密度）和其他一些高度相关的横截面指标。URBAN指标包括一个时间因子和国际移民率，所以这个变量的变异与移民极其相关（所以将其缩写为IMMIGD）。模型中其他重要的横截面变量包括：基于1991年人口普查的移民倾向下的就业结构指标（OCCMIG），该指标主要度量了高级职业阶层、单身人口的比例（SIN-GLE）、非白人比例（NONWH）、有关温度和湿度的天气情况综合度量指标（CLIMATE）。因为伦敦在住房市场上表现特异，我们选取了伦敦作为一个虚拟变量以便表达其他变量所不能解释的突变。

还有一些变量，主要是横截面数据且与住房市场和环境状况有关的数据，在模型研究前期我们对其进行了测试，但最终放弃了。MIGMOD数据库包括了大量地区变量以及测量源地区和周边紧邻地区的差异。我们仅仅保留了一个这样的变量，即人口变量，作为衡量大城市的指标。模型中这个有关地区关系的方面可以进一步完善。MIGMOD第一阶段的模型的最终版本使用了二次函数形式（Champion et al.，2000），但这里我们只检验价格这一个变量与几个关键互动因素的二次形式。其余变量则采取线性形式。

●理论解释

此处的模型包含一个相对直接的供求系统。需求被表示为一个需求逆函数，价格作为因变量，而新建住房供给等一系列为自变量，其中包括可获得土地，它本身即为新建住房供给的外生解释变量。住房需求还受其他经济条件（收入水平与增长率、就业与失业率、利息率等）、环境因素（如天气等）、社会经济背景（阶层）、人口特征和主要城市中心的可达性以及其他住房供给要素（公共住房、空置率等）影响。需求变化的部分表现为移民。

供给由新竣工住房的供给流量衡量。新供给住房流量是由一系列小变量集决定的函数，包括价格和可获得土地。布拉姆利和沃特金斯（Bramley & Watkins，1996a，1996b）认为供给函数可假设一个代表性的利润最大化开发商在给定土地存量和预期价格及成本线函数下而推出。因为住房不能在未经许可的情况下建造，可获得土地变量对模型至关重要，并且这个模型的函数形式应该反映这个依赖关系。例如，可以考虑价格与可获得土地的互动，或者使用log-log模型（后面将讨论前一种方法）。价格包括需求方影响，但是也有必要考虑其他经济变量，研究它们对开发商成本的影响。尤其是利息率，它也与失业率相关，虽然后者可能由需求所主导。供给还与地区特征有关，尤其是城市布局和过去城市土地的使用方式，这些都使建造商承担成本和风险。私人供给同样受其他供给的影响，如公共住房和空置住房。

很明显，价格和新建住房是模型的内生变量。在用模型里的所有外生变量进行回归后，我们使用二阶最小二乘法（2SLS）来估计结构价格和供给公式。但是作为对比，我们也使用了一阶最小二乘法估计模型（OLS）。此外，我们还探索了一些与价格和产出关键变量相关的其他函数形式。

⊕ 地理单位

在分析中，地理因素同样不可忽视。模型包括的 90 个 MIGMOD 地区覆盖了英格兰，其中不包括威尔士，因为它缺乏建筑许可土地的数据（以及其他数据缺陷）。这些区域是之前的卫生当局分区，这些分区的移民数据可以追溯到 1997 年。它们是 366 个地方当局分区的简单合并。在郡中，这些分区是县；在省级都市区中，它们一般为单个大都市区（例如，曼彻斯特、博尔顿）；在伦敦，它们是 2~4 个连续的自治区。

有人批判，之前使用地方行政分区的方法无法有意义地反映区域住房市场情况（或者劳动力市场）（Bramley，1993a；Evans，1996）。现在 90 个区域的划分也面临这样的批判，尽管不甚激烈。这些地区并非完全独立的地区，因为在某种意义上，这些区域间的移民并非完全是长距离的劳动力迁移，其中部分为以住房或环境为导向的迁移（Gordon，1991）。

这与需求逆函数如何解释相关。这些地区越是独立，土地供给和新建住房对价格的效应越是封闭在地区内，对周边地区影响的效应越弱。由于地区的混合特性，供给的价格效应有时是漏出的，在将各地区看作相互独立的模型中并不能得到完全体现。布拉姆利（Bramley，1993a，1999）认为，地区单元越小，这个效应越大，甚至为了考察价格影响，最好从整个系统出发，而不是从地区效应系数出发。若应用较大的 MIGMOD 地区，价格模型系数会较多反映供给影响，后文的结果对此有所证明。然而，这个衡量方法仍然被看作只是对系统效应的部分反映。从长期看，只有将这些模型与一个完全互动移民模型相整合，或是将空间互动纳入住房模型中，才能对系统作出全面的描绘。

尽管存在诸多限制，这个模型仍处理了很多政策相关问题，如之前所言，包括供给对价格和可获得土地的弹性、城市和棕地开发的影响等问题。

11.5   模型结论

⊕ 需求方面

表 11—1 反映了用上述面板数据得出的住房价格的关键回归结果。这个模型

表11—1　房价的面板回归模型（英国90个卫生当局分区的年度序列）（1988—1997年）

解释变量		(1) OLS 回归系数	t值	(2) 2SLS水平 回归系数	t值	(3) 2SLS水平 回归系数	t值	(4) 2SLS一阶差分值 回归系数	t值
	常数	122 176	7.60	126 857	8.68	159 798	9.48		
* URBAN	城市组成变量	6 067	3.91	−1 247	−0.83	−992	−0.67	−6 074	−4.76
* IMMIGD	城市变量的差分	15 144	1.46			12 836	1.22	−15 621	−1.50
* HHINC	家庭收入水平	107.9	7.74	147.0	10.55	155.4	13.68		
	差分	3.66	0.05			41.9	0.60	50.0	0.71
* ASUNEM	失业率	−1 551	−5.85	−2 471	−9.89	−2 339	−8.37		
	差分	832	1.23			727	1.07	−6 299	−9.67
* EMPGRO	就业增长率百分比变化	−128.0	−0.54	−43.1	−0.19	−145.1	−0.61	−784	−3.78
* PQSR	公共住房竣工量	2 084	1.95						
	差分	1 897	1.87						
* PVAC	空置率水平	−2 008	−4.10						
	差分	−684	−0.90						
* PLSH	有OPP[1]的可获得土地	−64.4	−2.60						
	差分	43.5	0.68						
* PRPQPR	预测新竣工量								
	差分	205.8	8.37	−28 906	−10.29	−31 492	−11.51	−78 655	−6.70
PNBU	城市用地比例								
OCCMIG	职业阶层指数	25 940	6.13	18 241	4.19	17 722	4.08		
SINGLE	单身状态	339	1.22	1 529	5.66	1 430	5.19		
NONWH	非白人人口	131.2	1.55	184.5	2.16	146.3	1.73		
CLIMATE	温度与湿度	2 389	3.66	5 092	8.18	5 028	7.75		
TOPOPN	邻近区域人口水平	182.4	0.26	974	1.36	947	1.36		

续前表

解释变量	(1) OLS		(2) 2SLS 水平		(3) 2SLS 水平		(4) 2SLS 一阶差分值	
	回归系数	t 值	回归系数	t 值	回归系数	t 值	回归系数	t 值
MGINTR_Z 利率水平	-5 201	-7.49	-4 128	-10.56	-5 920	-8.78		
差分	4 603	5.42			5 381	6.47	-2 531	-5.65
RGDPCH_Z 真实 GDP 增长率	-2 071	-2.60	-563	-1.89	-1 611	-2.04		
TIME_Z 时间趋势	-7 894	-14.69	-7 861	-23.44	9 042	-16.86		
LONDONDU 伦敦虚拟变量	-3 388	-1.61	-9 118	-3.90	9 755	-4.26		
调整后的 r 的平方	0.866		0.853		0.861		0.227	
F	194.9		298.8		248.2		31.2	
N	719		719		719		719	
HPRICE Dep. 变量均值	76 930		76 930		76 930		875	

注：* 为区域时序因子；所有水平变量均带有 1 年时滞；_Z 为全国时间序列数据；所有回归均考虑了人口和可靠性指数的权重。
1. OPP 为规划许可。

正如上文所述为逆需求函数的形式。模型（1）的前两列为完整的最小二乘法模型，右栏中为插入了各变量时间序列的水平和差分［这也是模型（3）的基础价格等式的简化形式］。剩下几栏反映了由 2SLS 程序得出的结构性需求公式。模型（1）的关键区别在于其中供给由外生的土地供给指标（PLSH）所反映，而在其余模型中，这个角色则被第一阶段回归中所预测的外生的新竣工住房变量（PRPQPR）所代替。模型（2）的右栏仅仅展示了指标水平，而模型（3）全面展示了解释变量的时间序列的水平与差分。模型（4）中只引进了一阶差分。这样做的优点是去除所有与没有衡量到的固定地点效应相关的偏差，缺点是不能估测变量的横截面效应。

所有使用水平的模型都与数据相契合，调整后的 r 平方值为 $0.85 \sim 0.87$。这种高度契合是过去研究中使用的横截面价格模型的特征。模型（4）只有较低的契合度，因为它忽略了所有横截面数据并且易受测量误差的影响。模型中的大多数变量是统计显著性的，例外的是 URBAN 因子（在 2SLS 模型中）、就业增长（在绝大多数模型中）、模型（1）的差分变量以及相邻子区域人口的互动。城市变量被假设为具有正效应，反映了经典的城市经济学土地租金模型；由于对城市环境的反感，它也可能被认为具有负效应；实际上，任何一个效应都未被证实。变量 SINGLE 抓住了中心城市效应。就业增长受到了与年度就业报告的样本误差有关的测量问题的影响，很有可能收入和失业率变量抓住了潜在的就业效应。

模型中多数统计显著性的变量的影响方向与我们预期的相同。住房价格与收入、更高级的职业阶层、更好的气候环境强烈正相关，而与失业和利率负相关。唯一一个与我们预期相反的解释变量是 GDP 增长率，但是它的影响并不显著，且可以被收入变量的强烈影响所抵消。负的时间趋势同样让我们感到意外，但它也可以被收入变量所抵消。非白人的正影响非常有趣，它表明种族聚集的正需求效应比本土人群的负需求效应更明显。

在我们对供给的分析中最有趣的结果是供给变量相关的价格效应。在第一个 OLS 模型中，可获得的土地数量对住房价格有一个中等的负影响。在 2SLS 结构水平模型中，可预测的新建住房的竣工量对住房价格有着更大更重要的影响，它的系数表明，平均产出上升 10%，地方住房价格下降 $3.1\% \sim 3.4\%$（见表 11—4）。在一阶差分模型（4）中，这种效应更为强烈，平均产出上升 10%，地方住房价格下降 8.5%。

很难将这份研究结果与先前的研究进行比较，因为这个模型中供给方度量的因素较之前的模型有较大的不同。模型中 -0.33 的产出价格弹性，较布拉姆利（Bramley，1993a，1993b）得出的二手市场的 -0.041 和新建住房市场的 -0.191 都高许多。但是它与布拉姆利和沃特金斯（Bramley & Watkins，1996a，第 6 章）的区域层面的横截面价格回归模型得出的结果较为相近。利什曼和布拉姆利（Leishman & Bramley，即将出版）应用面板 2SLS 模型分析苏格兰地区时，其预期住房价格对竣工量的弹性为 -0.225，这份研究与之相比，价格弹性仍然较强。区域规模对研究反馈的重要性在前文已经探讨过，更大的 MIGMOD 区域规模能够抓住更强的反馈，这与本研究的发现一致。

⊙供给模型

供给模型的结果具体反映在表 11—2 中，这是本章中最值得分析的部分。需要注意的是，此处的供给被定义为每年新建私人住房流量。

就像分析房价一样，我们比较 OLS 模型［模型（1）］和几个 2SLS 模型。有研究表明住房价格与土地可获得性以及价格的二次方有互动关系，因此我们将二者引入［模型（2B）］，同时使用一个结构等式的简单线性模型（2A）进行分析。笔者先前的研究也涉及了价格（更严格地说，总开发利润）和土地可获得性的互动作用（Bramley，1993a，1993b；Bramley & Watkins，1996a，1996b）。其背后的理论基础很容易理解，住房不可能建设在没有经过规划许可的土地之上，所以价格需要与土地供应互动而不能单独变动。与之前的横截面模型一样，新面板数据模型［比较（2B）和（2A）］看似支持了这个观点。

供给模型的整体拟合优度较价格模型差，大概只有一半的变异可由模型中的解释变量解释，但这与先前的可比较的研究结果相似。使用模型研究供给的难度更大，可能是因为许多特殊的地方因素使得年产出率的变化不能由模型中广泛的系统变量所解释。一些研究者还怀疑住房竣工时间的记录是否正确，这可能给模型造成更多的随机误差。另外，有人注意到模型对土地供给的驱动因素和回归中的可靠性系数等的测量也较不准确。尽管一些重要的解释变量是统计显著性的，但一阶差分模型（4）的拟合优度尤其低。

大部分模型结果确实显示出住房价格和土地可获得性对住房建设量均有正面影响。但是，OLS 模型（1）中的价格变量和一阶差分模型（4）的土地供给均有负效应且并不显著。前者的启示是价格明显为内生变量且与该模型中诸多其他解释变量强烈相关，使得使用 OLS 模型分析并不合适。后者可能与拟合度较差模型中的数据缺陷有关。同时，模型中可能有不真实的负相关关系，因为对于任何给定水平的新规划许可，新增竣工量都会使可竣工的存量更快地耗尽。

水平 2SLS 模型中，价格和土地分别作为线性变量进入模型，如模型（2A）和模型（3），二者均在统计上显著且反映出正影响，但是土地的显著性水平更为强烈。当二者作为交叉项进入模型时［模型（2B）］，模型的拟合度得到改善，混合变量在统计上显著也是正影响。价格的平方项显示出负效应，但在统计上并不显著。因此有证据表明，虽然这些证据并不明显，价格越高，价格—供给作用越弱（Pryce，1999）。有趣的是，在模型（2B）中土地项是负效应，虽然这只是边际统计显著。这表明，在价格较低的地区配置较多的土地只会进一步降低住房建设量。模型（3）显示，当引入包括差分项的更多解释变量时，价格和土地效应的置信度和显著性都很可观。值得注意的是，在相同的置信度水平下，土地供给的水平或差分都具有正效应。

上述这些分析如何解释住房供给弹性？使用均值计算并考虑任何互动的净效应，计算出的住房供给弹性见表 11—3。2SLS 水平模型得到的住房供给弹性区间是 0.36～0.38。一阶差分模型（4）得到一个较高的数字 0.585，但对其进行分

表 11—2　新建私人住房的面板模型回归（住房总存量的百分比；英国 90 个卫生当局分区的年度序列）（1988—1997 年）

解释变量		(1) OLS		(2A) 2SLS		(2B) 2SLS 交互		(3) 2SLS水平		(4) 2SLS 一阶差分值	
		回归系数	t值	回归系数	t值	回归系数	t值	回归系数	t值	回归系数	t值
常数		1.873	4.16	0.444	2.03	1.293	5.99	0.271	0.66		
* HPRICE	房价水平	-1.12E-6	-1.14	3.94E-06	5.42			4.16E-6	2.99	-3.74E-2	-4.35
	差分	-1.70E-6	-1.25							6.34E-6	2.97
* HPRICE_Q	房价的平方					-2.31E-7	-0.53				
* HPRICE×PLSH	价格与土地交互					1.20E-7	6.02				
* PLSH	可获得 OPP[1] 的土地水平	6.88E-3	10.97	5.78E-3	10.63	-2.38E-3	-1.59	6.56E-3	12.23		
	差分	5.71E-3	3.49					5.15E-3	3.18	-1.13E-3	-0.86
* PQSR	公共住房新建水平	2.29E-2	0.85	-7.34E-2	-3.23	-5.50E-2	-2.47	-2.08E-2	-0.75		
	差分	2.64E-2	1.02					4.48E-4	0.02	7.83E-2	3.54
* URBAN	城市组成变量	-7.91E-2	-2.00	-9.87E-2	-4.08	-8.76E-3	-2.96	-0.104	-3.44		
IMMIG	城市变量的差分	5.31E-2	0.20								
* HHINC	家庭收入水平	2.14E-3	5.83								
	差分	2.51E-4	0.14								
* EMPGRO	就业增长率百分比变化	9.52E-4	0.16								
* ASUNEM	失业率	-1.23E-2	-1.78			-5.79E-3	-1.15	5.91E-4	0.10		
	差分	-1.45E-2	-0.84					-1.14E-2	-0.72		
* PVAC	空置率水平	-1.13E-2	-0.91	1.04E-2	0.81	8.60E-3	0.70	4.61E-3	0.34		
	差分	4.28E-3	0.22					6.53E-3	0.33	6.96E-3	0.46
PNBU	城市用地比例	-8.16E-4	-1.25	-2.54E-3	-4.08	-2.31E-3	-3.36	-1.93E-3	-2.69		
OCCMIG	职业阶层指数	-0.404	-3.69								
SINGLE	单身状态	1.93E-2	2.75								
NONWH	非白人口	-1.38E-3	-0.65								

续前表

解释变量		(1) OLS 回归系数	t 值	(2A) 2SLS 回归系数	t 值	(2B) 2SLS交互 回归系数	t 值	(3) 2SLS水平 回归系数	t 值	(4) 2SLS一阶差分 回归系数	t 值
CLIMATE	温度与湿度	1.76E-2	1.05								
TOPOPN_Y	邻近地区人口水平	-6.54E-3	-0.37			-8.54E-3	-0.50	-1.89E-2	-1.08		
MGINTR_Z	利率水平	-5.09E-2	-2.53	-4.11E-3	-0.46	-3.37E-2	-5.04	-4.26E-3	-0.30		
	差分	6.15E-2	2.70					2.81E-2	1.92	-3.18E-2	-5.62
TIME_Z	时间趋势	-5.08E-2	-3.06	9.33E-4	0.08	-2.03E-2	-2.24	1.22E-2	0.74		
LONDONDU	伦敦虚拟变量	-0.20	-3.76	-0.154	-3.28	-4.77E-2	-1.01	-0.129	-2.83		
调整后的 r 的平方		0.519		0.439		0.511		0.498		0.049	
F		30.8		63.6		63.5		45.6		8.45	
N		719		719		719		719		719	
PQPR	Dep. 变量均值	0.875 6		0.875 6		0.875 6		0.875 6			

注：* 为区域时序因子；_Z 为全国同序列数据；_Y 为全国时序变量；所有回归均考虑了人口和可靠性指数的权重；价格为 2SLS 模型简化形式的预测价格。

1. OPP 为规划许可。

析时，需要注意这个模型的缺陷。考虑有规划许可的可开发土地的供给弹性在
0.25～0.31，但是在一阶差分模型中，供给弹性为负且在统计上并不显著。

表 11—3 　　　　　不同模型的供给（私人住房供给）弹性（以均值计算）

模型	供给的价格弹性	供给的土地弹性	供给的城市土地弹性
(1) OLS	−0.102	0.300	−0.062
(2A) 2SLS 简单	0.362	0.252	−0.194
(2B) 2SLS 交互	0.365	0.308	−0.149
(4) 2SLS 水平和差分	0.381	0.268	−0.147
(5) 2SLS 一阶差分	0.585	−0.049	n/a

　　从这个模型可见，这个时期英国的住房供给弹性相对较低。如布拉姆利
（Bramley，1993a）采用 1988 年多个地区的横截面数据得出的供给弹性在 0.8～
1.1，而表 11—3 中的结果大大低于它。但是，这些新的较低供给弹性与米恩
（Meen，1998）最近的关于国家和区域层面的研究更相似，同样具有可比性的还
包括笔者基于 20 世纪 90 年代横截面数据的预测（未发表），以及利什曼和布拉
姆利关于苏格兰的研究（即将出版）。这些弹性明显低于同时期美国的相关研究
结果。较低的供给弹性表明需求冲击可能造成更大的价格波动，同样也表明很难
大量提升住房自有率（Meen，1998）。研究可得的更进一步的结论是，任何需求
方补贴都将被资本化后计入房价中（这对给予核心员工住房补贴的政策具有较大
重要性）。

　　住房供给弹性明显下降的可能解释是，开发模型中有更重要的成本方面的变
化，而我们没能获得相关的系统数据。棕地变量（PNBU）试图抓住其中一方
面。但是，规划合同显得越来越重要，大型基础设施的供给和融资必须依靠它，
此外还存在其他高成本因素，例如"经济适用房"。这些负担对英国南部绿地的
大型开发最具重要意义。这也表明，价格与"总开发利润"的关系在不断减弱。
收集规划合同相关成本的系统数据是下一步研究需要考虑的。

　　模型中，土地供给弹性惊人地小，可能的部分原因为前文提过的测量不充
分。但是，更重要的是这表明，单单分配额外土地用于住房建设并给予规划许可
并不能保证这些土地在中短期一定会全被用于建设。这个参数值与先前所有研究
相比均较低（低了一半左右），这可能是因为这个模型分析的地理范围更大；土
地配置的"转向效应"在小规模的地区层面比在较大的 MIGMOD 分区层面更为
明显。

　　表 11—4 结合了供给对产出的弹性的估计值与价格模型推出的供给—价格反
馈。可获得土地增加 10% 的价格影响为 −1.0%～−0.8%。这个价格对土地供给
的近 −0.1 的弹性小于布拉姆利（Bramley，1999）估计的范围（−0.30～
−0.15），但后者为基于整个系统增减而不是单个分区的模拟。

　　供给模型中的诸多其他因素也与政策有关。土地供给中原城市用地（棕地）
的比例对产出一直有负影响。表 11—3 显示其弹性在 −0.19～−0.15。这与普遍
认识相一致，即棕地开发的成本更高且具有更大的难度和更高的风险。政府试图

提高住房开发用地中棕地的比例，但基于这项研究，这将导致开发成本的提高，表现形式为给定土地供给时开发量的减少，进而影响到住房价格。如城市土地增加 10%，住房建设量平均将会降低 1.49%。综合考虑土地供给弹性−0.149 和价格对产出弹性−0.33，价格将会上升 0.49%。另一种考察城市土地比例效应的方式是将其视为成本的组成部分，从这个角度，城市土地比例上升 10% 会对产出产生相同的效应并造成价格下降 3.91% ［模型（3）］，等同于住房单元平均价格下降 2 955 英镑。尽管数据可能高估，但这可以作为棕地的边际成本效应的一种度量方式。

表 11—4　　　　　　　　　　　　地方价格反馈弹性（均值）

模型	供给的价格反馈	土地供给增加 10% 的影响
（1）OLS		−0.30%
（2A）2SLS 简单	−0.309	−0.78%
（2B）2SLS 交互	−0.309	−0.95%
（4）2SLS 水平和差分	−0.337	−0.96%
（5）2SLS 一阶差分	−0.849	−0.59%*

*由简化形式导出。

研究结果中 URBAN 组成变量的参数同样为负；其他条件一致时，在城市化率更高的城市，住房建设量更低。伦敦这一虚拟变量同样是负效应，理由同上。

最后，时间趋势变量在所有模型中均显著为负。这个变量与 20 世纪 90 年代晚期的房地产业呼吁的政策相关，当时英国的住房建设处于有史以来的低潮期，尽管经济环境良好且房价处于高位并在不断上涨。

11.6　结论

尽管面临着一系列的研究分析和政策挑战，住房供给在住房经济学中仍然处于弱势。主流计量经济学方法都难以充分分析与土地利用规划相关的重要供给约束。研究前景可能包括对供给的微观建模，引进更多的定量分析和政策制度分析、更多的空间交互相应分析以及综合考虑时间和横截面维度。本章举出了最后一个方面的例子，运用了面板数据模型分析英国可获得土地的规模和类型对新建住房供给与市场价格的影响。

尽管自 1980 年来英国一直倡导放松管制，但政府一直没有放松土地规划，而与此同时，美国也明显加强了对城市增长的控制。这些干预所要应对的政策问题——环境、财政、社会和城市问题等——都极其重要，因此，简单地要求政府放松管制是不可能实现的。我们需要的是更灵活更具实施性的政策，而城市经济学能够提供必要的信息和情报。

经济学家在规划管制对住房供给和住房市场的影响上有普遍共识。但是不同影响的相对程度尚不明确，有的可能还相互冲突。已有的实证研究为我们提供了一些可能效应的参考，但结论的影响程度和解释各不相同。因此我们需要更精确的模型。

采用跨城市面板数据模型分析英国的住房市场，归纳起来，有以下四个结论：第一，价格对新建住房供给的弹性较低，且可能进一步降低；第二，有规划许可的土地可获得性对城市开发而言是强有力的驱动因素；第三，增加土地供应确实会导致价格降低，尽管地方效应呈现出中等水平；第四，强调城市用地和棕地的利用其实会对城市开发带来阻碍，尽管其对住房价格的影响中等。

致　谢

本章数据大量来自英国交通部（Department of Transport）以及地方和区域政府（Local Government and the Regions）（DLTR，原DETR）所资助的移民流动模拟研究课题。笔者本人即为研究课题组成员之一。笔者对DLTR提供数据使用许可以及项目课题组其他成员的帮助和鼓励表示感谢，尤其是纽卡斯尔大学的托尼·钱皮恩（Tony Champion）、斯图尔特·佛斯灵汉姆（Stewart Fotheringham）和斯塔马提斯·卡洛伊鲁（Stamatis Kalogirou），以及纽卡斯尔大学和利兹大学的其他同事。

特别感谢英国国家建筑协会提供使用借款记录中房价数据的许可。

感谢邓肯·麦克伦南在本领域中的早期研究所提供的支持和鼓励。

本章中的任何结论和解释以及错误或过失，责任由笔者自负。

第 12 章

经济和住房规划

托尼·奥沙利文[1]

12.1 引言

长期以来存在着这样一个普遍共识，英国地方政府在住房供给规划方面扮演了重要的角色。[2]此处的住房供给包括各种产权形式的住房，包括直接由地方政府提供的住房、由非营利机构提供的公共住房以及只通过私人住房市场租赁或购买的住房。这一点与美国的情况截然不同，美国的地方政府参与住房供给规划的行为被认为是不可行且不合适的。

麦克伦南（Maclennan，1991）对地方战略住房规划作了一个简单的案例研究，但也正如他自己所言，这并不一定表示地方政府有进行住房规划的责任。其所得结论主要为：

● 从效率角度，地方住房市场普遍受到市场失灵、住房生命周期、供给调节滞后、信息不完全、外部性等问题的困扰。如果市场运行过程没有相应的公共"策略"引导，市场只能作出次优决策。

● 从公平角度，住房与所有家庭的福利息息相关，地方住房市场运转不畅的结果难以被社会所接受（尚且不提政治后果）。

在英国，地方政府负责制定和发布住房规划已成为一个普遍共识，但也有一个潜在的前提条件，即地方政府实际有能力进行住房规划。因此从表面上看，地方政府首先需要对需求进行一系列分析，才能完成它们的责任。

实际上，地方政府需要对辖区内未来 3～5 年的住房需求进行一个可靠的预测。这个预测内嵌于其所在区域未来 10～15 年整体基础设施和土地需求（包括住宅、工业和商业用地）的预测。在分析收入增长、分配消费偏好、市场供给调整（后者受到土地利用规划的影响极大）的未来趋势的基础上，地方政府需要确定补助性公共租赁住房的建设数量和分布位置。与此同时，还需要监控存量住房的物理和社会折旧，鼓励、资助或承担（当政府拥有住房时）适当的补偿行为。原则上，地方政府制定住房规划实现以上预期需要将大量经济学原理运用于地方住房市场，涵盖联合新建住房和二手房市场的结构及发展演变、衡量消费者偏好、预测住房需求和估计产权形式选择等。

本章我们将探讨地方政府在住房规划中发挥了多大的作用。下一节将阐述 20 世纪英国地方政府的住房规划职责的发展演变历程及其现有地位。之后，将展示一些证据，说明地方政府制定住房规划的现实与理想的差距。若考虑土地利用规划（同为地方政府的责任之一）对住房规划的影响，这个结论将更有力。在倒数第二节，我们将讨论现实与理想存在差距的原因。在这部分，我们会介绍使住房规划有效所必需的经济工具并将其与现有的经济学工具比较，同时考虑地方政府所面临的行为激励和阻碍。已有证据引发了关于在住房市场中应用理性的综合规划模型的疑问。在最后一节，我们给出本章的相关结论。

12.2 政策和制度框架

长期以来，英国住房政策的重点变化较大，原因主要有两个：一是对住房问题本质认知的变化，二是某些住房政策的实际的或人们以为的成功或失败。［格拉斯特和丹尼尔（Galster & Daniell, 1996）证明了美国也面临着同样的情况，并进一步说明了社会科学在住房规划或政策制定中的重要作用。］

总的来说，英国住房政策的发展演变使得人们对英国地方政府进行住房规划的预期愈加高涨。[3]第二次世界大战前几年，英国地方政府只有两个基本职责：一是提供和管理租赁住房，二是对私人住房进行维护和修缮。后者具体包括清除贫民窟或使用补贴对其修缮，而两者针对私人住房和生活区域均有改进计划。二战中，住房供给出现严重短缺。因此，战后 20 多年，几乎所有地区都需要建设更多住房。当时，

> 弥补住房短缺所需时间比想象中长，因为家庭数量的增长比任何人预料的都要快，在何处修建住房更多涉及辖区内不同地区居民间的公平问题，而不是住房市场经济学。[4]

20 世纪 60 年代中期，短缺现象得到一定缓和。70 年代则出现了这样一种观点：

> 从最广泛的角度考虑地方政府在住房方面的法定职责，应该包括提供覆盖潜在和现有消费者的综合性住房服务体系。（Smith, 1989, p.61）

苏格兰中央政府最先发出了这样的信号，认为地方政府在住房方面的职责应更具深度和广度，不应再单一强调尽可能多地建设社会租赁住房。1972 年，苏格兰住房咨询委员会（Scottish Housing Advisory Committee, SHAC）发布了一份报告，认为有必要采取综合性方法评估区域住房需求。报告部分内容为：

我们所推荐的方法超越了地方政府对公共住房需求的估计。我们的观点是，地方政府的职责不应局限于只向目标人群提供住房，而应着眼于住房总需求——潜在需求、暂时未被满足的需求以及未来可能出现的需求……这些需求也包括那些不愿意或不能获得公共住房的人的需求。提供地方政府住房是满足需求的一种方式，但不是唯一方式。言下之意是，地方政府应对其他类型的住房需求进行估计和预测。在实际操作中，地方政府应该特别保证分配足够的适用土地用于修建私人住房。(Scottish Housing Advisory Committee，1972，pp.7，12)

在英格兰，1978—1979 年，中央政府引入了新的地方政府"住房投资计划"体系。这个框架立刻与地方政府应基于综合地方住房规划承担起住房战略规划职责的看法建立了联系（Department of the Environment，1977；Smith，1989）。紧接着，中央政府出台了一系列令人印象深刻的官方指南，指导地方政府如何进行分析（Department of the Environment，1980），这些官方指南直到最近才被重新修订（Bramley et al.，2000）。

在苏格兰，《1977 年苏格兰住房政策绿皮书》（Scottish Office，1977）指出，由苏格兰地方政府制定的住房规划会形成一个持续的信息量丰富的苏格兰住房数据库。尽管直到 2001 年住房规划（或称为"地方住房战略"）才成为地方政府的法定责任，但从 1977 年开始，苏格兰中央政府进行住房资本分配就必须基于覆盖所有部门的地方政府三年期规划（Maclennan，1989）。1977 年出版的辅助地方政府评估辖区内住房需求的详细指导手册很好地印证了这一点（Scottish Development Department，1977）。这个分析地方住房市场的官方指南还未被正式更新过，而在 20 世纪 90 年代初期，苏格兰政府住房部门[5]和格拉斯哥大学共同研究出一种住房需求的估计和预测方法并将其公布于众（Maclennan et al.，1998a）。另一方面，来自学界及其他方面的评论和贡献近几年也层出不穷（比如，Audit Commission，1992；Van Zilj，1993；Maclennan，1991；Fordham & Brook，1995；DETR，1997；Hawtin，1996；Wood & Preston，1997；Goss & Blackaby，1998）。

20 世纪 80 年代，地方政府住房建设几乎绝迹。其后的新增公共住房供给主要由住房协会负责。住房协会是非官方志愿机构，它们结合政府财政资金与私人贷款开发住房。地方政府建设住房职责的弱化因其进一步（在中央政府的压力之下）向"战略"性住房规划职责的转变而合理化。之后的政策演变则进一步增加了地方政府应进行住房规划的压力，如鼓励政府向其他所有者转让公有住房、政府用私有住房市场的规划所得提供公共住房等。

政策发展演变的同时，政策运行的制度环境也一直在变化，以至于近 10 年中政策执行变得越加复杂。现在的英国，市场提供了约 4/5 的住房。此外，仔细审视全国或区域的住房不足，会发现住房问题已变得相当复杂。相对于供给而言，不同区域间的住房需求已经演化为复杂多变的格局。

目前的情况是，在英国中央政府设定的制度框架中，制定和提交为期 3～5

年的住房规划（或地方住房战略）已成为地方政府的法定职责之一。此外，在规划制定者、学者和发布的指南（Bramley et al.，2000）中存在一种共识，地方住房战略的主要内容和基本要素包括：

- 对地方政府辖区及辖区内住房的概览。
- 向地方的利益相关者，例如私人部门机构咨询趋势、问题、现象以及解决它们的合适方法。
- 关于地方住房体系的可信的最新信息；覆盖各种产权形式及对它们关键维度的理解，包括它们的互动协调机制。
- 通过分析发现问题，清晰地确定特定问题的优先级，并基于优先级制定清晰合适的目标。
- 制定并评估达成上述目标的可选方案。
- 提出一个清晰的所选方案执行框架。

12.3 住房规划实践

有两个研究回顾了 20 世纪 90 年代地方政府制定出的住房规划，它们使得我们可以研究英国地方住房规划的分析质量。第一个是瓦拉迪（Varady，1996）的研究，其优势在于他的见解完全跳出了英国的制度框架。[6]瓦拉迪采用案例研究的方式，重点关注了英国的 4 个城市：苏格兰的格拉斯哥和邓迪，以及英格兰的伯明翰和约克。这 4 个城市的住房规划被政府和学界认定为最佳实践案例，制定于 1990—1993 年。瓦拉迪采用以下 7 个标准评价了这些住房规划：

- "任务说明"的质量。
- 超越仅关注低收入家庭住房的程度。
- 测度住房问题的方法。
- 界定优先度的方法。
- 对私人部门和消费者进行咨询的广度与深度。
- 规划实施的覆盖范围（比如，住房部门和规划制定机构间的协作程度）。
- 规划中邻里地理特征的描绘程度。

尽管瓦拉迪推荐了英国系统，认为其适合美国的情况，但他也对这些最佳实践案例提出了一些尖刻的批评。

从住房规划覆盖人群层面来看，4 个城市的住房规划均关注了低收入家庭的住房需求，但是对住房市场中中等收入家庭的住房问题关注不够［目前格拉斯哥大学的罗伯特森也提出了相关批评，且批评得更为强烈（Robertson，1998）］。

从分析技术层面看，瓦拉迪使用了格兰特等（Grant et al.，1976）为邓迪做的一个住房规划作为其案例研究的标杆。邓迪的这个住房规划受到中央政府的极大支持，是 1977 年发布的指南的基础。瓦拉迪认为，案例研究中的 4 个城市的住房规划在综合性分析技术层面均不能与 1977 年的邓迪住房规划相媲美。而且在这 4 个规划中，住房市场分析与报告的其他部分关联性不强。至于优先级和方案的选择，规划中则几乎看不出优先级的确定过程。

瓦拉迪还发现，这 4 份住房规划均花了大量篇幅讨论地方政府将要采取的政策，但苏格兰的两份住房规划明显缺少与土地利用规划的协调。在邻里问题、城镇住房市场的内部结构问题等方面也表现平平。仅伯明翰的规划稍微关注了住房问题的地理特征。格拉斯哥和约克的规划没有关注任何邻里问题，且注明了：

> 邓迪住房规划并不是一个地理导向的文件。(Varady，1996，p. 281)

这个现象到 20 世纪 90 年代末是如何改变的？为了回答这个问题，我们转向布莱卡比（Blackaby，2000）的一个研究，该研究评价了 20 世纪 90 年代末期英格兰和苏格兰地方政府进行住房评估时覆盖私人住房部门问题的程度。[7] 在这个研究中，布莱卡比向许多地方政府发出了邀请，考察了接受邀请的 34 个地方政府的住房评估工作。

布莱卡比（Blackaby，2000）认为，地方住房战略应包括以下几个方面：
- 覆盖私人住房市场的程度。
- 关注不同产权形式间的转换。
- 考虑私人住房市场满足住房需求的比例。
- 对私人住房市场效率和有效性潜在改进的识别。
- 在住房需求预测过程中私人机构参与的相关证据。

布莱卡比认为，这些住房评估极少关注私人住房市场。目前的讨论均较为肤浅。没有一份报告分析地方住房市场主要参与者的特征；很多报告提供了价格和租金的统计分析，但是这些数据也仅是某一单独时点的均值。

布莱卡比进一步总结认为，极少或几乎没有报告考虑了不同产权形式间的转变问题。在私人住房市场满足住房需求的潜在作用方面，布莱卡比认为应该考虑到的因素包括何种家庭需要津贴及需要多少、家庭获得抵押贷款的难度以及私人租房体系的封闭性等。但所研究的住房评估仍然极少涉及上述问题。

当从效率角度审视和分析地方住房市场结构及运行机制时，布莱卡比再次发现 34 份住房评估都缺少这方面的内容。事实上，诸多地方政府并没有意识到私人住房机构可以是住房评估的信息来源。优秀的实践案例更多的是制度的例外情况。仅有一份报告试图系统地分析住房市场的现状，同时仅有一份报告详细分析了不同产权形式间的供给和需求的平衡。

与瓦拉迪的发现异曲同工，布莱卡比的研究也发现地方政府虽然进行了住房评估，但评估结果并没有影响住房政策的实质变更或调整。布莱卡比研究的最终结论是：

> 研究中的大部分报告缺少官方指南中设想的各种综合性评估分析方法……只有极少数的报告试图探寻不同产权形式间的供给和需求的关系或对住房市场的现状进行深入分析。(Blackaby，2000，p. 34)

12.4　土地利用规划系统和住房规划

对住房规划的一个重要补充是土地利用规划系统，它也是地方政府的职责之一。自 1947 年起，制定土地利用和发展规划就成为地方政府的法定责任。虽然自引进之后，土地利用规划系统的背景和优先问题发生了很大变化，但是隐藏其后的法律原则并没有改变（Davies，1998）。这里并没有太多的篇幅去详细论述土地利用规划及其与住房规划的关系。但是值得注意的是，历史上对区域住房市场各个维度的最精细的分析，实际上来自土地利用规划部分，而非住房部门制定的规划。家庭数量预测、住房市场边界的界定、权利方式的选择等常常都是由土地利用规划部门而非住房规划部门完成的。尽管如此，土地利用规划的经济学内涵仍被广泛认为极其有限（Cullingworth，1997b）。

简而言之，此处值得注意的是，对未来家庭数量的预测在很大程度上仅仅基于人口统计，而极少考虑经济因素的影响（对经济因素影响的考虑即使有，也难以成功）。[8]有学者认为，若考虑私人住房市场的地理边界，土地利用规划不应仅仅反映地方住房市场的功能性边界，还应该反映各种子市场的结构（Jones & Watkins，1999）。然而，只有最精确的结构计划才会处理这个问题，即使处理手段十分草率（School of Planning & Housing，2001；Jones，2002）。麦克伦南和涂（Maclennan & Tu，1996）注意到了这种对英国主要住房市场的结构和功能的理解的缺乏。[9]最后，关于当前和未来市场需求的预测，住房和规划学院（School of Planning & Housing，2001）认为苏格兰的规划者极少关注住房价格这个证据来源，该结论来自蒙克（Monk，2000b）、蒙克和怀特黑德（Monk & Whitehead，2000）对英格兰地区的研究。[10]

12.5　问题的根源

总的来说，麦克伦南等（Maclennan et al.，1994）得出的有关英国住房规划缺少内容、方法、置信度的结论到现在仍然正确。特别突出的问题是，住房规划或地方住房战略缺少对私人住房问题的关注，在对过去趋势、现状以及未来预期的分析和预测方面，也缺少经济工具的运用。如果这么多年后，住房规划的分析基础仍然如此苍白低级，那么就该问问到底是什么原因造成这种结果的了。

在住房战略方面，英国提出和推广的一种方法是综合理性规划（More，2002）。这种方法强调对分析工具的广泛使用，并鼓励将预测作为规划的基础。即使暂且接受这种住房规划方法的正确性，规划者仍会意识到相关的实践分析工具尚待进一步发展。表 12—1 按时间和空间顺序将综合理性规划方法所面临的一些问题综合归纳起来，并指出了一些有待从经济学领域寻求解答的问题。

表 12—1　　　　　　　　　　　　　　　　住房市场的经济层面

	现状	未来预期
住房市场的界定	A. 地方住房市场的现有边界位于何处？是什么因素导致这些边界的形成？	B. 这些边界是如何随着时间变动和调整的，其动因是什么？地方住房系统有无明显的周期或趋势？若给定区域和全国就业趋势，地方住房需求曲线的轨迹如何？
市场内部结构体系	C. 住房市场体系内供给和需求的结构是怎样？在边际上，各住房部门间是如何互动的？若考虑不同部门间的价格分布格局，住房供给和需求的空间结构是怎样的？地方供给系统回应需求信号的能力如何？住房系统子系统或住房市场子市场是否存在，如果存在，其原因是什么？市场和非市场部门均衡的失灵可能导致的问题都有哪些？	D. 整体趋势是否会在不同部门之间，或对某些区域造成边际性的摩擦？系统内的供给是否足够满足系统内出现的需求？

换句话说，地方住房战略的制定者可以从经济学家得到的帮助主要包括：

● 提供相应的方法划分地方住房市场的功能性边界并跟踪该边界随时间的变化。这种分析需要考虑导致边界形成的决定性因素（如地方劳动力市场的结构及变化），以及地方政府重大的政策立场对边界的影响（尤其是规划许可发放的空间结构）。

● 建立模型模拟家庭形成和特定地理条件下的住房需求，二者均以劳动力市场贴切地再现为基础（内嵌有效的移民预测方法），并考虑住房搜寻、收入和价格的动态变化（Maclennan，1986a）。

● 描绘地方住房市场内部或跨区域的住宅产业结构图，提供基于不同市场现状和预期的新增供给和存量供给等相关供给决策的有意义分析。

● 对住房需求和供给进行既具代表意义又具区域同质性的分类，以降低地方住房市场的整体复杂性。

● 建立方法以界定、跟踪和预测区域性子市场的出现和消失（这不仅仅针对私人住房市场，同样包括发生在社会租赁住房部门中的行为模式）。

● 确定判断地方住房市场失灵的方法，找寻其原因，并针对问题提出可行的解决方案。

● 建立政策模拟模型，采用基于行为学的情景分析，以便更深刻地理解某些政策的经济结果。

● 提供相关技术用于评估各种可选方案，以达成特定目标，或者更一般性地，以界定住房优先问题和财政项目的资源分配。

依据上述清单，首先我们可以发现（见表 12—1 "A"），城市住房市场的级别虽然可用精确的概念来表述（DiPasquale & Wheaton，1996），但这并不是说特定住房规划的实践应用已形成现存的框架。目前，没有文献对英国地方住房市场整体规模和功能性边界进行过应用研究（Jones，2002）。因此，尽管现在人们普遍认为，在评估供给和需求非均衡的规模方面，住房市场的功能性分区比正式的行政分区更为有效，但我们却不能令人满意地确定这些功能性分区。同样，基于功能性分区的有效的住房需求预测模型也很难找到。从更广泛的意义上讲（见表12—1"B"），缺乏清楚的地方住房市场动态分析来使得规划者能够区分有效措施和无效措施。长期趋势、个体家庭的生命周期移动导致的住房市场的稳态活动以及一次性冲击的影响都可能采取相同的行为表现出来[11]，但从现实证据中过滤出它们的工具还有待研究。

尽管相关研究较多，地方住房市场内部结构（见表12—1"C"）方面的实证分析研究仍缺乏牢固的根基（Jones et al.，2001b）。为了理解地方住房市场的运行机制，必须将其分解为可以相互替换的"住房产品"与不太可能相互替换的"住房产品"，还必须确定住房子市场是否存在、存在于何处，并使用地图标示出其空间结构。麦克伦南曾经分析过地方住房市场内部结构，尝试过基于苏格兰城市中存量住房市场的属性结构去定义"住房产品群"（Maclennan et al.，1994）。很多英国的相关研究试图采用特征价格模型界定区域性的住房子市场，但这会导致诸多广为人知的概念性问题。[12]

对政府住房供给系统作出反应的家庭行为相关研究极少。同样，对住房市场供给某些其他问题的研究也极其缺乏，如怎样很好地界定区域、地方住房市场以及市场内部供给结构，又如怎样准确地表现不同市场条件下各种供给主体的行为。

最后，我们探讨一下住房市场内部动态的问题（见表12—1"D"）。自20世纪70年代以来，美国有许多研究对其进行了建模［特别是国家经济研究局或城市研究所，多模型的回顾可参考罗滕伯格的研究（Rothenberg et al.，1991）］。后来在英国的相关研究主要有巴拉斯和克拉克（Ballas & Clarke，1999）的研究及吉布等（Gibb et al.，2000）的住房需求预测，这些研究可以模拟家庭在存量住房中的分配。吉布等（Gibb et al.，2000）的研究从两方面预测了格拉斯哥到2009年的住房需求，包括公共租赁住房和自有住房。他将格拉斯哥分为三个地区，研究该城市的净迁入、新增城市家庭的需求以及三个地区间产权形式和住房类型的流转（本书第2章有相关内容的详细介绍）。这份研究的价值不言而喻，某些关键性问题也能通过研究得到界定和解决。但是该研究中地理边界仍然由行政分区决定，而没有采用功能性分区；模型对解释变量的选择仍受限于数据的可得性，而没有考虑与研究目的的相关性；模型中对某些解释变量的预测（如果存在的话）质量仍然极低。

前文所述的住房评估预测方法的发展还不足以成为使住房规划者能够准确掌握地方住房市场、存量住房需求或住房市场体系的近期预测的完全的分析工具。

但是，假设地方政府已拥有了合适的综合分析技术和工具去界定、研究、理解地方住房市场，问题是否就得到了解决？遗憾的是，即使存在更多工具，它们很有可能不能得到充分运用。[13]第二个至关重要的阻碍因素在于行为，而非技术。由于住房规划涉及组织和个人所面临的激励结构，住房规划在分析技术和经济内容两方面仍然会偏弱。[14]

研究经济规划的经济学家早已明确，任何规划问题的中心是确保从经济领域各要素出发，采取的行动与核心要求相一致（Heal，1973）。同样，公共部门理论经济学家早已意识到恰当激励的问题（Niskanen，1994），而成功的实践者也认识到实践中战略管理的重要性（Simpson，1998）。地方住房市场的战略规划多多少少有些不言自明的益处，但这些益处很少直接落到实际承担规划成本的个人和机构上。古德拉德（Goodlad，1993）认为优秀的住房规划的益处包括：

- 最大化耐用商品公共支出的有效性，治本而非治标。
- 有助于"民主"的实现，具体体现在清晰表述的优先性问题和经得起否决和挑战的目标。
- 具备反馈机制以评价成果并提高未来政策的有效性。
- 有明确的行动指引以保证资源流向优先的项目。

古德拉德总结说，在以上优点的前提下，对综合理性规划的理解不应遇到困难和阻碍。但事实是否如此？

首先，地方政府愿意花费在综合规划上的资源受限于之后的资源分配受规划影响的程度。早期的英国住房规划遭受了规划和资源间联系缺失所带来的幻灭感而乏善可陈。在英格兰，布拉姆利等（Bramley et al.，1999）认为1990年出现的大量研究兴趣与中央政府资源分配机制的转变有密切关系，当时的资源分配机制处于由基本上"自上而下"的数字分配模式（"一般需求指数"）向一种更多地由地方政府战略规划和实施质量而决定的分配方式的转变之中。但正如我们所见，这种转变发生后规划质量仍然十分低下。在苏格兰，资源分配问题从未明确过，但众所周知，20世纪90年代住房规划的质量在某种程度上深刻地影响了住房支出许可的最终分配，但规划的综合程度还是远远低于理想状态。

尽管住房规划会影响到某些资源的分配，但地方政府可能并不认为它对资源分配的影响足以弥补相关成本（无论从这块"蛋糕"——待分配资源——的总规模还是其在各个地方政府间的分配上来看）。布莱卡比（Blackaby，2000）的研究报告认为，某些地方政府并不愿意采取综合性评估，因为即使问题能够被很好地理解和界定，也难以找到合适的解决方案。

其次，英国中央政府一贯不支持地方政府将任何资源专门用于战略规划方面，且地方政府用于战略规划的任何额外资源的申请一律被中央政府拒绝。在住房战略规划的重要性的衡量上，英国中央政府的这种政策态度往往让地方政府处于两难境地。

此外，尽管没有相关研究证据，但一些趣闻逸事表明，地方政府并没有相应的招聘政策去吸引高质量的研究和战略规划人才，更不用说支持战略信息可得性以及住房要求综合评估的逐步提高所需的晋升、鼓励、奖励或相关培训等。住房规划的质量往往是上述结论的最好支持，正如辛普森（Simpson，1998）所说：

如果你想得到"A"，但实际上只得到"B"，那么你很难有获得"A"的

机会。雇员都非常聪明，他们关注的是自己实际得到的，而非他人许诺可以得到的。（Simpson，1998，p. 626）

上述所有问题均表明，英国对住房规划的看法亟待改变。事实上，

> 真正的困难可能在于，始于 20 世纪 70 年代中期的住房规划发展至今已缺少置信度，且关注重点也有错误。对住房规划的建议总是假设地方政府处于掌控地位，可以作出令人信服的需求测算……还有固定的规划可以保持多年……"规划"关注的是一系列数字和清楚的投资者角色，而且错误地认为任何变动或不确定性都是可以不加以考虑的因素。（Maclennan，1991，p. 191）

基于上述原因，住房规划更多地被当作一堆数字和一个文件，而相对地，它作为一个过程却被忽视了。此外，它还被错误地当作可以直截了当实施的东西。

12.6　结论

长期以来，英国住房规划的外表和实质并不统一。有人提出质疑，地方政府是否应该继续扮演那些不容商量地指派给它们的角色。在地方层面，对住房战略发展的公平和效率的争论一直不断（且不仅限于英国）。鉴于目前并没有其他机构能够替代政府进行此项工作，地方政府仍是传递住房战略的最佳选择。但是对地方政府承担的这种作用的本质、所需的能力、工具和激励系统等多方面问题，需要一个更新颖和强有力的共识。

在未来，合理的住房规划过程的发展需要得到更多的重视，且一时的规划必须得以理解为依靠未知或目前尚不可知的未来事件。谨慎是必需的。这不是自讨失败，也不是说美国政府不参与地方住房市场规划的模式更优越。正如麦克伦南充满善意地（颇具代表性地）指出的：

> 其实找不出原因去解释为什么我们将我们的规划限制为对一个住房部门管理高层进行前景看好的颠覆性的改进。因为，如果有清晰的目标、最佳的开放战略举动的测评以及持续的发现变化并作出反应的能力，那么各种组织，即使只有有限理性，仍可以很好地应对未知的未来。（Maclennan，1991，pp. 191-192）

致　谢

感谢戴维·唐尼森、格伦·布拉姆利、乔治·加尔斯特、艾伦·霍尔曼斯、艾利森·莫尔、克里斯蒂娜·怀特黑德和吉莉恩·扬对本章草稿作出的评论。

注　释

[1] 本章所有观点均来自笔者本人，与苏格兰社区委员会无关。

[2] 在英国，中央政府通过设立区域管理部门控制地方政府的权力。本章绝大部分针对苏格兰和英格兰的情况。在英格兰，交通部以及地方和区域政府负责监督地方政府。在苏格兰，这项责任由苏格兰发展部门承担。对于地方政府在住房规划中的作用，国家的各个地区长期以来基本保持了共识。

[3] 感谢艾伦·霍尔曼斯（Alan Holmans）对本节有关英格兰的部分提出的意见。

[4] 引自与艾伦·霍尔曼斯的私人通信。

[5] 全国性的"类自治非政府组织"（或称 quango），设立于 1989 年。

[6] 瓦拉迪是一个美国学者，他在安息日旅游期间进行了这项研究，其主要目的是为美国住房规划系统提供有益经验。

[7] 布莱卡比的研究补充了埃文斯等（Evans et al.，1999）的研究，后者考察了威尔士住房战略和实施计划的私人部门覆盖度。

[8] 笔者撰写本章时最新的英格兰全国预测详见多伊（DoE，1999a）的数据；关于对这些数字不同方面及它们在区域间分配的讨论，参见 Breheny，1999；Jones & Watkins，1999；有关经济因素在家庭形成过程中的作用，参见 Bramley & Lancaster，1998；Bramley et al.，1997。商业战略有限公司（Business Strategies Limited，1998）提供了另一种十分有趣的基于经济的家庭数量预测方法，彼得森等（Peterson et al.，1998）也进行了这方面的研究，但后者引起了威尔考克斯（Wilcox，1998）的强烈批评。米恩（Meen，1998）提出了一种预测英国目前至 2016 年的住房所有率的替代方法。但是由于数据限制，米恩在这个方法中避开了对给定人口组成家庭倾向的基于经济考量的建模。

[9] 一系列有趣的研究（Jones et al.，2000，2001a，2001b）探索了价格和住房所有者的动态分析，以此为基础理解格拉斯哥住房市场。这些研究补充了前人汉考克和麦克伦南（Hancock & Maclennan，1989）及麦克伦南等（Maclennan et al.，1987）的研究，但直到这些论文出现为止，没有其他此领域的相关研究。

[10] 巴洛等（Barlow et al.，1994）在一项针对英格兰和威尔士的所有的地方政府规划机构的研究中发现，各地的规划部门和住房部门的协作关系各不相同。许多地方二者间几乎毫无联系。之后，布拉姆利等（Bramley et al.，1999）根据邮寄问卷调查估算出 1991—1998 年，英格兰的地方政府机构开展了至少 350 个住房需求调查。其中一半为规划部门和住房部门的合作调查。布拉姆利的这项研究评估了地方机构预测地方住房需求以推算公共住房和经济适用房需求的技术水平（而不仅是关注整体住房市场的模型）。布拉姆利等有说服力地描述了住房

部门和规划部门如何在这方面进行合作，但研究结果却并不能说明它贴切地反映了现实。尽管研究认为地方政府在许多工作上都表现出色，但仍然总结出它们在进行住房分析时有以下不足：

● 估计某时刻或未来的公共租赁住房需求时没有结合供给数据，无论是总额还是分物业大小或分区的需求。

● 就业和收入数据更像是场面描述，而不是整体分析的一部分。

● 分析局限于地方政府辖区，忽略了更广泛的功能市场或内部子市场结果（Bramley et al.，1999）。

[11] 例如，年轻家庭由农村向城市迁移的同时中年家庭进行反向迁移，这与城市/农村住房市场的互动稳态表现相同。此外还有农村区域某主要行业的结束造成的地方价格调整和通勤增加。城市增长对周边区域的压力日益增大等也同样反映了这种互动稳态。笔者曾看过的唯一意识到这些问题的研究是内文等（Nevin et al.，2001）的著作。

[12] 罗滕伯格等（Rothenberg et al.，1991）使用美国的数据探索了"质量子市场"的概念，将其作为空间方法的一个替代选择。这项研究解决了部分有关特征价格方法的问题，但没有人探索过它在英国的适用性。

[13] 一个同事兼朋友曾有过如下的强硬发言："使用经济学作为思考住房规划问题的框架本身就是个失败（即使在分析供求基础方面也是如此），将住房作为一个系统来思考却又缺乏战略思维也是失败……如果规划者拥有一个更精细的概念框架，就算不考虑操作模型，住房规划也有可能有很大提高。"（A. More，私人信件）当然，关键问题是，是什么阻止了这些工具得到充分运用？

[14] 同样的推理也适用于前面的问题，即经济学家面临的激励结构可能会阻碍他们自身研究出支持住房规划的有用工具。

第 **13** 章

英国的住房优先购买权

尼克·威廉斯

13.1　引言

  在过去的 20 年里,英国最具争议也最重要的住房政策就是允许长期住房租赁者购买其租赁的公共住房,即优先购买权。之后议会制定了一系列相关法案,赋予住房租赁者以低于市场价的价格购买他们所租赁的公共住房的法定权利。这些法案从 1980 年第一届撒切尔政府(英国保守党)开始实行至今,已经有超过 200 万的住房租赁者购买了住房,这是同时期英国的住房所有率从 55％攀升到 68％的主要原因之一。地方政府所有的住房占整个住房存量的比率从 25％降到了 17％,尽管大规模的公共住房向其他产权主体转移也是这个收缩的部分原因。

  1980 年,玛格丽特·撒切尔想要大范围地减少各种商品和服务的公共供给,法定住房优先购买权的出现就是受到了这个理想化目标的推动。20 世纪 70 年代后期,保守党赋予公共住房政策极高的地位,因为大部分住房租赁者都支持工党,这一选举政策可能吸引住房租赁者转而投票给保守党。由此,可从两个角度去审视优先购买权:一是经济角度,它被当作一种极具潜力和有效的方式去扩展与延伸市场机制;二是政治角度,它被当作一种政治武器,帮助保守党获得政权,进而顺利推行这一机制,虽然威廉斯等(Williams et al.,1987)认为,该政策给保守党带来的选举优势是有限的。保守党在 1979 年的大选中获胜后,很快地就进行了优先购买权的相关立法。

  学术界以及住房政策专家对这一法案的看法大多是负面的,他们认为,这一法案至少部分地显得过于理想主义,只是公共住房政策的附属品,而且对政策的长期影响作出了未经检验的假设。可以公正地说,这个政策本身及其最初的阻力都没有建立在有力证据或对可能出现的结果的一个理性且全面的预评估上。最近更新的苏格兰优先购买权政策试图将住房补贴理性地分配到各种产权类型上，其中，政策本身、制定该政策的缘由和依据、为制定该政策所进行的相关研究这三者的关系体现得更为和谐。

本章的目标并不是复述优先购买权的历史，更综合和全面的介绍可参见别处（例如，Forrest & Murie，1988；Jones & Murie，1999；Williams，1993；Wilson，1999）。本章关注的重点是政策制定和政策研究之间的关系，特别是政策研究影响政策制定的程度。之后的内容将论证大部分关于优先购买权的学术研究起了反作用，且直到最近苏格兰的优先购买权立法为止，很多政策在调整之前并没有对变化可能产生的影响进行理性的分析。

接下来的章节将审视一系列议会法案背后的政策目标，并显示隐藏在其后的旨在扩大住房所有率同时降低公共开支的驱动力。首先，我们将描述相关法案的细节，并总结研究发现的法案实施的结果。尤其是，我们将要验证，保守党政府在初期购买潮后的销售萎缩时期使用这些研究的目的只是提高优先购买权的吸引力。最后，我们将评估这些学术研究对政策发展的贡献，包括最近的苏格兰住房优先购买权新政。

13.2　政策目标

毫无疑问，第一届撒切尔政府出台优先购买权的政策目标是提高英国的住房所有率。理论上可用以证明优先购买权正当的理由包括：第一，它在一定程度上消除了住房市场的不完全性；第二，它增加了劳动力的流动性（Hughes & McCormick，1981；Minford et al.，1988）。但政府对住房优先购买权合理性证明的压倒性重视仍显得过于理想主义。迈克尔·赫塞尔廷（Michael Heseltine）第二次解读 1980 年的法律时，将政策目标表述为：

> ……首先，给予人民他们想要的。其次，反转国家主导个人生活这一日益增加的趋势。在国民中，拥有住房这一愿望已根深蒂固。政府相信应该强化这种信念。（Official Report，15 January 1980，cols 1444-1445）

仅就此目标而言，优先购买权政策是一个大成功。1980 年法案的效果是显而易见的，住房销售量迅速增加，1982 年就达到了一个超过 220 000 套的峰值。随着这些原本被压抑的需求渐渐得到满足，1985 年销售量下降到一半。但（正如所能预见到的）政府出台了进一步促进销售的政策。销售的资本收入一方面被用于降低公共支出，另一方面，保守党政府要求各地方政府使用这些收入偿还债务。[1]

但是，优先购买权政策的反对者以及中立者指出，如此大规模的销售可能产生广泛的不良后果。环境委员会 1980—1981 年第二季度的公众住房报告集中分析了这些不良后果，着重于公共住房销售方面（Environment Committee，1981）。它们主要包括：第一，减少了某些地区优质租赁住房的供给，影响了租赁需求的满足；第二，增加的供给影响了主流住房市场；第三，如此大规模的销售会影响公共财政、宏观经济以及个人收入和财富再分配等。环境委员会指责政府不能提供上述问题的相关有效信息，推荐实施一个研究监控计划以获得这些信息。监控的目的在于记录住房销售和购买的信息，而研究则需要覆盖销售对住房续租的影响、存量住房的管理维护成本以及收入和财富再分配这几方面。

13.3　1980 年法案的制定依据

1980 年住房法案（在苏格兰为"1980 年住房租赁者权利法案"）没有获得通过，因为完全没有关于可能的销售模式和可能产生的销售结果的数据；此时住房租赁者早已能够自由决定买或者不买租赁住房，在某些地区购买规模还很大。这些自主购买的数据表明，被挑选的主要是有花园的优质小区中的住房，而购买者主要是从事技术性职业的中年住房租赁者（参见 Bassett，1980；Beazley，1980；Forrest & Murie，1976；Malpass，1980；Murie，1975；National Council of Social Service，1980；Richmond，1980；Truesdale，1980）。但是，这些证据只能起参考作用而不能因此下定论，因为地方政府总是选择性地出售部分租赁住房，比如在伯明翰和利兹，政府不允许公寓的自愿购买。所以，从上述证据中很难推断出全面实施的法定优先购买权的可能影响。

但是，政府却受到了强硬的反对意见的影响，这些意见认为优先购买权至少在两个方面有直接害处。第一，它会通过减少庇护所住房的供给而损害老年群体获得住房的机会；第二，乡村地区住房的买卖可能是利大于弊的，一方面是对度假和休闲用房过多的外在需求导致供不应求，另一方面是这些地区本来租赁住房供给量就很少。当时并没有系统性证据去支持上述假设，但是内阁却强硬地推行它们，使得立法最终在两个方面进行了修订。首先，庇护所住房不得出售；其次，特殊情况下乡村公共住房租赁者提出的优先购买权申请会遭到拒绝，尽管同样情况下其他的租赁者的申请会得到自动满足（参见 Williams & Sewel，1987）。虽然法案得到一定修订，但是究其原因，只是由于政治压力的巧妙应用，而不是因为存在实际证据。

13.4　法定优先购买权的后续研究

考虑到法定优先购买权的政治重要性及其法定属性可能造成的不良后果，很有必要研究政策实施过程，监控销售模式并考察更广泛的长期结果，同时这也是一个很好的研究机会。上文提及的环境委员会第二季度的报告中已经提出关于这些研究的详细提纲，但是后期研究并没有覆盖所有推荐的研究方向。

政府自身（参见 Foulis，1983；Kerr，1988；Lynn，1991；MacNee，1993；Scottish Homes，1996）和学者都进行了相关研究。最突出的学术研究贡献来自福里斯特和缪里（Forrest & Murie，1984a，1984b，1988，1990a），另外还有威廉斯等（Williams et al.，1984，1986，1987，1988）、威廉斯和特万（Williams & Twine，1992，1993，1994）、波森等（Pawson et al.，1997）以及波森和沃特金斯（Pawson & Watkins，1999）有关苏格兰实践的研究。

这些研究的主题包括以下几个方面：
- 基于住宅类型和区位的销售模式分析。
- 购买者和未购买者的社会经济特征。
- 销售公共住房在住房系统中的作用。
- 二手房对主流私有住房市场的影响。

上述主题虽然已经涉及较广的范围，但仍存在两方面的明显缺失，即针对一些地区销售对住房续租的影响的定量研究，以及影响政府满足可支付租赁住房需求的能力的研究，这些在环境委员会第二季度的报告中均有提及。1980 年后短期内，这两方面研究缺失的原因很简单，因为公共住房的购买者会在所购住房中居住相当一段时间，因此上述影响可能需要一段时间方才显现。但是随着时间变长，缺乏这些研究的借口就不再那么可以接受了。毫无疑问，相关研究的缺失可能与政府财政支持的缺位有关，并且这种长期的综合性多因素研究确实是高难度的研究领域。但是，考虑到这项研究的重要性，没有人进行相关研究仍然是十分可惜的。

20 世纪 80 年代后期，销售对整个住房市场体系以及对不同类型家庭获得住房的机会的影响开始出现。研究不仅显示出了非随机性的不同类型住房销售模式，还显示出了非随机性的住房租赁者特点。事实上，1980 年之后的销售模式与 1980 年前的自主销售模式十分相近。销售出的住房主要位于较有名的小区内，购买者多是中年群体，他们有体面的工作，但小孩尚未独立离家。而失业家庭、单亲家庭和从事非技术型工作的低收入家庭等的购买者明显很少。同时，地理区位因素对销售的影响也十分显著，乡村地区的公共住房销售的比例显著大于城镇（但是还不足以触发 1980 年法案中设定的减少乡村优先购买权以保护乡村存量住房的条款）。在城镇繁华地区的销售情况也好于相对较为落后的区域，如英国南部发达地区的销售量高，而英国北部的经济欠发达地区和苏格兰一些城市衰落地区的销售量则较低。

这些非随机的销售模式对住房系统整体以及系统中的家庭获得住房的可能性当然都有影响，但是这些影响需要和同时期住房市场的变动相结合才能进行评估。如果出售物业被替换且与行使了优先购买权的家庭相同的家庭成为新的住房租赁者，那么前文提及的政府有选择性地允许部分公共住房的买卖所造成的损失就很有限。然而，上述假定并没有成为现实，导致了公共住房的普遍"剩余化"，不仅公共住房的面积缩小了，而且租户中低收入家庭和依靠补贴的家庭的比例越来越大。这些变化同样使得一些评论者认为，英国目前的公共住房政策有向美国靠近的趋势，即公共住房已经转变为一个只覆盖低收入家庭的安全网。虽然这还不是一个被普遍认同的观点（参见 Clapham & Maclennan, 1983；Forrest & Murie, 1990b；Malpass, 1983；Williams et al., 1986），但可以肯定的是，自 1980 年的优先购买权法案实行以来，需要租房或偏好租房的家庭通过租赁获得住房的机会已经显著降低。重申上文已经反复强调过的观点，非常遗憾的是，还没有人研究过某些地区优先购买权法案导致住房租赁机会减少的实际程度，特别是在一些乡村地区，自 1980 年法案以来这种恐惧的呼声就特别高。

优先购买权法案不仅影响到住房租赁市场，如果购买者将自己的房屋再转卖，便会增加住房销售市场的供给。已经有相关的研究涉及类似问题，如二手房在住房销售市场中的作用，特别是它是否提高了低收入家庭拥有住房的可能性，以及是否为具备购买能力或已是租户的家庭提供了更多样化的选择。英格兰（Forrest & Murie, 1990a）和苏格兰（Williams & Twine, 1992, 1993, 1994；Pawson et al., 1997；Pawson & Watkins, 1999）均有相关研究。

二手房的购买者普遍比租户购买者年轻，且在这些二手房购买者中有 25% 的人认为这是他们获得住房所有权的唯一途径。或者更为重要的是，因为住房市场中相似住房的价格太高，二手房使得他们拥有更多的选择，如购买一栋二手的独立住宅的钱相当于购买一套面积稍小的新建公寓。除了年纪都比较轻之外，这些二手购房者大多从事非体力和技术性职业，因此这些家庭与 20 世纪 90 年代租房的家庭有着明显的不同，后者在当时大多是不工作的依靠补贴的家庭。还有证据表明少部分的二手房住房被用于度假或第二套住房，这也是那些关注公共住房销售对乡村区域住房租赁的影响的人们最大的担忧。

13.5　政策和研究的关系

对于多年集聚的实践证据的大多数反应总是局限于销售的初步影响，而非长期的战略效应。这些反应大都具有强烈的理想主义色彩，不管支持还是反对，都能找到支持各自意见的证据。政府很少通过对 20 世纪 80 年代和 90 年代数据的战略研究去评估优先购买权对整个住房系统的影响，唯一参考了相关研究的法案只有 1984 年和 1986 年出台的刺激住房购买的法案。

《住房和建筑控制法案（1984）》（the Housing and Building Control Act 1984）将获得住宅优先购买权的最低租赁年限由 3 年降至 2 年，且规定购买的最小折扣为 32%，最高折扣则可高达 50%～60%。这一政策调整旨在促进住房的销售。据福里斯特和缪里（Forrest & Murie, 1988）的研究估算，这个政策调整使得有资格获得优先购买权的租赁者增加了 250 000 人。

政府内部和学术机构的研究均表明，独栋住宅的销售量明显大于公寓。至 1986 年，超过 80% 的销售房屋为独栋住宅。基于这个现象，政府的反应是进一步通过立法增加公寓对住房购买者的吸引力。《住房和规划法案（1986）》（the Housing and Planning Act 1986）将公寓的最低折扣上升到44%，且在其后的15年中，每年上升2%，直至到达70%的最低折扣上限。

两个法案有力地促进了住房销售量的增加，至1989年销售量接近200 000套。公寓在销售中占据了较大部分，到1990年时所占比例达到25%。但独栋住宅还是占据了绝对的优势地位。（这个时期的繁荣景象是短暂的，由于当时衰退的国家宏观经济和较高的利率水平，1990年住房销售量迅速下降到135 000套。1990年后销售量仍在持续下降，逐渐达到谷底，在50 000～70 000套波动。）[2]

相关研究还显示出优先购买权已经显著地影响了住房系统，并获得了大量住房优先购买权相关受益者和受损者的信息，而这些都被政策制定者忽略了。行使住房优先购买权的购买者能够以较大折扣购买质量良好的住房，其中许多人通过住房的再转让获得了较多的资本利得。而政策的受损者就是那些即使通过住房优先购买权也不能拥有住房的低收入家庭，他们获得住房的唯一途径是租赁廉租房。公共住房的规模和质量都大大降低，他们的住房选择范围明显减少。由于只有较富裕的租户才能购买住房，住房销售具有高度的累退性。20世纪80年代后期和90年代早期，政府以低于市场价格35%～40%的价格出租住房，却以低于市场价格50%甚至更大的折扣销售住房（Hills，1991；Maclennan et al.，1991a）。因此行使了优先购买权的中高收入家庭，比没有能力行使权利而只能继续租赁住房的低收入家庭获得了更多的政府住房津贴。更进一步的是，隐藏在优先购买权背后的住房再分配机制是随机且无计划的。销售所得并没有再用于住房投资，且20世纪80年代和90年代英国包括优先购买权在内的住房政策并没能公平地对待不同的产权形式。政府住房津贴一直与收入无关，且因为不同产权形式获得的津贴不同，家庭的真实住房偏好也不能完全显现。优先购买权本身并无对错，但是因为缺少战略性的政策氛围，可能产生反向且不可预料的后果。80年代的法案体现了对住房所有者进行的选择性补贴，这给住房市场又造成了一定的混乱。若住房优先购买权是一个更广泛统一的政策系统的一部分，它应该能发挥更大的价值，但遗憾的是，80年代和90年代的实践显然与此截然不同。

13.6 苏格兰修正后的战略性优先购买权

麦克伦南于1977年发表的文章中多次提及住房优先购买权存在的问题，我们在这里直接引用部分论述：

> 由于抛开了国家住房政策及经济约束，公共住房销售是顾左右而言他的。在决定是否应该出售政府住房前，政府应该明确地阐述提高住房所有率以及住房津贴发放水平和分配的政策。（Maclennan，1977a，p.2）

麦克伦南进一步论述：

> ……只有改革住房津贴体系，使其中立且与收入和财富挂钩，公共住房销售才能在住房政策中起到有意义的作用。（Maclennan，1977a，p.13）

而在 80 年代引入住房优先购买权并在之后的推广期间，上述所有条件都是缺失的。

1999 年，英国政府对苏格兰进行放权，苏格兰议会成立，其职责的一部分包括了住房方面。这一变革使得优先购买权在英国北部得以进行更具理性的调整。2001 年，苏格兰议会颁布的法案试图将优先购买权引入一个麦克伦南[3] 所描述的更为理性也更具有战略意义的框架。此外，与政府以往的住房法案不同，这一法案基于对苏格兰优先购买权的所有相关研究的系统性整理回顾，并且政府内的研究专家还进行了更深入的研究，使用统计模型模拟了不同折扣水平下公共住房的可能销售量。这些总结和研究在立法咨询时都得以公布（Maclennan et al.，2000）。基于研究及相关反馈，政府当局认为，优先购买权在苏格兰应该得以保留，但是需要重新平衡，使之成为更具战略性而不仅仅是理想化的政策工具。这些修改主要体现在以下四个方面：

（1）如何界定附属于现有优先购买权的政府津贴？这种津贴对不同产权形式是否公平？如果公共租赁住房的租赁者以低于市场价格的折扣购买这些住房，他们是否比那些收入相等但住房产权形式不同的群体享有了更多的政府津贴？

（2）一些租赁者享有优先购买权而另一些却不享有，这是否合理？这个问题的出现是因为自 1999 年以来，受诸多因素的影响，住房协会[4] 租赁者的优先购买权地位发生了很大的变化。从 1980 年开始，拥有"慈善身份"[5] 的住房协会的租赁者被排除于优先购买权之外，而那些没有"慈善身份"的住房协会的租赁者则可以通过优先购买权获得住房，这取决于住房开发时所享受的补贴制度或者租户持有的租约条款。[6]

（3）将住房优先购买权的覆盖范围扩大至并不拥有"慈善身份"的非住房协会的租赁者是否会通过减少存量住房从而减少租赁收入，进而威胁到住房协会的财务可持续性？

（4）优先购买权在各个地区实施的效果如何？在某些地区，特别是因优先购买权的施行而极大地降低了廉租房可获得性的那些地区，社区利益和个人利益能否得到很好的平衡？

《苏格兰住房法案（2001）》中的新住房优先购买权具有以下特征：不同产权形式住房获得的政府津贴更为公平（Maclennan et al.，2000）。购买房屋的优惠程度有所降低，要求必须在政府租赁住房中居住至少五年，折扣起始于 20%，每年上升 1%直至最高限制 35%，同时有 15 000 英镑的资金补贴。而之前的优惠是要求必须在政府租赁住房中居住至少两年，30 年后折扣最高限制为 60%（对公寓来说是 15 年后最高 70%），但没有资金补贴。两者相比，新法案的优先购买权对新租赁者的吸引力远不及之前（原有租赁者继续享有老住房优先购买权）。

新住房优先购买权延伸到了非慈善住房协会的租户，这些租户在新法案通过前并不享有这个权利，但他们 10 年之内不得行使此权利，除非住房协会决定让他们更早参与。这一措施旨在保护协会的财务利益，给予其时间对新政策安排进行调整。为了平衡个人住房购买者与需要租赁廉租房的社区的利益，相关法律规定，被确定为"压力区"的区域可以延缓 5 年（设施还需要更新）推行优先购买权。"压力区"由地方政府申报，经大臣批准认可后，地方政府需要向中央政府证明区域内的住房租赁需求尚未得到满足，且优先购买权的实施可能会恶化住房短缺。

从政策与研究的角度审视，可能 2001 年法案最重要的方面是苏格兰当局必须在 4 年内公布即将实施的法案，并在之后每隔一段固定时间公布证据以显示法案对苏格兰住房系统的影响。

苏格兰的新住房优先购买权较之前的版本确实有显著的改进，但同样面临着一些批评。尽管法案相关内容给予住房协会调整的时间，但批评仍然聚焦于这些协会机构面临的严重财务问题（Scottish Federation of Housing Associations, 2000）。有人担心某些地方法案可能对可支付租赁住房的供给产生不利影响，同时对住房协会志愿成员的工作积极性的降低表示忧虑。还有人担忧"压力区"的安全作用的有效性，因为并不清楚苏格兰执行会到底需要地方政府提供哪些证据才能批准"压力区"申请。上文已提及，地方层面上关于法案对租赁住房供给的影响的研究几乎处于空白状态。这个问题的证据仍将难以获得，且获得成本相当高昂。

苏格兰的陪审团可能需要花一些时间才能得到结论——优先购买权的实施是否真的达到了其制定者预期的目的。只有时间和事件的进一步发展可以回答这个问题。不管怎样，可以确定的是，新住房优先购买权的发展明确地尝试了使用相关研究成果以打造更具战略性的政策工具，重点改进了地方住房市场的公平和效率问题。此外，尽管苏格兰的新优先购买权仍然遭到诸多的批评，但较于英格兰和威尔士它仍是出色的，因为在这两个地区尚未听到任何关于修改优先购买权的提议。[7]

13.7 结论

对于那些认为住房政策应该理性、应该基于研究、应该最大化住房选择权和质量并兼顾公平的人来说，优先购买权显然不是一个令人愉快的产物。最开始它只是一个希望促进住房自有的理想化的政策工具，后来成为某些党派获得选票的武器，再后来成为政府降低公共支出和个人所得税的途径。撒切尔政府只挑拣优先购买权的证据中对其有益的部分，并不断扩大它在消费政策和收取经济利益方面的影响力，而抛开了从更广泛的角度审视时可能发现的后果和利益关系。

即使在 1980 年，优先购买权也不是没有可用的证据以被置于更具理性和战略性的框架下。大部分关于优先购买权的研究的质量都很高，但遗憾的是，研究是有选择的，留下了十分重要的盲点。很多研究都基于住房和家庭类型分析销售模式，认为高质量的住房更有可能被高收入家庭购买。学界普遍认为这种模式可能导致的不好结果之一是减少了公共住房租赁者租到住房的机会，但至今没有任何研究验证过这种影响有多大。直到 1990 年，福里斯特和缪里才公布了第一份分析优先购买住房的再销售对住房销售市场的影响的报告，但是仍没有关于住房优先购买权对公共住房租赁市场的影响的坚实研究，尽管早在 1981 年环境委员会就提出了这些问题。

政府可以因为没有资助这些研究而受到责备，但学术界也可以因为没有坚持申请资助研究这个问题而受到指责。直到苏格兰进行住房优先购买权改革，政府和学界才开始重视关于政策的研究（以及进一步预测销售对公共租赁住房存量的影响），才意识到应该让它们辅助重建政策。[8]政府通过分配研究经费控制研究内容，但是学术界应该找到最亟须研究的问题，并努力将其纳入研究范围，即使这些研究的最后结论可能并不符合大家的偏好。

注　释

[1] 在 1980—1981 年、1985—1986 年，住房私有化收入（大部分为住房优先购买收入）约有 90 亿英镑，占了私有住房销售总收入 164 亿英镑的一半以上（Forrest & Murie，1988）。这对于政府来说十分有帮助，当时政府还存在减少个人税收和缩小公共支出这两个主要目标。公共住房的销售收入本可以有许多用处，包括投资维护存量住房，但实际上大部分被用于减少税收负担（Murie，1989）。

[2] 值得注意的是，1986 年法案并不主要针对住房优先购买权，而是一个更广泛的提高公共住房私有化的措施，其中还包括对开发商的整售并由其进一步销售以及对住房协会（接受政府补贴的私有非营利组织，其主要目标是为低收入家庭开发和管理合格的住房）的大规模转让。1990 年后住房优先购买权引致的住房销售的不断下降暗示了，政府在 1986 年就精明地预测到为了达到降低公共住房规模这个主要目标，除了住房优先购买权外还需要其他机制。

[3] 这与 1999 年苏格兰首席大臣聘请麦克伦南作为专门负责苏格兰立法的特别顾问不无关系。

[4] 非营利产权所有者，参见注 2。

[5] 一种法律地位，它限制了住房协会的日常功能但具备某些税收优惠。

[6] 值得注意的是，当一个协会通过另一个产权所有者（通常是地方政府）的转让而获得住房时，若出让方的租户享受住房优先购买权，则受让方仍然能保留该权利。

[7] 但在英格兰最近也有一些改变，主要在于折扣上限随地区不同而不同，伦敦的上限最高（38 000 英镑）而东北部地区上限最低（22 000 英镑）。我们可

以期待更多的改变。

[8] 尽管麦克伦南被首席大臣聘为特别顾问起了重要作用，但我们也必须认识到，首届负责法案制定的住房大臣温迪·亚历山大（Wendy Alexander）坚持改革住房优先购买权也很重要，没有她的热情，这一切改变可能都不会发生。

第 **14** 章

住房研究中的政治经济

戴维·唐尼森和马克·斯蒂芬斯

14.1 引言

本章主要关注以下问题：哪些因素推动了英国住房研究的发展？我们如何选择和明确表述需要研究的问题？现在的住房研究人员如何从本章获得启示以帮助其进一步研究？我们研究经济学家研究的问题，但我们不局限于仅使用经济学原则。我们有更为本质的一个目的：提醒住房问题和政策的研究者，应该偶尔后退一步并提醒自己，我们是应用社会科学学者，对我们来说这个职业本身就是个合适的研究课题。

本章开篇将简要介绍二战后住房研究的发展历史，主要关注这个时期开始和结束的两个十年，且充分自由地运用事后的认识来分析这些经验教训。简要回顾后，我们将讨论那些曾经改变英国住房研究的权力结构的发展以及研究者面临的学术氛围，这些发展帮助我们进一步理解住房领域研究的规模与特征的变化。通过本章的讨论，我们将为住房研究者的未来研究提供一些有用的经验。

近年来住房问题方面的专家学者所作的研究的数量大幅提高，其选题也呈现多元化趋势，与此同时，也有越来越多的企业进行相关研究参与竞争。在住房研究中，相比较而言，学者的优势是他们有机会也有职责更为充分和全面地理解社会运行机制，并将真理毫无保留地详细告知当政者和公众。邓肯·麦克伦南为我们树立了一个很好的典范，而本书也将是一个讨论这个道德问题的理想场合。

另外，必须强调的是本章并非文献综述。尽管我们提及很多学者，但我们的目的不是专门介绍他们的研究，而是展现我们的主题、趋势及规律。读者如果希望更为充分地了解这些专家学者及他们的研究成果，可随时进一步搜寻关于他们的资料。我们没有专门罗列他们的学术成果，只是因为章节需要而提及其中一部分。

175 ▲

14.2 二战后的住房研究

一战后二战前这段时间进行的住房研究主要关注贫民区和乡村地区的低质量住房，以及这些住房对居住者健康的影响（参见 R. C. K. Ensor，W. G. Savage，Seebohm Rowntree，Marian Bowley，J. M. Mackintosh，and Margaret Bond-field）。这反映了当时的人权状况和政治环境。那个时期，住房条件极其恶劣，在很大程度上影响了居住者的健康，而政府住房主管部门是卫生部。

二战后，没有时间也没有必要进行住房研究，因为当时的问题尽管尖锐却很简单：阻碍发展的最主要因素是战后重建的紧急性和必要性、建筑材料和技术工人的严重短缺以及极度不稳定的英国战后经济状况。那几年，中央政府苦恼于每年 200 000 套住房的建设任务，并将大部分建设任务分配给了地方政府。

在 20 世纪 50 年代后期和 60 年代，住房研究重新开始，主要由各个大学中的公共管理院系进行，研究的大部分出约瑟夫·朗特里信托（现在的约瑟夫·朗特里基金）资助。这个时期的主流研究者（朗特里主任刘易斯·瓦迪拉夫及其他学者如 J. B. 卡林沃思、戴维·唐尼森、阿德拉·内维特、约翰·格雷夫和莱昂内尔·尼德曼等）将研究精力主要集中在工薪阶层人群的需求，以及发展"福利国家"能否满足这些需求等问题上。首先要解决的问题是住房短缺，接着是贫民窟状况。之后，注意力转向了市场租金和无家可归现象，特别是伦敦的无家可归者的住房问题（1965 年米尔纳·霍兰委员会曾发布相关报告）。几年后，人们的关注焦点转向城市更新，无家可归者的住房问题仍受到较多关注。

这些研究者希望，以可支付的价格购买到体面合意的住房应该与免费教育和医疗保险一样成为普惠性全民社会保障。[1]这些学者无论是否为工党成员，都抱着由伦敦政治经济学院的社会管理学系主任理查德·蒂特马斯（Richard Titmuss）领导的劳工运动所提倡的信念。[2] 1951 年工党下野后，这些研究与工党的联系日益加强。之后的 13 年间，工党的诸多主要领导者不得不在缺少公共服务顾问的情况下工作，这使他们自然地转向学校寻求帮助，这些领导者很多都是学者出身（典型代表人物如艾德礼、道尔顿、盖茨克、克罗斯曼和克罗斯兰）。

因此从社会、政治和文化等不同角度来看，这个时期英国住房研究的主要内容反映了当时的主要住房问题。一些学者（如 Donnison，Greve and later Roger Duclaud-Williams）作出了巨大努力以从其他欧洲国家的研究中获得经验，包括北欧和西欧。西欧的国家与英国有着相似的政体，也面临着相似的住房问题，因此两地研究者和政策制定者所考虑的主要住房问题极其相似。

在由共产党统治的苏维埃联盟国家中，关注焦点仅为住房建设数量的快速增加，因此其研究重点主要在于建筑方法和建筑材料。当时承担大部分研究的大型研究机构中，主导学科为工程学和建筑结构学。本章的一位作者在 20 世纪 60 年代早期承担了联合国的一项研究，他走访了欧洲城市主管住房政策的诸多官员。

在莫斯科，俄罗斯建设部部长所致的欢迎辞为："苏联已经解决了住房问题，我们已经知晓如何将各种建筑板材组装在一起。"他并没有开玩笑，他和他的许多同事都是工程师。

在有着完全不同政治传统且基本没有受到战争创伤的美国，出现了源于研究先驱如米尔顿·弗里德曼（Milton Friedman）和查尔斯·默里理论的冷眼抨击住房问题的经济学和哲学推论。其中尤以理查德·穆特最为突出。但即使是以支持无政府而著名的罗伯特·诺齐克（Robert Nozik），也将租金管制作为体现政府干预市场的弊端的典型例子（Nozick，1974，pp. 270-271）。如果英国学者研究住房问题旨在发展福利国家，那么相较而言，美国学者研究住房问题则是为了寻求攻击政治的借口：伦敦政治经济学院的公共管理对抗芝加哥的经济学。

澳大利亚拥有和美国一样充足的土地以及和欧洲一样对国家能力的尊重，并将这种尊重与自有住房问题相结合，它为我们提供了一个与众不同的研究思路——将住房问题严密置于城市学和经济学框架［休·斯特雷顿一直是这个领域的领导者，参见 Stretton，1971，1974，1978；但是也有其他很多代表学者，如马克斯·诺伊策（Max Neutze）、伊恩·曼宁（Ian Manning）、莱昂内·桑德罗克（Leone Sanderock）、帕特里夏·阿普斯（Patricia Apps）以及帕特里克·特洛伊（Patrick Troy）］。

学术界对政界严重的各自为政、自上而下的官僚作风、会议演讲空洞无物等提出质疑，但他们自身也存在问题。这个时期作为住房研究基础的制度和政策体系限制了研究者可研究的住房问题。在英国，因为某些历史遗留问题，很难将公共政策与城市政策相互衔接。对公共政策的研究起源于对社会工作者的培训，研究者多出身于社会学和心理学专业。而对城市政策的研究则起源于对城市规划者的培训，这些研究者多出身于地理学和经济学专业。这两个院系在研究问题时所采用的理论基础不一，且研究人员也不同。因此由这两个学科以外的研究者打破两个学科之间的研究鸿沟也就不奇怪了［社区研究所的迈克尔·扬（Michael Young）团队，包括彼得·威尔莫特（Peter Willmott）、彼得·马里斯（Peter Marris）都是典型代表］。

至于建筑和交通，在苏联由大型研究机构与住房和建筑学一并研究。而在英国，主要是大学之外的一些研究机构进行研究，如建筑研究所、交通和道路研究实验室。这些研究机构为此聘请了科学家、工程师和数学家，而公共政策学者或城市研究者都不参与建筑和交通问题的研究。这也就是 C. P. 斯诺（C. P. Snow）定义的"两种文化"。

与此同时，无人提供关于住房管理方面的培训，大部分住房管理人员都在较低等级的区政府工作，这些部门由于地位不显著而没有培训管理人员的传统，这里的工作人员只能作为普通办事员或者租金收集员默默工作许多年才可能晋升。

14.3　近期的住房研究

20 世纪末，住房研究发展迅速。表 14—1 和表 14—2 罗列了 1990—2001 年

表 14—1　1990—2001 年发表的住房研究论文统计表（数量）

	1990年	1991年	1992年	1993年	1994年	1995年	1996年	1997年	1998年	1999年	2000年	2001年	合计
公共租赁住房	1	0	0	0	3	3	5	1	0	1	2	2	18
公共住房	14	13	23	26	62	65	90	50	68	87	89	94	681
无家可归现象	70	69	68	44	65	75	76	74	115	88	91	95	930
自有住房	19	26	28	20	37	33	33	27	40	35	59	48	405
住房+经济	10	11	7	9	30	25	35	25	38	72	77	88	427
住房+土地/规划	15	14	25	27	37	59	81	70	90	83	103	113	717
住房+性别	4	1	7	1	0	5	8	9	4	10	12	9	70
住房+老年人群	9	8	2	7	14	3	7	6	8	5	5	8	82
住房+少数民族/种族	3	9	7	3	5	3	15	16	20	20	24	26	151
住房+残疾人	0	0	0	0	1	3	1	0	0	4	0	3	12
住房+劳动力流动性	10	9	5	7	9	21	20	14	25	25	30	37	212
住房+健康	6	6	6	6	15	18	19	8	12	25	37	40	198
住房+石油问题	0	0	0	2	0	0	0	0	0	0	0	0	2
住房+建筑行业	2	3	3	1	7	8	12	9	8	13	11	9	86
住房+规划设计	6	2	5	4	13	13	5	7	5	7	14	24	105
住房+职业机会	0	3	1	0	0	0	1	0	0	0	1	2	8
（公共租赁）住房+民营金融	0	1	0	1	1	2	0	0	0	0	0	0	5
民营租赁住房/私人房东	4	3	1	1	1	0	1	0	1	0	1	4	17
住房+可支付性	3	2	6	8	5	2	3	4	4	4	4	3	48
住房+区域复兴	0	0	0	0	0	0	0	0	0	1	2	0	3
住房+重建	1	1	1	0	2	3	2	3	0	3	4	3	23
住房+补贴	13	13	8	8	0	3	4	1	11	12	22	22	117
住房+财政支出	0	0	0	3	1	5	1	3	0	5	3	3	24
合计	190	194	203	178	308	349	419	327	449	500	591	633	4 341

表 14—2　1990—2001 年发表的住房研究论文统计表（比例）

（%）

	1990年	1991年	1992年	1993年	1994年	1995年	1996年	1997年	1998年	1999年	2000年	2001年	合计
公共租赁住房	1	0	0	0	1	1	1	0	0	0	0	0	0
公共住房	7	7	11	15	20	19	21	15	15	17	15	15	16
无家可归现象	37	36	33	25	21	21	18	23	26	18	15	15	21
自有住房	10	13	14	11	12	9	8	8	9	7	10	8	9
住房＋经济	5	6	3	5	10	7	8	8	8	14	13	14	10
住房＋土地/规划	8	7	12	15	12	17	19	21	20	17	17	18	17
住房＋性别	2	1	3	1	0	1	2	3	1	2	2	1	2
住房＋老年人群	5	4	1	4	5	1	2	2	2	1	1	1	2
住房＋少数民族/种族	2	5	3	2	2	1	4	5	4	4	4	4	3
住房＋残疾人	0	0	0	0	0	1	0	0	0	1	0	0	0
住房＋劳动力流动性	5	5	2	4	3	6	5	4	6	5	5	6	5
住房＋健康	3	3	3	3	5	5	5	2	3	5	6	6	5
住房＋石油问题	0	0	0	1	0	0	0	0	0	0	0	0	0
住房＋建筑行业	1	2	1	1	2	2	3	3	2	3	2	2	2
住房＋规划设计	3	1	2	2	4	4	1	2	1	1	2	4	2
住房＋职业机会	0	2	0	0	0	0	0	0	0	0	0	0	0
（公共租赁）住房＋民营金融	0	1	0	1	0	1	0	0	0	0	0	0	0
民营租赁住房/私人房东	2	2	0	1	2	0	0	0	0	0	0	1	0
住房＋可支付性	2	1	3	4	2	1	1	1	1	1	1	0	1
住房＋区域复兴	0	0	0	0	0	1	0	0	0	0	0	0	0
住房＋重建	1	1	0	0	1	1	0	1	0	1	1	0	1
住房＋补贴	7	7	4	4	0	1	1	0	2	2	4	3	3
住房＋财政支出	0	0	0	2	0	1	0	1	0	1	1	0	1
合计	100	100	100	100	100	100	100	100	100	100	100	100	100

发表在社会科学杂志上的研究住房问题的文章，这些文章涉及 18 个不同的主题。[3] 表格并没有包括这一时期发表的所有与住房问题相关的文章，且有的文章可能被重复计算。但无论如何，结果是十分有趣的。

论文发表的数量于 20 世纪 90 年代显著上升，从 1990 年的不到 200 篇上升至 2001 年的 600 多篇。[4] 同时我们可以发现，这些住房研究至少解决了某些 20 世纪 60 年代和 70 年代集聚下的明显问题。

这是否表明在住房研究方面，英国已经相当完善了呢？长期以来，住房研究一直重视公共住房和无家可归者这两个问题，上文罗列的论文中关于无家可归的研究占了近 1/5，12 年来超过 900 篇，而关于公共住房的论文接近 700 篇。在自有住房及其对整个社会的特别是社会经济方面的影响上，近期的研究远远多于过去。其中许多文章关注 20 世纪 80 年代和 90 年代放松金融管制后住房市场对英国经济和斯堪的纳维亚国家经济的破坏性影响，这方面最具启示意义且影响巨大的论文由约翰·米尔鲍尔发表（参见 Muellbauer & Murphy，1997）。同样，杰夫·米恩（Meen，1993）使用计量经济模型分析房价的文章也极具代表性。

住房和经济关系的文章已不再仅发表于住房杂志，而进入了主流经济学杂志，近期这些杂志都在关注欧洲单一货币的影响。[5] 从 20 世纪 80 年代起，将经济学原理运用于住房金融研究成为一种潮流，爱丁堡大学两位公爵的相关研究很好地体现了这种趋势。约翰·希尔（John Hill）关于住房补贴、税收和社会保障的互动关系的杰出研究，在这 40 年间一直是学界关注和讨论的热点。20 世纪 90 年代早期，由邓肯·麦克伦南完成的研究将社会调查方法引入放松住房金融管制、资产增值抵押贷款、负资产等较新领域（Maclennan et al.，1997）。这个时期关于住房对储蓄、投资、消费、劳动力流动和劳动力成本的影响的研究也相当出彩，尽管其研究深度可能不够。如安德鲁·奥斯瓦尔德（Andrew Oswald，1996，1999）关于失业和产权形式的研究，虽然颇具争议性但十分有趣〔近期遭到库尔森和费希尔（Coulson & Fisher，2002）的挑战〕。

虽然英国社会目前已经意识到面临的一些住房问题，但近期住房研究可能还没有覆盖到一些其他更重要的问题。关于住房对居住者健康影响的文章仍相对过少（尽管 20 世纪 90 年代后半期其数量有显著增加）。对老年人和残疾人的住房问题进行研究的文章就更少。[6] 可预期的老年人口膨胀对住房政策的重大影响、对残疾人权利关注的不断增加以及目前英国和美国有关残疾人权利的立法等都提醒专家学者们，还需要更多关于老年人和残疾人的住房问题的研究。

私人租赁住房问题一直都研究不足，对住房建筑行业的研究也很少，而对审美学以及人们的住房和社区喜好的研究就更少。[7] 鉴于建筑设计和技术近几年得到突飞猛进的发展，社会学者可以在环境保护先驱的项目中有所建树，帮助他们创造给地球带来最小生态足迹的建筑结构。

住房相关职业，主要指服务于人们对各种新建住房以及其后升级换代的需求的职业，以及不同种类城市容纳新来者并给他们提供成功职业的能力，这些主题虽然并没有完全被忽略，但也是重要的研究不足的主题。服务于住房使用、扩建或分隔、重新装修、修缮和废弃等需求的职业也缺乏相关研究（但毫无疑问，这几个主题的研究难度都很大）。

尽管英国已经进行了很多与住房相关的研究，也发表了很多论文，但这些研究仍然没能覆盖到目前所有重大的住房问题。一些问题一直是研究的主流；一些问题刚刚萌芽，但更多的重要问题还没有被发现。一些批评者认为，随着研究文献数量的增加，研究对社会所能产生的实际影响在下降。虽然这些研究发展反映了住房研究者兴趣的改变，但它们同样受到政治、文化、技术和其他因素的影响，我们在接下来的章节中进行讨论。

14.4　研究环境的改变

这一部分，我们首先分析英国住房研究的政治环境的改变，之后转入学术环境，我们仍将主要精力放在 20 世纪 70 年代和 80 年代——前文已作了简要分析，但是近期的相关研究也会涉及。

● 政治环境的改变

1979 年冰河期降临到了那些曾经抱有希望的研究者身上，他们曾经相信可以和政府公务员联手将住房政策和城市政策推向更自由的方向，但现实并不是如此。大部分社会科学的研究资助大幅减少。环境研究中心这个贸然地过于依靠政府的机构因失去根基而倒闭了。保有着自 20 世纪 30 年代以来许多珍贵的住房研究公共咨询纪录的中央住房咨询委员会被废止，同样被废止的还有教育和其他领域的咨询委员会。

新政府推行的住房政策极其简单：出售政府住房、放松租金管制、减少各个城镇规划管制的力度。简而言之，政府意图放弃这个领域。芝加哥此时已经成功地摆脱了住房管理的职责。而在英国，保守党已经两次试图使国家从提供住房的职责中解脱出来，第一次在 20 世纪 30 年代，第二次在 50 年代。然而在不平等的社会中，许多人都支付不起他们以及他们同阶层认为相称的住房，这种市场失灵只有国家才能解决。所以当英国政府试图摆脱理应承担的住房义务时，他们总是不得不又挑起重担——通常是因为发生了导致执政党下台的丑闻和灾难。

同时，英国政府和民间社会还受到其他事件的影响。一些伦敦独立的小社会组织对政策的发展起到了重要的推动作用，如费边社（Fabian Society）以及更早期的慈善组织联盟和汤恩比馆（Toynbee Hall）等，这些名字已被学习政策发展的学生烂熟于心。[8] 另外，"智囊团"（think tanks）的出现也值得一提。这一名词最早出现在美国，初期指为杰出学者相互交流和讨论观点提供机会的研究机构。在英国，"智囊团"有着不同的含义，指有一定党派倾向的肩负政策研究责任的团体。在此，我们采用英国的定义，为了表示与美国定义的不同，本章中我们加上双引号。

表面上看，"智囊团"似乎是一个进行应用社会科学研究的小型机构。但实际上，虽然在研究机构和"智囊团"之间并没有明确的分界线，两者的研究范围和方式却是两种极端。研究机构的学者致力于在核心期刊发表自己的文章，他们以获得世界范围内同行的肯定和尊重为成功的度量方式；"智囊团"以他们被政府采纳的政策建议的数量，以及机构中被著名大臣指名为政策顾问的数量为成功的度量方式，他们的政策建议可能只发于小册子或内部期刊中。据说在玛格丽特·撒切尔当政的全盛时代，经济事务研究所的研究人员均佩戴一种特别定制的领带，领带上面的数字显示了他们的建议被纳入法律的次数。虽然我们已经证实这种说法并不可信，但它很好地描述了研究机构和"智囊团"之间的区别。

"智囊团"有诸多优势，特别是对于那些聪明、年轻、无子女的人，他们不需要稳定的工作，因为一旦政治气候发生改变，原来的一些大有希望的委托项目就会被撤销，进而迫使这些项目的主要负责人去寻找别的工作。由于不受学术氛围的限制，他们可以更自由地工作。他们的观点无须受到同龄人的批评；他们也不必面对严酷的社会现实，一如慈善组织联盟和汤恩比馆在其社会工作中所面临的。

因此，有时他们会犯下灾难性的错误。人头税、"回到从前"（一度是约翰·梅尔的竞选口号）和英国铁路的私有化等似乎都部分地起源于"智囊团"的建议。他们需要紧跟当政者的步伐，这使得他们必须身处伦敦，因此无法形成对国家边远地区的正确见解，这种情况可能导致严重的错误。一些批评者认为，长期失业的原因来自供给方这个假设并不适合苏格兰、北爱尔兰、原煤产区以及英国北部，这就是所犯错误的一个例子。

在评估住房研究对一些重大事件的影响时，我们需要将这些"智囊团"纳入考虑范围。如果研究者的目的是直接对政府施加影响，那么学术研究事业不是一个合适的起点。目前伦敦的"智囊团"可能供给过剩，但是如果苏格兰、威尔士、北爱尔兰想要制定满足他们真实需求的政策，他们不能仅仅依靠 SW1 和 WC2，他们需要自己的"智囊团"。

随着广播和电视作为公开辩论和政治教育的媒介的重要性日益增加，且这些媒体的创造者的主要义务就是展现政治"平衡"，研究机构和"智囊团"对政策的影响越来越大，而学术界的影响则被削弱。传媒是一个舞台，演讲者互相争斗，阐述各自明确的、富有争议又极易被公众预测到的观点，显然具有党派倾向的政策顾问较之严肃谨慎的学者更为合适这个舞台。另一方面，在某些学科，人们期望学者分析更为复杂的问题，且他们的听众不再是普通人，而是小众的只阅读行业内最权威学术期刊的研究专家，这些压力使得学者们被邀请至媒体公开讨论问题的机会比以前更少。在 BBC 最具影响力的每日新闻《今日》节目中出现的经济学家，常常在咨询公司、股票经纪公司和银行等地方工作，而不是就职于大学。连政治学本身的研究也往往来自记者和公众调查，而非学术界。

英国举行严肃的国内政策公开辩论的能力近几年有所减弱，这里面存在更为本质的问题。我们一直依赖的皇家委员会、调查委员会和咨询委员会已经被废除。学界在其中扮演了参与者、研究者和见证者的角色。但压力集团、社会科学家、公共服务行业代言人等以前位于公证人名单的团体，已经被政府视为问题所在，而非解决问题的团体。住房共同体委员会的日益壮大在某些程度上填补了这一缺陷。政治家的报告多数不会像米尔纳·霍兰伦敦住房委员会以及其他研究教育、健康、交通和个人公共服务的类似团体的报告那样，作为公共调查对象而吸引大量的注意力，它们也不能产生出与后者同样数量的研究。

同时，报纸和出版行业的做法开始扼杀学术研究讨论。20 年前，学术界的诸多研究都发布于《新社会》（*New Society*）这本社会科学权威杂志，或《鹈鹕鸟丛书》（*Pelican Books*）和《企鹅特刊》（*Penguin Specials*）这些数周就能出版的杂志中。但现在，所有的这些都不复存在。《时代》（*The Times*）和《卫报》（*Guardian*）杂志的主要页面曾经非常欢迎短小的研究辩论，但现在这些主流报纸只刊登公众所熟悉的特约记者的报道，事实上这些报道已经很容易被长期读者猜出内容以致许多读者都已放弃阅读它们。

因此，20 世纪 70 年代和 80 年代，政府、政治环境和社会的变化将诸多竞争性的企业引入了学术界赖以生存的研究行业，同时还阻塞了学术界常用的向公众发布研究成果的渠道。

◉学术环境的改变

接下来，我们将讨论学术环境本身的变化。

20 世纪 70 年代，城市研究作为英国学术界一个重要的研究单元出现，将住房和规划纳入了更广泛的对人类居住、经济和社会结构、政府和政策的演化的探索中。这种发展很大程度上归功于一批学者，他们多出身于地理专业（布莱恩·罗伯逊、大卫·埃弗斯利、皮特·霍尔、雷·帕尔、尼古拉斯·迪金、多琳·马西以及之后的邓肯·麦克伦南），他们摆脱了学科或政治倾向的影响，这些影响对于多数前人的研究来说既是灵感又是约束。这些学者深层次地介入政策和实践事务，这些经历使得他们的研究不得不打破学科限制，因为仅凭一个学科是不能全面理性地分析政策问题的。

美国学者也对城市研究产生了极其重要的影响。环境研究中心和格拉斯哥大学社会经济研究所的学者在联系美国和英国方面起到了重要的桥梁作用，他们召开学术会议、组织合作研究项目且在《城市研究》杂志上开辟专栏刊登文章。曼彻斯特大学、伦敦政治经济学院、伯明翰大学、牛津理工学院以及其他学术研究中心为保持英国在日益发展的住房研究领域中占据一席之位付出了巨大努力。但是，由于美国计算机技术的飞速发展以及一贯严谨专注的学术作风，美国在严格的大数据集分析的领域中始终独占鳌头。与此同时，越来越多的学者也意识到，住房研究并不能自成体系，形成一门专门的学科。

计算机技术的出现极大地提高了研究者分析大量数据的能力，增强了数学方法以及可以使用这些方法的人们和学科的力量。（杰·弗里斯特、丹尼斯·迈德斯及多尼拉·迈德斯曾说过，"我年轻的时候这个领域还都是'田野'，但现在已经都是'森林和草地'了"。）这种技术进步对很多政府部门也是帮助巨大，这些部门可以雇用这些学者并为他们购买研究所需的日益昂贵的机器。与此同时，原子能量方面的研究逐渐减少，使得优秀的物理学家和应用数学家先是转而研究交通问题，进而转向更广泛的城市研究领域。

20 世纪 80 年代，在各大高校或一些理工院校，住房管理方面的培训课程大量涌现，与此同时，也出现了一些小型机构为新生的小区物管委员会的业主们提供咨询服务（最大的此类机构是由安妮·鲍尔及其资助者建立的柴郡特拉福德庄园）。和其他所有学科一样，任课老师越来越需要进行课程相关的研究以辅助教学。[安妮·鲍尔（Anne Power）、罗比娜·古德拉德（Robina Goodlad）、苏西·斯科特（Suzie Scott）就是住房管理、社区工作方式、衰弱社区的更新以及应对难缠租户等方面的权威。]

尽管上述发展趋势都是好的，但是英国试图改变高等教育的管理实践，而与美国的教育系统不同的是，这些教育在英国主要由政府资助，这就带来了复杂的结果。随着这一系统规模的不断扩大，以往非正式的学术机构绩效评估机制显然已不能满足要求，因为以往的评估仅仅是原本就十分熟识的各校教授们聚在一起聊聊天，拉拉家常。《时代高等教育增刊》（*Times Higher Education Supplement*）中有劳里·泰勒（Laurie Taylor）的专栏，跟踪报道了某社会学系走向混乱的过程，认为有必要引入严格的官方程序来评估教学和研究。这种体系一旦被建立起来，将会极大地激励研究者进行研究并在学术期刊上发表论文的积极性，而减少了通过其他方式运用学术知识的优先性——包括公开辩论和在普通报刊发表文章、提供政策建议和志愿研究、甚至是教学本身等等。

另一种影响政策分析学者的研究的变化出现得较为缓慢。20 世纪 50 年代，大学教师们在完成合同规定的教学、管理和研究职责后，发现经过对某个问题的3～4 年的研究，他们比任何人都更深刻地理解了这个问题。如果他们以合适的方式表达自己的观点，政治家和政府公务员将不得不听从他们的建议。[9]

但是到 20 世纪 70 年代，这一切都改变了。整个国家范围内，高等院校中社会科学学士和硕士学位的设立数量极大增加，中央政府和地方政府可以雇用其中最优秀的学生作相关研究，另外计算机和数据库也被广泛地应用于政府部门的研究中。所有的这一切都意味着，学者已经不能再声称他们拥有的知识比政府部门的人更多更透彻。即使学术界的研究会先于政府部门几个月，但互联网上很快出现的文章摘要以及随时可得的数据资料都意味着政府顾问中有人比学者掌握着更多更深入的知识。

◉ 近期发展

最近几年出现了一些趋势，加强了教条主义的影响，也加大了在英国进行独立创新的住房研究的难度。我们讨论三点。

第一，研究人员从研究经费或合同中获取报酬的压力越来越大，这迫使他们迎合出资者的意愿。事实上，很多研究都是直接按照出资者的日程安排进行的，这些出资者甚至会规定文章的发表形式及发表时间。至于政府资助的研究方面，研究人员需要找到内部"客户"，而研究结果需要满足这些"客户"的需求。罗斯柴尔德关于公共资助性研究的管理模式的报告（Rothschild，1971）就是这种观念的创始者，报告指出每一个研究项目都需要有一个"客户"，"客户"从研究预算中准备各个"研究任务"的资金。选择"客户"的依据不是因为他们有需要研究的问题，而是因为他们控制着研究的预算。[10]而那些不能支付研究经费的团体理所当然地被排除在"客户"之外。

第二，曾经对住房研究持有不同观点的各种利益集团现在都统一在布莱尔阵营下，将难以调和的社会冲突定义为技术性问题。这些住房领域内不同利益集团的代言组织的统一弱化了它们对研究日程和刊物的影响，最终可能导致学者所处的研究行业整体的衰弱。当不同利益集团或理想真的存在冲突时，我们应该做的是公正地阐述和讨论这些冲突，而不应该单纯忽略它们。

第三，经济与社会研究委员会（ESRC）的研究项目可能产生负面影响。很多有价值的研究都被置于 ESRC 的框架下，因此公众赋予这个机构优先权是十分明智的。这样，各大高校的研究者可以通力合作、有的放矢和相互学习。但是，当这些项目占用了 ESRC 超过 2/3 的研究资金，仅剩下 1/3 资金用于响应式研究时，就不得不考虑是什么影响了优先性的选择、国家在整个研究过程中的角色如何以及担任 ESRC 委员的高级学者使用赞助发挥了什么作用。尽管关于无家可归者的研究文章已经多如牛毛，以致没有人能宣称学者忽略了低收入人群的研究，但相关研究的切入点还可以更加具体细微。我们应该问自己：曾有多少次对年轻学者提出的问题感到过困惑，而这些问题事后又往往被证明是有价值且具前瞻性的？由于 ESRC 委员们已经很多年没有机会亲身主持创新性研究，这些年轻学者又有多少能够得到这些委员们的资助？

⬢这些变化的重要性

上述讨论所得出的结果是什么？尽管住房研究已被置于一个跨学科综合性的框架下，在某些方面已相当严谨，能够充分利用大量数据，研究范围也更加广阔，但是学术界对参与公开讨论关注得还是太少。学者们应该时刻铭记，他们目前剩下的唯一的比较优势就是他们的独立性和向权威政府部门说出事实真相的能力，如果他们仍坚持这一原则的话。事实上，政府公务员也可以向政府权威说出真相，且他们的机会更多。但是学者选择研究问题的范围更广，可以咨询任何他们想咨询的人，可以发表任何他们发现的结论，当然，前提是他们善于与资助机构协商以获取有利的合同。下面我们还将继续阐述这些重要启示。

14.5　住房研究产业

我们处于住房研究这个产业中，而我们本身又以消费者和生产者的双重身份与其他产业密切相连——为我们提供学生，支付工资让我们培养这些学生，又雇用我们培养出来的学生；资助我们的研究，为我们提供研究所需的各种资源；出版我们的书籍和期刊并且购买它们。住房研究也与其他研究产业有关，如关于种族、性别和残疾人的研究产业等，这些研究产业的从业者时不时地在我们的期刊上发表文章，为我们的教学作出贡献。我们的作为决定于所有这些人对我们工作的理解和优先程度，以及我们将他们的注意力吸引向新问题的能力——也就是创造并营销新产品。

现在住房研究选题已经有无限选择。曾经这还是一个相当专业的研究领域，只针对少数几个主要问题。但是现在，几乎所有的政策问题都可以与住房问题扯上关系。医院看病等待时间太长？——如果一个地区居住成本过高，护士愿意去那些地方工作吗？供养大学生很贵？——既然我们已经改善了他们父母的居住条件，也在各个大型城镇修建了大学，他们在自家居住的话，生活成本是不是应该更低？臭氧空洞问题？——如果我们不减慢郊区的扩张和降低交通量，我们能阻止臭氧层的破坏吗？通货膨胀问题？——如果我们不严控抵押贷款规模，我们能够控制通货膨胀吗？体面住房的短缺曾经是住房研究的重点之一，但这在英国的很多地方已成为过去，尽管由于我们大幅削减了财政支出，在某些地区这个问题开始死灰复燃。现在，住房研究者几乎可以为任何问题的研究作出贡献，这让研究者感到既开心又为难。我们将为那些进退两难的研究者提供一些摆脱困境的建议。

● 住房研究的经验教训

作为学术界的研究者，尽管有时我们为了保住工作机会不得不接手很多只为养家糊口的工作，但是我们不应该忘记，我们所剩下的唯一的比较优势就是我们的独立性以及诚实正直。所以我们需要警惕被资助者所利用，他们有时只是利用我们创造行动的假象，或以我们为借口拖延决策时间，甚至只是让我们为早已作出的决定寻找理论上的理由。如果我们不能提出国家或其他政府研究机构所不愿提出的问题，不能发表他们不想发表的文章，那么我们干脆去政策咨询公司或政府政策研究机构工作好了。近几年出现的大量关于无家可归者的研究表明这个问题已经不再值得我们研究，除非政府实施了一个改善这些人处境的大项目，而创造出一个值得研究的新局势。

学者应该做的最重要的事就是扩展公众对社会的基本认识，认识城市和区域的运行机制以及不同人群可获得的各种机会。国家和私有企业都不太可能进行这类研究，而有时对政策不感兴趣的研究者却恰恰会研究这些问题。政府需要的政策导向的研究应该扎根于对社会更广泛的理解中，而学者试图提供的正是这个基础。

同时，学术界外的社会需要一个有见地的"政治课堂"，来提供一个平台以便公众和"智囊团"能够进行独立于政府机构的公共政策讨论，通过这个平台，人们还可以将新观点塑造成政府可以采用的形式。学术界人士在这个"政治课堂"的建立和推广上可以大有作为。

另外，政策讨论不应该局限于中产阶级。我们应该时刻铭记，受问题困扰的人们才是证据的唯一最佳来源，而政府部门却常常忘记这点。我们不应该仅仅在需要将他们作为研究对象时才寻访他们。我们应该做的是，在确定研究问题前咨询他们，在给政策和实施措施下定论前再次咨询他们，最后坚持邀请他们参加结题并进一步听取他们的意见。这一切都是我们能够做到的。[11]

我们还应该牢记，"福利国家"的建立虽然将政府的影响范围扩大到了住房、健康医疗、就业和其他迄今为止由私人部门或慈善机构控制的领域，但这并不能终结阶级矛盾。以前的阶级矛盾存在于房主与租户、雇主与雇员、中产阶级与工人阶级之间，福利国家只不过是将矛盾转移到了公共服务领域，尽管矛盾的解决方式可能更公平，但矛盾依然留存至今。每当我们在公共租赁住房研究中只访谈房东却忽略租客，每当我们为住房管理者开设培训课程却不为被管理者提供教育时，我们就是在偏袒冲突双方中的一方。社会排斥是一种渐进的过程，如果我们总是忽略那些应该被包含在内的人群，我们实际上自己也被排斥在外了。

尽管我们的研究总是将很多精力放在"客户"的关注点上，但我们仍应该铭记，即使是政策导向型的研究，其最重要的成果首先是研究参与者本身受到了教育。之后，这些人可以通过各种方式传播这些研究成果，发表文章、提供政策建议、教育他们的学生、做志愿工作、参与公开辩论等。确定这些研究的成果和时间限制是必需的，但这些研究的长期目的是提高国民素质、增加政治资源、通过媒体提高公众参与的水平，当然其中包括了"智囊团"对政府的高质量荐言。

在研究成果发表的效果方面，研究者的影响程度实际上并不取决于著者的权威性、结论的精确性或论证的优美性等，而是他们讲述的社会问题"故事"，以及"故事"的道德意义、时效性和生动性等。这些"故事"中蕴含的信息如格言一般具有两面性。而决定什么"故事"更贴近必须解决的问题则是政治家的工作。

有时，"故事"可能被错误地叙述。但是（举例来说），只证明查尔斯·莫里（Charles Murray，1984）书中所言是错误的却仍然让读者用原来的道德角度来审视原本的问题是不够的，应该做的是重新讲一个更生动更可靠的"故事"，用新的方式审视问题并赋予其新的道德意义。[12]

关于我们的社会及其如何运转的"故事"可以以文字或数字等各种方式予以表述，例如《财富》杂志中的英国经济模型。注意模型中的各个要素：收入和税收、储蓄和投资、进口和出口……所有的这些都非常的重要。但是，健康、幸福、安全感、凝聚力、教育、对权威的敬重，所有的这些都没有出现在模型中，而它们对国民福利来说可能更为重要。目前，有些学者正在研究如何引进这些因素给社会福利下一个新定义，阐述社会福利是如何创造出来的，以及如何比较不同国家的社会福利［参见 Marmot & Wilkinson（eds.），1999；Doyal & Gough，1991］。

⊙苏格兰的优先问题

因为我们的众多读者都在苏格兰，在此展示一些苏格兰的实践研究经验是合适的。在苏格兰，住房研究就像其他领域的研究一样，给研究者留下了可发挥的余地。我们建议关注一些目前没有人注意但具有研究潜力的方向，但相较于世界其他地区，苏格兰在住房和城市领域的研究教学有着更辉煌的记录。目前苏格兰最紧迫的问题就是发展出生动有见地的政治辩论氛围，让全国各地各个阶层的人民都可以参与进来，同时创造出两三个苏格兰的"智囊团"以建立学术界、国家和大众间的联系。

当代苏格兰学会（The Institute of Contemporary Scotland）正在努力创造一个公众讨论平台。它组织苏格兰不同地区的各类群体在一起讨论紧要问题，有时甚至临时通知这些群体。还有其他类似的组织，例如苏格兰教会及其委员会。同时，与威斯敏斯特议会相比，苏格兰议会正在争取以更公开、更多公众参与和更负责任的方式工作。苏格兰理事基金会（The Scottish Council Foundation）也宣称要成为观察和评价英国各类组织的"智囊团"[13]，现在它正在努力尝试完成这个使命。住房研究者应该抓住机会，积极地参与这些讨论。

14.6　结论

作为本章结论，我们将归纳总结上述讨论的重点。

致力于住房问题的研究者发现他们可研究的问题几乎涉及所有领域，再也不像他们的前辈一样有清晰的范围界定。但是，这一领域也不再由学术界垄断，咨询公司、志愿组织、压力集团、"智囊团"、中央和地方政府研究机构等都进入了这一领域。学术界所拥有的比较优势不再是超人一等的知识、情报和数据，而是研究选题的宽广范围以及无保留地发表研究结果的自由。

研究者应该运用自己的优势，更广泛地理解社会以及住房在社会中的地位。这些研究将为那些更具重点的政策导向研究提供稳固的根基，使它们更易理解，进行政策导向研究的可以是学者也可以是其他机构。而国家研究部门、志愿机构和私人机构这些学者的竞争对手则没有那么多机会进行这类更广泛的基础研究。

研究者应时刻铭记，受问题困扰的人才是证据的最好来源。这些人应该参与到研究中，他们的角色不是被动地接受访谈，而是帮助研究者界定研究问题，与研究者讨论研究结果和建议以及参与公开讨论。

研究者应该抓住任何参与公众教育和政策讨论的机会，并在此过程中不断学习。这样，研究者就能帮助提高公民素质，进而提高政府施政的效率。研究者将发现，长期来看，他们在这些讨论中的影响力取决于他们给公众讲社会"故事"的能力，也就是通过阐明问题的道德意义和特征并提出更好的解决方法，推动公众从新的视角来理解社会的能力。

致　谢

感谢托尼·奥沙利文对本章编辑的有益建议。同样感谢埃米莉·林奇

(Emily Lynch) 帮助本章统计住房研究论文。

注 释

[1]《住房（无家可归者）法案（1977）》曾尽力提供这种保障，覆盖对象至少包括结婚夫妇、有孩子的家庭和老年人。

[2] 有关英国公共管理院系提供的教育的记述可见 Donnison，1961。这些院系的研究大部分由伦敦政治经济学院承担。

[3] 我们本可以再往前回溯一些，但我们担心早期研究记录会越来越不完整。

[4] 住房学术杂志现在吸引着越来越多其他国家的研究——这些研究使用的英文都好得惊人，尤其是荷兰和斯堪的纳维亚国家，同时美国和澳大利亚的研究也很多。研究远东国家的论文也时常出现，但有关第三世界国家和原苏联国家的论文发表得却不多，尽管后二者的研究都在增加。

[5] 例如，麦克伦南等（Maclennan et al.，1998b）和梅梅利（Memery，2001）。

[6] 虽然研究住房领域的种族和少数民族的少数文章在 20 世纪 90 年代后半期也有所增加。

[7] 除去环境部珀尔·杰夫科特（Pearl Jephcott）、凯文·林奇（Kevin Lynch）和芭芭拉·亚当斯（Barbara Adams）团队的早期研究以外，应用社会学家一直普遍认为审美学属于不可研究的学科，或更差的是，将审美学研究指责为"环境决定论"。报纸的周日副刊和女性杂志在撰写审美学文章方面倒是从没迟疑过。说到底，常常是楼房和周边环境的视觉和嗅觉效果造成了公共住房和地方社会的坏名声。

[8] 参见 Hall et al.，1975；Donnison，2000。

[9] 20 世纪 60 年代，一个高级住房官员曾对本书的一个作者说："我们一点都不在乎你们写的书。政府官员根本没时间看书。但是如果你的文章发表在《时代》或《卫报》上，我就不得不阅读它，因为大臣在早上到办公室以前就已经看过了，我必须准备好答案来应对大臣的提问。"

[10] 公正地说，罗思柴尔德明确表示过他不是针对社会科学。但是政府毫不迟疑地就将他的观点应用到了社会科学领域。他在遭到批评时曾反驳过"我只不过是告诉政府在壳牌公司我们是怎么做的而已"。这种做法对于一个大型石油公司所需的科技研究来说是合理的，因为问题和解决方案都有明确的定义。

[11] 班尼斯特等（Bannister et al.，1993）发表的研究报告就采取了这种研究方式。

[12] 马里斯（Marris，1997）的分析过程就采取了我们所提倡的方式，十分具有参考意义。

[13] *Prospect*/Nirex awards；*Prospect*，November 2001，p. 7.

第 **15** 章

政策和学术关系的评估

理查德·贝斯特

15.1 引言

在政府政策制定过程中，学术研究可以起多大作用？本章主要研究学术机构发表的文章或学术团体中个人的贡献，可以在多大程度上影响政府大臣、官员和其他社会政策的制定者。我们的结论是，研究往往对政策变迁起着举足轻重的作用，但是，要想将学术研究成果转化为实际政策，学者不仅本身必须具备某些特殊技能（他们往往缺乏这方面的训练和支持），还需要与精于此道的中间媒介进行合作。本章最后给出了一些建议，以进一步强化学术研究对政策制定的作用。

15.2 不同的世界？

本章关注社会政策，特别是住房政策。本章也关注学术研究，以及在政府外进行的试图解决公共政策问题的研究。

那些从学术角度研究政策问题的人，与本职工作就是决定政策的人，有时似乎处于两个完全不同的世界中。

对于政策制定者而言，学者常常喜欢回顾过去。研究者总是慢条斯理的，他们收集足够多的证据，却不愿意得出明确结论来回答对现行政策是否能作出有效的修改的问题。

相反，政府部门的大臣们则面临着持续的压力、审查和批评。他们必须一直向前看（不仅仅只关注他们的可选提议能深入人心的潜力）。他们总是需要当机立断，毕竟他们的任期有限，他们需要持有明确且坚定的观点。学者得出"这个问题尚需进一步的研究"之类的结论可能就够了，但政策制定者却必须快速作出决定并付诸实践。

当约瑟夫·朗特里基金公布其委托研究的成果时，政界的反馈往往是这样："你们提醒我们关注到以往政策所导致的一些问题，但是你们没有告诉我们未来究竟该怎么做。在真实世界中，我们必须在经济和政治两方面的约束下迅速作出决策。我们需要的是明确的指导。我们不想听从那些只会批评而不能提供改善建议的人的意见。"

●共同利益

一方面，政策制定者总是抱怨学者没有能力当机立断地作决策，这被称为"瘫痪的分析"。另一方面，学者可以反驳政府官员在尚未摸清现实前便贸然采取行动——"急于下结论"或"胡说八道"。尽管二者相差迥异，但是政界和学界的人都希望创造一个更美好的世界，从这个角度来看他们是相互依靠的。

尽管政客主要关注的是如何获得或维持他们的政权，因此他们的决策往往基于他们的选举声望，但很多政客还是意识到决策需要一定的知识基础。他们需要了解亟待缓和的社会问题的起源、原因和影响程度。如果他们提出的政策调整可能失败，他们需要提前得到警告。虽然有时政客会轻视学者，但他们仍然渴求信息。这些信息会支持他们，保持他们在新思维的前沿以及证明他们作出了正确的决策。

学者有时认为政客们很肤浅，只会迎合选票，而很少关注问题的真相。但是突破对证据的强烈依赖这一舒适区需要别样的素质。政治有风险，政客的工作始终处于公众视线之内，他们的政治生涯可能因民主程序或上级决定而随时终止。学术生涯几乎不能带来名利和财富（那些高级学者梯队之外的学者可能和政客一样不安全），但做学问也有其自身的吸引力。政客需要经常面对何去何从的抉择，还要时刻警惕来自敌方甚至是同僚的暗箭，相反，学者却能轻松地保持廉洁正直。

●从寻找到变化

约瑟夫·朗特里基金委托并资助了大量的学术研究项目[1]，其目的不在于维护学术界的存在，而在于他们坚信自己的根本任务是努力将高质量的研究成果递交到政策制定者和实施者手中。

20 世纪初，约瑟夫·朗特里拨出大量经费"寻找社会问题的深层次原因"。他相信只有找到造成贫困等不利社会问题的最本质原因，才能制定出合适的政策去圆满地解决这些问题。他曾亲眼见过霍乱和伤寒的爆发如何引发疾病与死亡，以及公共卫生立法如何追查问题的源头并成功地解决了问题。科学力量难道就不能像控制生理疾病一般，通过调整政策来解决社会问题？

约瑟夫·朗特里基金至今仍然致力于通过资助学术界找寻社会问题的本质原

因来促进政策变化。但是，站在政界和学界之间的他们，需要面对诸多问题。有时学界会回避一些问题，或者因为缺少证据，或者因为他们预期即使进行研究也不能解决问题。有时学界确实证明了现存或提议的政治行动是有害的，这个证明就算不一定正确，其正确的概率也很大，而政界却毫不理会这些研究成果。有时，两者的角色又互换了，学者或者在时限内不能得出结论，或者不能积极响应政界将知识转化为行动的需求，这也就意味着政界失去了有效调整政策的机会。

尽管学术研究成果和政策制定者需求之间存在的某些不协调可能引致问题，但笔者仍坚信学术研究是政策发展的核心推动力。如果政策缺乏知识和理论基础，它将面临弊大于利的风险。

想要跨越学术研究成果和政策制定者需求的鸿沟，需要一些外部因素的加入。在详细讨论这个问题之前，我们先讨论学者如何直接地介入政策制定过程。

15.3 跨越鸿沟

间或会有学者出身的政治家，他们熟悉制定政策所需的各类学科知识。也有一些学者自由地穿行于政界，他们深谙将研究成果转变为政策制定工具之道。邓肯·麦克伦南教授就是这方面一个很好的例子，他在学界和政界都有相当丰富的经验，最近更是被任命为苏格兰首席大臣的特殊顾问，他在弥合学界和政界的鸿沟方面作出了极大贡献。他的工作是为政治家提供所需信息和观点，他向其他学者证明了，政策制定者是珍惜学者所拥有的才智的。

拥有研究能力却毅然离开象牙塔来到一个非学术环境，通过为政策制定者提供建议直接影响政策制定，这样做的利弊何在？

●议会与学术研究

作为一个频繁访问东欧的学者，笔者注意到在那些国家中，很多学者都跨越了学界和政界的鸿沟而成为政府官员。这可能有弊端，即学者本人被"政治化"，他们会忘记本应带入政界的学术严谨性，太受制于政治系统以至于他们的学术能力反而会束缚他们。

在英国，学者进入政界的情况较少，但也确实曾发生过。自由民主主义者议会成员史蒂夫·韦布就是一个很好的例子，他同时也是巴斯大学研究社会政策的教授。[2]在英国，即使是在地方政府层面，学者在拥有成功的学术生涯后将会很难成为政治家（即使学者能接受党政内的暗算和赤裸裸的野心）。然而，议会成员若善于学术研究，则会有助于其政治生涯，如在选择委员会获得高分，因为它的评分体系不局限于某地，又如他们可以为立法作出贡献。另外，他们还可以架起学界和政界的桥梁，将政界需求贴切地传达给学界。

近期英国上议院进行了一系列改革，他们任命了许多学者作为上议院的独立成员，包括爱丁堡大学的副校长斯图尔特·萨瑟兰（Stewart Sutherland）教授、英国皇家研究院的院长苏珊·格林菲尔德（Susan Greenfield）教授、牛津大学的罗伯特·梅（Robert May）教授和克劳斯·莫泽（Claus Moser）爵士。新成立的独立委员会还在呼吁任命更多学者成为上议院议员，可以预见未来将有更多学者加入英国议会，活跃于权力阶层的前线。

● "智囊团"

"智囊团"为那些有研究能力也对政策感兴趣的学者提供了机会，他们既能从外部影响政府的观点，又能以顾问的身份从内部推动政府行动。这两个方式有许多交叉："智囊团"的成员常常成为政府顾问。如 1997 年工党选举胜出后 DEMOS 的创立者兼主任杰夫·马尔根（Geoff Mulgan）成为其第十政策组的成员之一，领导内阁办公室的政策和创新组。更为寻常的是，"智囊团"的领导者会加入议会，而加入苏格兰议会就更不具悬念。例如戴维·威利茨（David Willetts）就从政策研究中心（CPS）加入了议会，且现在已是内阁的风云人物之一。

"智囊团"可以成为一种意识形态的倡导者，进而成为主流党派的精神支持，如费边社、约翰·史密斯研究院、苏格兰理事会基金会、经济事务研究院、亚当·斯密研究院。它们可以给予党派新思想（或重新包装过的旧观点），而无论这些党派在位或下野。或者它们可以帮助党派测试一个大胆计划并测度公众和媒体的反应，进而辅助当政者决定是采取还是拒绝这个计划。当这些它们支持的党派在位时，如撒切尔任期的政策研究中心（CPS），或现在的公共和政策研究院，这些"智囊团"将成为希望影响政策，或知道政策走向的人们的座上宾。

研究者过度地涉入他们选择的"智囊团"也有问题，因为研究者本身和"智囊团"各有追求。在"智囊团"看来，思想的公平性和独立性并不是好事：他们需要证据支持他们的结论，他们需要证明他们的理念，而不是暴露他们的缺点或质疑他们的前提。况且，为了抓住媒体的注意力，他们有时需要刻意地进行一些煽动性行为，散布一些无法证实或客观分析的观点。没有任何一位学者能够不受自身偏见或价值观的影响，对多数学者来说，"智囊团"的所作所为可能与他们接受的专业训练和他们的天性背道而驰。"智囊团"的特质可能更适合积极的活动家而不是冷静的学者。

● 政府顾问

成为政府顾问的学者已经站在了政府中心，这里有时会渴望新政策所需的基础知识，尽管这种情况不总是存在。

政府顾问可能面临成为党派党羽的指责。但在现实中，他们对被建议者的价值并不在于发表公开声明（"智囊团"也是如此），而是提供私人建议。为此，政府顾问需要保持独立思想，无所畏惧地展示研究证据，发挥严谨的特性以及训练多角度审视问题的能力等。

这些顾问的存在可能使得职业公务员感觉权力被架空。但是只要顾问们机智灵敏、顾及政治系统中的传统和敏感性，公务员就不会有此感觉。这样的话，政府内部的顾问学者就能在保持正直的前提下发挥举足轻重的作用。

为了更好地发挥顾问的作用，研究者直接进入与政策执行相关的非学术机构是很有利的。邓肯·麦克伦南就为我们作出了榜样。在 1999 年被任命为苏格兰首席大臣的特殊顾问前，他曾是苏格兰居住理事会（Board of Scottish Homes）成员。兼顾学术研究和住房公共服务的人往往可以平衡研究的理论性与政策实践要求的实用性。

服务于高校之外的研究机构，其学者不仅直接作用于政策制定（或实施），而且也不再像象牙塔中的同行们那样天真。比如，供职于住房协会董事会的学者们会发现，中央政府控制着民间机构的资助或津贴，仅此它就能对民间机构产生巨大的影响。服务于地方政府的学者们也发现，理想的问题解决方案可能因为其执行成本或选客的投票结果而根本无法施行。在健康信托工作的经历可使得学者学会在实现关键目标的前提下有分寸地让步，这不仅限于尊重他人的理想和性格。

邓肯·麦克伦南为我们展示了很多品质，这些品质使得学者能够进入政府政策部门的核心，包括对自己研究成果的绝对自信、从诸多研究中获取关键点的综合归纳整理能力以及将研究报告以合适的形式呈现给忙碌的政府官员的能力。但其中赢得政府大臣信任的关键在于，从法人团体或志愿者团体的工作经验中学习到的各种技能。

●影响者而非权势者

那些不想或不能放弃他们学术生涯但是又希望对政策制定和实施产生积极影响的人该怎么办呢？

对于这些人，不时地为政策制定小组、工作小组或委员会工作就是好机会。比如，英格兰内阁办公室的"社会排斥"问题小组经常召集个人研究者参与政策实施小组的活动或协助特定问题的研究，这些学者多数受到约瑟夫·朗特里基金的资助。

另外一个例子是英国议会下议院内政事务特别委员会，他们聘任学者作为顾问去检查和评估各个政府部门的工作绩效，如克里斯蒂娜·怀特黑德教授就曾经是环境委员会的一名关键顾问。外部学者与这些委员会的职员共事，且有着极高的影响力。同样，苏格兰的审查委员会也为学者们提供了良机，使他们能有效利用先前研究中获取的丰富知识，即使研究的时间和内容都有所限制。而学者的名望是被邀请成为政策顾问的关键因素。

15.4 创造联系

学术研究对政策制定的影响，当然不是直接来自学术界本身，而在于政策制定者将学术研究基础应用到现实中。什么因素决定学术成果能在多大程度上影响政策制定？此处列举一些主要因素：

- 研究的资助方。
- 学术研究成果的表现形式、发布方式以及推广模式。
- 学术研究内容的质量、是否实用及其时效性。
- 是否有合伙人，以及对研究成果的坚持。

●谋事者与付款者

谁提供研究经费将直接决定研究影响政策的程度。高校中的社会政策研究，特别是那些应用性的社会政策研究，常常需要外部资金支持，但这些外部资助者极有可能影响研究成果（即使他们宣称甚至相信自己的介入是中立的）。经费的来源会在一定程度上影响学术研究，例如研究是否基于合同约定、是否需要符合委托人提出的严格要求、是否由获取外界协会或基金会资助的学者发起。

承担政府部门的研究可以满意地将研究成果直接导入政治体系中。例如，地方政府对某些实验性项目是否成功的评价很大程度上依赖于相关学术研究的发现。进一步讲，研究者与政府官员通过研究而逐步建立的关系，将增大研究结果运用于政策制定的可能性。因此，政府在成立工作小组或大臣顾问理事会时，会优先考虑那些拥有政府咨询经历的研究机构。双方一旦通过这种合作建立起了自信和信任，政府会邀请这些研究机构更直接地参与政策制定或评估过程。

"接受国王的先令"或进行政府部门委托的研究也有弊端，资助者的政治优先性可能给研究者带来压力和拘束感。如果研究结果显示政策的初衷是完全错误的，那么政府一定不会批准进行这样的研究。当政府只想证明已经付诸实践的政策的正确性时，政府部门仅将研究视为为他们的观点或行为辩护的工具。很多时候，当研究产生了"错误"的结果时，政府部门要么完全忽略这些研究结果，要么将这些结果置于公众视线之外。

来自慈善机构的资助可能更为宽松，即使是一些与政府部门预期不一的研究，它们也会支持。如约瑟夫·朗特里基金，它们常常避开采取联合基金的方式进行资助，因为联合基金往往有政府部门的参与，可能导致政治权力对研究进行约束，使得研究者不得不作出妥协，这不是基金会的宗旨。

出于不同原因，约瑟夫·朗特里基金发现自己很难和经济与社会研究委员会（ESRC）共同合作资助研究项目。ESRC 的目标是"发现、支持和资助英国可以进行的质量最高的社会科学研究"，但这个目标可能与政策调整无关。ESRC 给予学者足够的安全感，如保证他们能得到长期资助、没有严格制定的研究计划、没有规定好的研究结果、可以更自由地进行研究，这可能使得他们的研究结果缺少政策制定者需要的时效性和关联性。ESRC 基金的目的可能更关注研究的能力、结论和数据等，而不是及时为政策制定者提供能直接应用的政策结论。

那么，支持学术研究的基金、慈善信托等机构的作用又何在？令人疑惑的是，没有一个基金或信托是相同的，它们各有各的利益所在，取决于基金的创立者或现任受托人。有些可能只愿意也只能为研究机构的自主研究签发支票，而另一些则不厌其烦地参与每一个研究项目的每一个研究阶段，以此来取悦自己。它们共有的特性可能只有与政治和商业无关这点，前者需要迎合大众，后者需要产生利润。独立性是它们共有的特征，但有时它们得到的研究结论会过于古怪神秘。

约瑟夫·朗特里基金在很多方面都独具一格。大多数时候，他们反对采取简单资助方式："我们反对'支票簿慈善主义'，也就是我们不与学术机构互为合伙人，规定只有特定研究目标达成时我们才进行资助。"

合伙人通常有两方，一方提供资金，另一方进行具体事务操作，但这两方可能并不平等。每一个基金都有避免滥用权威的义务："我们需要保证，我们所选择和资助的研究项目的结论与基金会内某些个人或群体持有的偏见或未经证明的结论无关。如果我们资助的研究没有坚持探寻真理，那么这些研究没有任何价值。尽管我们可能受益于我们继承的教友派传统，但我们应该时刻谨防暗示或强迫研究者进行迎合我们需求的研究。"

事实的本质一直不曾改变——研究资助者往往会影响研究对政策制定或对政策制定者的进一步作用。

● 研究的阐述和传播

现在我们讨论学者的研究成果能否影响政策，一个关键的因素就是如何阐述研究成果。

如果研究的目的是影响政策制定者，如中央政府或地方政府的政治家、公务员、半官方机构的决策者和商业部门，或者是影响那些能够影响政策制定的人或团体，如"智囊团"、新闻媒体，那么学者必须避免过于专业的阐述方式。对学者的奖励，无论是物质的还是精神的，往往来自同行的肯定或在专业杂志上发表文章。学者几乎没有动力以政策制定者可理解的方式阐述其研究成果。这似乎不对，因为既然学术界是为了改善大众生活而由大众资助的，那么它应受到适当鼓励以尽可能地在公共政策过程中发挥价值。要是研究结果只是为了展示给其他研究者，而没能传达给那些真正想从中学到更多知识的人，那么可以说大学中进行的研究都是自娱自乐，没有任何实际意义。最终，这会影响到资助者对学术界的看法，进而威胁到来自政府或其他来源的资助。

如果研究的目的是将其研究成果递交到政策制定者的案头，那么这份研究报告必须使用日常用语，没有术语、公式和缩写（即使在后文中有注释也不行），也没有对方法的大段描写。技术性过强的附录可能含有妨碍"故事"顺畅表达的内容。研究者需要铭记，他们的读者更多地习惯于从报纸和杂志获得信息，他们能够忍受的长篇大论可能只有世界名著。

学术文章是这个过程中最为重要的部分：短小的报告和摘要必须在后面附上全文。但是，如果参考文献只是一堆学术书籍，或多数政策制定者闻所未闻的学术杂志上刊登的文章，那么这种报告影响政策调整的可能性微乎其微。

遗憾的是，很少有资助者愿意对研究成果的修订、改写和装帧进行投资。用于向公众阐述和传播研究成果的资金也很少，如在公开的发布会、报纸或杂志上发表成果，请专家开研讨会，或直接向相关政府部门作汇报，通过互联网或邮政体系等，要知道忙碌的政府官员们需要吸收的知识已经超负荷了。重要的是，如果不在阐述和传播研究成果方面进行投资，研究质量再高，研究成果再有意义，也无人知晓。[3]

20 世纪 90 年代初期的一份关于住房金融的研究就很好地证明了上述投资的益处。这一系列报告由约瑟夫·朗特里基金资助完成，其中某些报告包括了 6 个大都市 10 000 个家庭的调查以及详细的案例研究，它们之后被整合为一份设计精细的大报告，发表于广为传阅的《英国住房研究》杂志中（*Housing Research Findings*，No. 19，1990；Maclennan et al.，1990）。此外，新闻发表、重要会议和向政府相关部门汇报等都进一步推进了研究。10 年后，《英国住房研究》的秘书长可以列举出一系列由这份报告提出并推进的政策调整，如取消贷款利率税等（Best，2002）。

❖ 质量和时效性

尽管人们希望在确定研究的影响时，研究的质量是核心因素，但有时杰出的研究并不被认同，而一些所谓二流的研究却体现出高度的影响力。毫无疑问，任何研究者都希望完成高质量的研究（本章的目的不是证明这点），但是事实证明，在决定研究的影响时，时效性可能作用更大。

资助者在这方面可以起到一定作用，他们可以前瞻性地评价研究报告的时效性和受欢迎程度。有时我们发布了一项有价值的研究，却发现关于这方面的新政策刚开始执行，这意味着很多年之内这项政策都不会作出改变，这当然十分令人懊恼。但是，如果研究与咨询过程同步进行，尤其是当咨询过程出现于某个旨在制定新政策的绿皮书之后，研究将体现巨大价值。所以，邓肯·麦克伦南在 2000 年发表了一项关于城市社区更新的研究，并向内阁的关键成员汇报了这份报告，当时正是新国家社区更新战略发布前的最后一个阶段（Maclennan，2000）。

抓住这种时机是十分困难的。诸多外界不可预知的事件注定会产生干扰。如约瑟夫·朗特里基金资助的一项关于收入和财富的研究报告，这个研究显示 20 世纪 80 年代富人和穷人的差距是如何急剧扩大的。值得一提的是，这份研究报告在大选的关键时期发表，因而吸引了众多媒体的注意（Sir Peter Barclay，1995；Hills，1995）。这份报告的即时性至少部分与约瑟夫·朗特里基金的前期计划有关。但是，这份报告得以吸引公众眼球的更重要的原因是，当时全国媒体正在大量报道新近私有化的企业中的"暴发户"给自己签发高工资的现象。运气和完备的前期计划共同决定了这个研究项目（由全国 20 多个独立的学术研究机构经过多年努力而完成）注定会受到公众的关注。

但即使运气会起一定作用，在研究开始前就考虑其时效性以及恰当选择传播研究结果的时期还是很重要。有些情况下，良机的持续时间会很长。例如，关于离异和家庭分居给小孩带来的不良影响，以及消除这种影响的不同应对方式的有效性的研究，无论何时发表都很合适（Rodgers & Pryor，1998）。但是关于重构公共住房租金的政策效果的研究，就必须赶上政府修改这个政策的时机。又如有关公共支出的观点和证据，政府只有在敲定一个大型支出计划前才需要它们。

● 韧性与合作

无论研究是错过了最佳时间，还是有些许的超前，都意味着学者需要重复想传递的信息，有时甚至重复好几年，直到下一次时机来到。但此时学者可能早已开始了新的研究，因为资助已转向了其他优先问题，已没有资金可用于紧跟或重复以前的研究。

研究的这种特点强调了研究一开始就必须抓住时机的重要性，它同样强调了本章剩余部分的重点：研究者需要合伙人。期望研究成果自动地转为政策调整是不合理的。比较聪明的做法是将研究作为政策制定和实施过程的一部分。那些希望看到自己的研究成果被用于实际目的的研究者发现，想要成功，就要与以改变政策为终极目标的机构合作。

合作机构更具韧性。即使研究已经结束，在很长一段时间仍紧跟研究问题，如此一来，当研究变得具有关联性和时效性时，研究证据就有机会得到充分应用。合作机构可以整合多年集聚的证据，并在政策制定机构需要时呈上它们。〔在这种中间机构的网页上刊登着相关研究项目的完整目录，这大大有助于合作机构发挥作用。比如，约瑟夫·朗特里基金的主页（www.jrf.org.uk）上就有接近 1 000 份研究报告的内容摘要，其中有大量邓肯·麦克伦南的研究：Maclennan，1993a，1994；Maclennan & Meen，1993；Maclennan et al.，1991b，1991c，1991d。〕

但是，这些中间机构在致力于政策变革方面仍显薄弱。一些研究机构，如政策研究所、家庭政策研究中心等，因为资金短缺甚至没有能力维持自身的存在。这些合作机构的弱点或消亡大大增加了将研究成果转化为政策调整的难度。

如果没有这些机构来加强研究的阐述和传播、来保证研究干预政策的时效性、来坚持不懈地追求将研究转化为政策，研究机构只靠自身能应对这些挑战吗？高校有没有办法，比如说在内部设立特别部门，来获得所需技能和资金来源，并推动有价值的研究影响公共政策呢？

15.5 结论

期望学者能够凭借专业知识、分析能力和自身才智既做出高质量的研究也擅长政策制定，是不公平也不现实的。那些短期的、基于项目的、无法支持一系列研究的资助，其作用微乎其微。激励学者的机制，如果基于他们的影响力而给予名利或晋升，或者仅考虑学者对学术杂志或同行的影响，而忽略他们对公众的影响，那么研究成果就不太可能影响政策（除非如上文所述，通过个人渠道将研究转化为政策）。我们已经讨论过，只有借助于那些能够引入外部资源实现研究的相关性、可及性和时效性的中间机构的力量，研究才可能充分发挥影响政策改变的潜力。

但是在公共政策领域，也难以找到这种能有力支持研究者的中间机构。高校自己能否成为很好的选择，其中除了拥有高质量的研究人员外，是否还有人掌握着这些辅助技能？我们把这个问题留给学术界——特别是邓肯·麦克伦南教授，他始终走在研究成果影响政策的前沿。

注　释

［1］目前每年的资助规模为 800 多万英镑。

［2］韦布在 1997 年选举成功后离开了巴斯大学，但是之后又成为该大学的访问教授。

［3］约瑟夫·朗特里基金使用一个被称为发现（FINDINGS）的标准格式发布研究报告的摘要。这个方法已经被许多其他机构采用（包括许多海外机构）。将所有内容压缩为一个只有两页 A4 纸的报告，这一原则使得作者可以集中表达他真正发现的东西。这项技术后于 1990 年由已故的基金公关部负责人罗兰·赫斯特（Roland Hirst）进行了改进，它能帮助忙碌的政策制定者或实施者掌握研究内容。它还可以激发阅读报告全文的兴趣。对报告全文来说可获得性和可读性也相当重要，这方面 15 000 词的长度总比 150 000 词的长度要好。在基金内部，我们还强调报告本身的格式也很重要，布局与打印方式是有关系的，最好使用彩色打印和能吸引读者的封面（背面附上内容摘要）。

参考文献

Abraham, J.M. & Hendershott, P.H. (1996) Bubbles in metropolitan housing markets. *Journal of Housing Research*, **7**, 191–207.

Adair, A.S., Berry, J. & McGreal, W.S. (1996) Hedonic modelling, housing submarkets and residential valuation. *Journal of Property Research*, **13 (1)**, 67–84.

Adair, A., McGreal, S., Smyth, A., Cooper, J. & Ryley, T. (2000) House prices and accessibility: The testing of relationships within the Belfast urban area. *Housing Studies*, **15 (5)**, 699–716.

Adams, D. & May, H. (1992) The role of landowners in the preparation of statutory local plans. *Town Planning Review*, **63 (3)**, 297–321.

Adams, D., Disberry, A., Hutchinson, N. & Munjoma, T. (1999) *Do Landowners Constrain Urban Redevelopment?* Aberdeen papers in Land Economy. University of Aberdeen, Dept. of Land Economy, Aberdeen.

Akerlof, G. (1980) A theory of social custom, of which unemployment may be one consequence. *Quarterly Journal of Economics*, **94**, 749–75.

Allen, F. & Gale, D. (2000) *Comparing Financial Systems*. The MIT Press, Cambridge, Mass.

Allen, M.T., Springer, T.M. & Waller, N.G. (1995) Implicit pricing across residential submarkets. *Journal of Real Estate and Financial Economics*, **11 (2)**, 137–51.

Alonso, W. (1964) *Location and Land Use: Toward a General Theory of Land Rent*. Harvard University Press, Cambridge, Mass.

Ambrose, B.W. & Nourse, H.O. (1993) Factors influencing capitalization rates. *Journal of Real Estate Research*, **8 (2)**, 221–237.

Amemiya, T. (1980) Selection of regressors. *International Economic Review*, **21**, 331–54.

Anas, A. & Arnott, R. (1991) Dynamic housing market equilibrium with taste heterogeneity, idiosyncratic perfect foresight and stock conversions. *Journal of Housing Economics*, **1**, 2–32.

Anas, A. & Arnott, R. (1993a) Technological progress in a model of the housing-land cycle. *Journal of Urban Economics*, **34**, 186–206.

Anas, A. & Arnott, R. (1993b) A fall in construction costs can raise housing rents. *Economic Letters*, **41**, 221–24.

Anas, A. & Arnott, R. (1993c) Development and testing of the Chicago prototype housing market model. *Journal of Housing Research*, **4**, 73–129.

Anas, A. & Arnott, R. (1994) The Chicago prototype housing market model with tenure choice and its policy implications. *Journal of Housing Research*, **5**, 23–90.

Anas, A. & Arnott, R. (1997) Taxes and allowances in a dynamic equilibrium model of urban housing with a size-quality hierarchy. *Regional Science and Urban Economics*, **27**, 547–80.

Anas, A. & Eum, S.J. (1984) Hedonic analysis of a housing market in disequilibrium. *Journal of Urban Economics*, **15**, 87–106.

Anas, A., Arnott, R. & Small, K.A. (1998) Urban spatial structure. *Journal of Economic Literature*, **XXXVI**, 1426–64.

Anderson, I., Kemp, P.A. & Quilgars, D. (1993) *Single Homeless People*. HMSO, London.

Angel, S. (2000) *Housing Policy Matters: A Global Analysis*. Oxford University Press. Oxford.

Angel, S., Mayo, S.K. & Stephens, W. (1993) The housing indicators program: A report on progress and plans for the future. *Netherlands Journal of Housing and the Built Environment*, **8 (1)**, 13–47.

Anglin, P.M. & Ramazan, G. (1996) Semiparametric estimation of a hedonic price function. *Journal of Applied Econometrics*, **11 (6)**, 633–48.

Annez, P. & Wheaton, W.C. (1984) Economic development and the housing sector: a cross-national model. *Economic Development and Cultural Change*, **32 (4)**, 749–66.

Anstie, R., Findlay, C. & Harper, I. (1983) The impact of inflation and taxation on tenure choice and the redistribution effects of home-mortgage interest rate regulation. *The Economic Record*, June, 105–110.

Arnott, R. (1987) Economic Theory and Housing. In: *Handbook of Regional and Urban Economics* (ed. E. Mills), Vol. 2, chap. 24. North Holland, Amsterdam.

Arnott, R., Davidson, R. & Pines, D. (1983) Housing quality, maintenance and rehabilitation. *Review of Economic Studies*, **50**, 467–94.

Arrow, K. (1971) *Essays in the Theory of Risk Bearing*. North Holland, Amsterdam.

Arrow, K. J. & Lind, R.C. (1970) Uncertainty and the evaluation of public investments. *American Economic Review*, June, 364–378.

Artle, R. & Varaiya, P. (1978) Life Cycle Consumption and Homeownership. *Journal of Economic Theory*, **18**, 35–58.

Atkinson, A.B. & King, M.A. (1980) Housing policy, taxation and reform. *Midland Bank Review*, Spring, 7–16.

Attanasio, O.P. & Weber, G. (1994) The U.K. consumption boom of the late 1980s: Aggregate implications of microeconomic evidence. *Economic Journal*, **104**, 1269–1302.

Audit Commission (1992) *Developing Local Authority Housing Strategies*. HMSO, London.

Auten, G.E. & Clotfelter, C. (1982) Permanent vs. transitory tax effects and the realisation of capital gains. *Quarterly Journal of Economics*, **97**, 613–632.

Awan, K., Odling-Smee, J. & Whitehead, C.M.E. (1982) Household attributes and the demand for private rental housing. *Economica*, **49,** 183–200.

Bailey, M.J., Muth, R.F. & Nourse, H.O. (1963) A regression method for real estate price index construction. *Journal of the American Statistical Association*, **58,** 933–42.

Bajic, V. (1985) Housing-market segmentation and demand for housing attributes: some empirical findings. *Journal of American Real Estate and Urban Economics Association*, **13,** 58–75.

Baker, R., Challen, P., Maclennan, D., Reid, V. & Whitehead, C.M.E. (1992) *The Scope for Competitive Tendering of Housing Management*. HMSO, London.

Ball, M. (1973) Recent empirical work on the determinants of relative house prices. *Urban Studies*, **10,** 213–33.

Ball, M. (1996a) *Housing and Construction: a troubled relationship?* Policy Press, Bristol.

Ball, M. (1996b) *Investing in New Housing: lessons for the future*. Policy Press, Bristol.

Ball, M. & Kirwan, R. (1977) Accessibility and supply constraints in urban housing markets. *Urban Studies*,**14,** 11–32.

Ball, M. & Wood, A. (1999) Housing investment: Long run international trends and volatility. *Housing Studies*, **14,** 185–210.

Ballas, D. & Clarke, G. (1999) *Regional Versus Local Multipliers of Economic Change? A micro-simulation approach*. Paper presented to the 39th European Regional Science Association Congress, University College Dublin, Dublin, Ireland, 23–27 August.

Bannister, J., Dell, M., Donnison, D., Fitzpatrick, S. & Taylor, R. (1993) *Homeless Young People in Scotland*. HMSO, Edinburgh.

Barclay, Sir Peter (chair) (1995) *Income and Wealth*. Vol. 1 of Report of the Inquiry Group, Joseph Rowntree Foundation, York.

Barkham, R. (1992) Regional variations in entrepreneurship: some evidence from the United Kingdom. *Entrepreneurship & Regional Development*, **4,** 225–244.

Barlow, J. (1993) Controlling the housing land market: some examples from Europe. *Urban Studies*, **30 (7),** 1129–50.

Barlow, J., Cocks, R. & Parker, M. (1994) *Planning for Affordable Housing*. HMSO, London.

Barr, N. (1998) *The Economics of the Welfare State*. Oxford University Press, Oxford.

Bartik, T.J., Butler, J.S. & Liu, J. (1992) Maximum score estimates of the determinants of residential mobility: implications for the value of residential attachment and neighborhood amenities. *Journal of Urban Economics*, **32 (2),** 233–56.

Bartlett, W. (1991) *Housing Supply Elasticities: a review*. Housing Finance, York.

Bassett, K. (1980) Council house sales in Bristol 1960–79. *Policy and Politics*, **8,** 324–33.

Basu, S. & Thibodeau, T.G. (1998) Analysis of spatial autocorrelation in house prices. *Journal of Real Estate Finance and Economics*, **17 (1),** 61–85.

Bate, R. (1999) *A Guide to Land Use and Housing*. Overview Paper for Joseph Rowntree Foundation, RESC Programme.

Beazley, M. (1980) *The sale of council houses in a rural area: a case study of South Oxfordshire*. Working paper 44, Oxford Polytechnic Department of Town Planning, Oxford.

Berg, L. (1994) Household savings and debts: The recent experience of the Nordic countries. *Oxford Review of Economic Policy*, **10**, 42–53.

Berg, L. & Bergstrom, R. (1995) Housing and financial wealth, financial deregulation and consumption – the Swedish case. *Scandinavian Journal of Economics*, **97**, 421–39.

Berkovec, J.A., Canner, G.B., Gabriel, S.A., & Hannan, T.H. (November 1994) *Discrimination, default, and loss in FHA mortgage lending*. Federal Reserve Board of Governors Working Paper.

Berry, B.J.L. & Bednarz, R. (1975) A hedonic model of prices and assessments for single family homes in Chicago: Does the assessor follow the market or the market follow the assessor? *Land Economics*, **51**, 21–40.

Berry, B.J.L., Chung, K.S., & Waddell, P. (1995) Widening gaps: the behaviour of submarket housing prices indexes in the Dallas area, 1979–1993. *Urban Geography*, **16 (8)**, 722–33.

Best, R. (2002) *Inquiry into British Housing 1984–1991: What has happened since*. Joseph Rowntree Foundation, York.

Black, J., de Meza, D. & Jeffreys, D. (1996) House prices, the supply of collateral and the enterprise economy. *Economic Journal*, **106**, 60–75.

Blackaby, D.H. & Manning, D.N. (1992) Regional earnings and unemployment – A simultaneous approach. *Oxford Bulletin of Economics and Statistics*, **54**, 481–502.

Blackaby, R. (2000) *Understanding Local Housing Markets: Their role in local housing strategies*. Chartered Institute of Housing/Council of Mortgage Lenders, Coventry and London.

Blomquist, G. & Worley, L. (1982) Specifying the demand for housing characteristics: The exogeneity issue. In: *The Economics of Urban Amenities* (ed. D.B. Diamond & G. Tolley). Academic Press, London.

Boelhouwer, P.J. (2000) Convergence in European mortgage systems before and after EMU. *Journal of Housing and the Built Environment*, **15**, 11–28.

Boelhouwer, P. & Van der Heijden, H. (1993) Housing systems in Europe – A research project. *Scandinavian Housing Planning Research*, **10 (1)**, 37–42.

Bös, D. (1983) Public pricing with distributional objectives. *Public Sector Economics* (ed. J. Finsinger). Macmillan, London.

Bös, D. (1985) Public sector pricing. In: *Handbook of Public Economics* (ed. A.J. Anerbach & M. Feldstein). North Holland, Amsterdam.

Bossons, J. (1978) Housing demand and household wealth: Evidence for homeowners. In: *Urban Housing Markets: Recent Directions in Research and Policy* (ed. L. B. Bourne and J. R. Hitchcock). University of Toronto Press, Toronto.

Bourassa, S.C. & Grigsby, W.G. (2000) Income tax concessions for owner-occupied housing. *Housing Policy Debate*, **11 (3)**, 521–46.

Bourassa, S.C. & Hendershott, P.H. (1994) On the equity effects of taxing imputed rent: Evidence from Australia. *Housing Policy Debate*, **5 (1)**, 73–95.

Bourassa, S.C., Hamelink, F., Hoesli, M. & MacGregor, B.D. (1999) Defining housing submarkets. *Journal of Housing Economics*, **8**, 160–183.

Bover, O., Muellbauer, J. & Murphy, A. (1989) Housing, wages and U.K. labour markets. *Oxford Bulletin of Economics and Statistics*, **51**, 97–136.

Bowden, R.J. (1978) *The Econometrics of Disequilibrium*. North Holland, Amsterdam.

Box, G.E.P. & Cox, D. (1964) An analysis of transformations. *Journal of the American Statistical Association*, Society Series B, **26**, 211–52.

Boyle, M.A. & Kiel, K.A. (2001) A survey of house price hedonic studies of the impact of environmental externalities. *Journal of Real Estate Literature*, **9 (2)**, 117–44.

Bramley, G. (1989) *Land supply, planning and private housebuilding: a review*. SAUS Working Paper 81. School for Advanced Urban Studies, Bristol.

Bramley, G. (1993a) The impact of land use planning and tax subsidies on the supply and price of housing in Britain. *Urban Studies*, **30**, 5–30.

Bramley, G. (1993b) Land use planning and the housing market in Britain: the impact on housebuilding and house prices. *Environment and Planning A*, **25**, 1021–51.

Bramley, G. (1998) Measuring planning: indicators of planning restraint and its impact on the housing market. *Environment and Planning B: Planning & Design*, **25**, 31–57.

Bramley, G. (1999) Housing market adjustment and land-supply constraints. *Environment and Planning A*, **31**, 1169–88.

Bramley, G. & Lancaster, S. (1998) Household formation: A suitable case for policy? *Housing Finance*, **38**, 20–29.

Bramley, G. & Smart, G. (1996) Modelling local income distributions in Britain. *Regional Studies*, **30, (3)**, 239–55.

Bramley, G. & Watkins, C. (1996a) *Steering the Housing Market: new building and the changing planning system*. The Policy Press, Bristol.

Bramley, G. & Watkins, C. (1996b) *Modelling the relationship between land availability, the land-use planning system and the supply of new housing*. Paper presented at RICS 'Cutting Edge' Conference, University of the West of England, Bristol, 20–21 Sept.

Bramley, G., Bartlett, W., & Lambert, C. (1995) *Planning, the Market and Private Housebuilding*. UCL Press, London.

Bramley, G., Munro, M. & Lancaster, S. (1997) *Economic Influences on Household Formation: A Literature Review*. Department of Environment, Transport and the Regions, London.

Bramley, G., Pawson, H., Satsangi, M. & Third, H. (1999) *Local housing needs assessment: a review of current practice and the need for guidance*. Research Paper No. 73, School of Planning and Housing, Edinburgh College of Art/Heriot-Watt University, Edinburgh.

Bramley, G., Pawson, H. & Parker, J. (2000) *Local housing needs assessment: a guide to good practice*. Department of Environment, Transport and the Regions, London.

Bratt, R.G. (2002) Housing and Family Well-being. *Housing Studies*, **17 (1)**, 13–26.

Breheny, M. (1999) People, households and houses: The basis to the 'great housing debate' in England. *Town Planning Review*, **70**, 275–93.

Britton, E. & Whitley, J. (1997) Comparing the monetary transmission mechanism in France, Germany and the United Kingdom: Some issues and results. *Bank of England Quarterly Bulletin*, **May**, 152–62.

Brock, W. & Durlauf, S. (forthcoming) Interactions-based models. In: *Handbook of Econometrics* (ed. J. Heckman & E. Learner), vol. 5. North Holland, Amsterdam.

Bromwich, M., Harrison, A. Travers, A. & Whitehead, C.M.E. (2002) *An economic analysis of PFI*. LSE London Discussion Paper, forthcoming, LSE, London.

Brown, J., Song, H. & McGillvray, A. (1997) Forecasting U.K. house prices: A time varying coefficient approach. *Economic Modelling*, **14**, 529–48.

Brueckner, J. K. (1986) The down payment constraint and housing tenure choice: A simplified exposition. *Regional Science and Urban Economics*, **16 (4)**, 519–25.

Brueggemann, W.B., Fisher, J.D. & Stern, J.J. (1982) Rental housing and the Economic Recovery Tax Act of 1981. *Public Finance Quarterly*, **10 (2)**, 222–41.

Buchel, S. & Hoesli, M. (1995) A hedonic analysis of rent and rental revenue in the subsidised and unsubsidised housing sectors in Geneva. *Urban Studies*, **32 (7)**, 1199–1213.

Burgess, J.F. Jr. & Harmon, O.R. (1982) Specification tests in hedonic models. *Journal of Real Estate Finance and Economics*, **4 (4)**, 375–93.

Burns, L. & Grebler, L. (1977) *The Housing of Nations*. Macmillan, London.

Burrows, R., Pleace, N. & Quilgar, D. (1997) *Homelessness and Social Policy*. Routledge, London.

Business Strategies Limited (1998) *A Critique of the Official Population and Household Projections for Scotland*. Business Strategies Limited, London.

Butler, R.V. (1982) The specification of hedonic indexes for urban housing. *Land Economics*, **58 (1)**, 96–108.

Cameron, G. & Muellbauer, J. (2000) *Earnings, unemployment and housing: evidence from a panel of British regions*. CEPR Discussion Paper No. 2404.

Can, A. (1992) Specification and estimation of hedonic housing price models. *Regional Science and Urban Economics*, **22(3)**, 453–75.

Capozza, D. & Seguin, P.J. (1995) *Expectations, efficiency and euphoria in the housing market*. National Bureau of Economic Research, Working Paper No. 5179.

Capozza, D.R., Green, R.K. & Hendershott, P.H. (1996) Taxes, mortgage borrowing and residential land prices. In: *Economic Effects of Fundamental Tax Reform* (ed. H. Aaron & W. Gale). The Brookings Institute, Washington, D.C.

Capozza, D.R., Green, R.K. & Hendershott, P.H. (1997) *Income taxes and house prices*. CULER Working Paper.

Carr-Hill, R. (1997) *Impact of housing conditions upon health status*. Paper presented at seminar on The Wider Impacts of Housing, Scottish Homes.

Case, B. & Quigley, J.M. (1991) The dynamics of real estate prices. *Review of Economics and Statistics*, **22 (1)**, 50–8.

Case, K.E. & Shiller, R.J. (1987) Prices of single family homes since 1970: New indexes for four cities. *New England Economic Review*, September/October, 45–56.

Case, K.E. & Shiller, R.J. (1989) The efficiency of the market for single family homes. *American Economic Review*, **79**, 125–37.

Case, K.E. & Shiller, R.J. (1990) Forecasting prices and excess returns in the housing market. *AREUEA Journal*, **18**, 253–73.

Case, K.E., Quigley, J.M. & Shiller, R.J. (2001) *Stock market wealth, housing wealth, spending and consumption.* Unpublished.

Cassel, E. & Mendelsohn, R. (1985) The choice of functional forms for hedonic price equations: comment. *Journal of Urban Economics*, **18**, 135–42.

Centre for Housing Research (1989) *The Nature and Effectiveness of Housing Management in England.* HMSO, London.

Chambers, D. (1992) The racial housing price differential and racially transitional neighborhoods. *Journal of Urban Economics*, **32(2)**, 214–32.

Chambers, D. & Simonson, J. (1989) *Mobility, transactions costs, and tenure choice.* Paper presented at the Seventeenth Midyear Meeting of The American Real Estate and Urban Economics Association, May.

Champion, A.J., Fotheringham, S., Boyle, P., Rees, P., & Stilwell, J. (1998b) *The determinants of migration flows in England: a review of existing data and evidence.* Report to DETR. DETR, London.

Champion, A.J., Coombes, M., Fotheringham, S. *et al.* (2000) *Development of a migration model.* Final report, prepared for the Department of the Environment, Transport and the Regions (DETR), under Contract RADS 5/9/22, University of Newcastle upon Tyne, Newcastle.

Chan, S. (2001) Spatial lock-in: Do falling house prices constrain residential mobility? *Journal of Urban Economics*, **49**, 567–86.

Chaplin, R., Jones, M., Martin, S. *et al.* (1995) *Rents and Risks: Investing in Housing Associations.* Joseph Rowntree Foundation, York.

Charles, K. & Hurst, E. (forthcoming) The Transition to Home Ownership and the Black-White Wealth Gap. *Review of Economics and Statistics.*

Charles, S. (1977) *Housing Economics.* Macmillan, London.

Cheshire, P. & Leven, C. (1982) *On the costs and economic consequences of the British land use planning system.* Discussion paper in Urban and Regional Economics, Series C, no. 11, University of Reading.

Cheshire, P. & Sheppard, S. (1989) British planning policy and access to housing: some empirical estimates. *Urban Studies*, **26**, 469–85.

Cheshire, P. & Sheppard, S. (1995) On the price of land and the value of amenity. *Econometrica*, **62**, 247–67.

Cheshire, P. & Sheppard, S. (1997) *The welfare economics of land use regulation.* Research Papers in Environmental and Spatial Analysis No. 42. Department of Geography, London School of Economics.

Chinloy, P. (1991) Risk and the user cost of housing services. *AREUEA Journal*, **19**(4), 516–31.

Cho, M. (1996) House price dynamics: A survey of theoretical and empirical issues. *Journal of Housing Research*, **7**, 145–72.

Chowhan, J. & Prud'homme, M. (2000) *City Comparisons of Shelter Costs in Canada: A Hedonic Approach.* Statistics Canada, Ottawa.

Christensen, L.R., Jorgenson, D.W. & Lau, L.J. (1973) Transcendental logarithmic production frontiers. *Review of Economics and Statistics*, **55**, 28–45.

Clapham, D. (1996) Housing and the economy: Broadening comparative housing research. *Urban Studies*, **33**, 631–48.

Clapham, D. & Maclennan, D. (1983) Residualization of council housing: a non-issue. *Housing Review*, **32**, 9–10.

Clapp, J.M. & Giaccotto, C. (1998a) Price indices based on the hedonic repeat-sale method: Application to the housing market. *Journal of Real Estate Finance and Economics*, **16 (1)**, 5–26.

Clapp, J.M. & Giaccotto, C. (1998b) Residential hedonic models: A rational expectations approach to age effects. *Journal of Urban Economics*, **44 (3)**, 415–37.

Clapp, J.M., Giaccotto, C. & Tirtiroglu, D. (1991) Housing price indices: Based on all transactions compared to repeat subsamples. *AREUEA Journal*, **19 (3)**, 270–85.

Clark, W.A.V. (ed.) (1982a) *Modelling housing market search*. Croom Helm, London.

Clark, W.A.V. (1982b) Recent research on migration and mobility. *Progress and Planning*, **18**, 1–56.

Clark, W.A.V. (1993) Search and choice in urban housing markets. In: *Behavior and Environment: Psychological and Geographical Approaches* (eds T. Gärling & R. G. Golledge). Elsevier, Amsterdam.

Clark, Todd E. (1995) Rents and prices of housing across areas of the United States: A cross-section examination of the present value model. *Regional Science and Urban Economics*, **25**, 237–47.

Cliff, A.D., Haggett, P., Ord, J.K., Bassett, K.A. & Davies, R.B. (1975) *Elements of spatial structure*. Cambridge University Press, Cambridge, England.

Colwell, P.F. & Dilmore, G. (1999) Who was first? An examination of an early hedonic study. *Land Economics*, **75 (4)**, 620–6.

Coulson, N.E. & Fisher, L.M. (2002) Tenure choice and labour market outcomes. *Housing Studies*, **17 (1)**, 35–49.

Council for the Protection of Rural England (2001) *Sprawl Patrol: first year report*. CPRE, London.

Court, A.T. (1939) Hedonic price indexes with automotive examples. *The Dynamics of Automobile Demand*. General Motors Corporation, New York.

Crane, J. (1991) The epidemic theory of ghettos and neighbourhood effects on dropping out and teenage childbearing. *American Journal of Sociology*, **96**, 1226–59.

Cressy, R. (1996) Are business startups debt-rationed? *Economic Journal*, **106**, 1253–70.

Cullingworth, J.B. (1997a) *Planning in the U.S.A.: Policies, Issues and Processes*. Routledge, London & New York.

Cullingworth, J.B. (1997b) British land-use planning: A failure to cope with change? *Urban Studies*, **34**, 945–60.

Cunningham, D.F. & Hendershott, P.H. (1984) Pricing FHA Mortgage Default Insurance. *Housing Finance Review*, **3**, 373–92.

Dale-Johnston, D. (1982) An alternative approach to housing market segmentation using hedonic price data. *Journal of Urban Economics*, **11**, 311–32.

Davies, H.W.E. (1998) Continuity and change: the evolution of the British Planning System, 1947–97. *Town Planning Review*, **69**, 135–52.

Davis, O.A. & Whinston, A.B. (1961) The economics of urban renewal. *Law and Contemporary Problems*, **26 (1)**, 163–77.

De Borger, B. (1986) Estimating the benefits of public housing programs: A characteristics approach. *Journal of Regional Science*, **26,** 761–73.

De Leeuw, F. & Ozanne, L. (1981) Housing. In: *How Taxes Affect Economic Behaviour* (eds H. J. Aaron & J. A. Pechman). Brookings Institute, Washington, DC.

De Leeuw, F. & Struyck, R. (1975) *The Web of Urban Housing*. The Urban Institute, Washington, DC.

Department of Environment (1971) *Fair Deal for Housing*, **Cmnd 4728**, HMSO, London.

Department of the Environment (1977) *Housing Policy: a consultative document.* **Cmnd 6851**, HMSO, London.

Department of the Environment (1980) *Housing Requirements: a guide to information and techniques*. HMSO, London.

Department of Environment, Transport and the Regions (1997) *An Economic Model of the Need and Demand for Social Housing*. DETR, HMSO, London.

Department of Environment, Transport and the Regions (1998) *The 1996 House Condition Survey*. HMSO, London.

Department of Environment, Transport and the Regions (1999a) *Projections of Households in England to 2021*. DETR, HMSO, London.

Department of Environment, Transport and the Regions (1999b) *Towards an urban renaissance.* Final report of the Urban Task Force under the chairmanship of Lord Rogers of Riverside. HMSO, London.

Department of Transport, Local Government and the Regions (2001) *Reforming planning obligations: delivering fundamental change*. Consultation paper.

Des Rosiers, F. & Theriault, M. (1996) Rental amenities and the stability of hedonic prices: A comparative analysis of five market segments. *Journal of Real Estate Research*, **12 (1)**, 17–36.

Diamond, D.B. Jr. & Smith, B. (1985) Simultaneity in the Market for Housing Characteristics. *Journal of Urban Economics*, **17**, 280–92.

DiPasquale, D. & Glaeser, E. (1999) Incentives and social capital: Are homeowners better citizens? *Journal of Urban Economics*, **45 (2)**, 354–84.

DiPasquale, D. & Wheaton, W. (1994) Housing market dynamics and the future of house prices. *Journal of Urban Economics*, **35**, 1–27.

DiPasquale, D. & Wheaton, W. (1996) *Urban Economics and Real Estate Markets*. Prentice Hall, Englewood Cliffs, NJ.

Din, A., Hoesli, M. & Bender, A. (2001) Environmental values and real estate prices. *Urban Studies*, **38 (100)**, 1989–2000.

Dobson, J. (2000) *Strategic approaches*. Joseph Rowntree Foundation, Search No 34, winter 2000/2001, 8–11.

Donnison, D. (1961) The teaching of social administration. *British Journal of Sociology*, **12 (3)**, 202–23.

Donnison, D. (2000) The Academic Contribution to Social Reform. *Social Policy and Administration*, **34 (1)**, 26–43.

Doyal, L. & Gough, I. (1991) *A Theory of Human Need*. Macmillan, London.

Dreiman, M. & Follain, J.R. (2000) *Drawing Inferences about Housing Supply Elasticity from House Price Responses to Income Shocks.* (Unpublished).

Dubin, R.A. (1992) Spatial autocorrelation and neighborhood quality. *Regional Science and Urban Economics,* **22 (3),** 433–52.

Dubin, R.A. (1998) Predicting house prices using multiple listings data. *Journal of Real Estate Finance and Economics,* **17 (1),** 35–59.

Duca, J.V. & Rosenthal, S.S. (1994) Borrowing constraints and access to owner-occupied housing. *Regional Science and Urban Economics,* **24,** 301–22.

Dynarski, M. (1986) Residential attachment and housing demand. *Urban Studies,* **23,** 11–20.

Dynarski, M. & Sheffrin, S.M. (1985) Housing purchases and transitory income: A study with panel data. *The Review of Economics and Statistics,* **67,** 195–205.

Edel, M. & Sclar, E. (1974) Taxes, spending and property values: Supply adjustment in a Tiebout-Oates Model. *Journal of Political Economy,* **82,** 941–54.

Engelhardt, G.V. (1994a) Tax subsidies to saving for home purchase: Evidence from Canadian RHOSPs. *National Tax Journal,* **47 (2),** 363–88.

Engelhardt, G.V. (1994b) House prices and the decision to save for down payments. *Journal of Urban Economics,* **36 (2),** 209–37.

Engelhardt, G.V. (1995) *House prices and home owner saving behavior.* National Bureau of Economic Research Working Paper, no. 5183.

Engelhardt, G.V. & Mayer, C.J. (1994) Gifts for home purchase and housing market behavior. *New England Economic Review* (May-June), 47–58.

Engelhardt, G.V. & Mayer, C.J. (1995) *Intergenerational transfers, borrowing constraints, and saving behavior: Evidence from the housing market.* Federal Reserve Bank of Boston Working Paper, no. 95–11.

Englund, P. & Ioannides, Y. (1997) House price dynamics: An international empirical perspective. *Journal of Housing Economics,* **6,** 119–36.

Englund, P., Quigley, J.M. & Redfearn, C.L. (1998) Improved price indexes for real estate: Measuring the course of Swedish housing prices. *Journal of Urban Economics,* **44 (2),** 171–96.

Environment Committee (1981) *Council house sales.* Second Report HC 366-I, HC 535 I-xi (1979–80), HMSO, London.

Epple, D. (1987) Hedonic prices and implicit markets: Estimating the demand and supply functions for differentiated products. *Journal of Political Economy,* **95,** 59–80.

Ermisch, J. (1984) *Housing Finance: Who Gains?* Policy Studies Institute, London.

Ermisch, J.F., Findlay, J. & Gibb, K. (1996) The price elasticity of housing demand in Britain: Issues of sample selection. *Journal of Housing Economics,* **5 (1),** 64–86.

Evans, A. (1973) *Economics of Residential Location.* Macmillan, London.

Evans, A.W. (1983) The determination of the price of land. *Urban Studies,* **20,** 119–29.

Evans, A.W. (1991) Rabbit hutches on postage stamps: planning, development and political economy. *Urban Studies,* **28 (6),** 853–70.

Evans, A.W. (1996) The impact of land use planning and tax subsidies on the supply and price of housing in Britain. *Urban Studies,* **33,** 581–6.

Evans, A., Stevens, S. & Williams, P. (1999) *Making Best Use of the Private Sector? A review of Welsh local authority housing strategies and operational plans.* Council of Mortgage Lenders, London.

Fair, R.C. & Jaffee, D.M. (1972) Methods of estimation for markets in disequilibrium. *Econometrica*, **40**, 497–514.

Feder, G. (1982) On exports and economic growth. *Journal of Development Economics*, **12**, 59–73.

Feldstein, M., Slemrod, J. & Yitzhaki, S. (1980) The effects of taxation on the selling of corporate stock and the realisation of capital gains. *Quarterly Journal of Economics*, **94 (4)**, 777–91.

Fischel, W. (1990) *Do Growth Controls Matter? A review of empirical evidence on the effectiveness and efficiency of local government land use regulation.* Lincoln Institute of Land Policy Working Paper, Lincoln Institute, Boston.

Fischer, C.S. (1982) *To Dwell Among Friends.* University of Chicago Press, Chicago.

Fisher, F. & Shell, K. (1971) Taste and quality change in the pure theory of the true cost of living index. In: *Price Indexes and Quality Change* (ed. Zvi Griliches), Harvard University Press.

Fisher, J.D. & Lentz, G.H. (1986) Tax reform and the value of real estate income property. *AREUEA Journal*, **14 (2)**, 287–315.

Flood, J. (1997) Urban and housing indicators. *Urban Studies*, **34 (10)**, 1597–1620.

Follain, J.R. (1982) Does inflation affect real behavior? The Case of Housing. *Southern Economic Journal*, **48 (3)**, 570–82.

Follain, J.R. & Jimenez, E. (1985a) Estimating the demand for housing characteristics: A survey and critique. *Regional Science and Urban Economics*, **15 (1)**, 77–107.

Follain, J.R. & Jimenez, E. (1985b) The demand for housing characteristics in developing countries. *Urban Studies*, **22 (5)**, 421–32.

Follain, J.R. & Ling, D.C. (1988) Another look at tenure choice, inflation, and taxes. *Journal of the American Real Estate and Urban Economics Association*, **16 (3)**, 207–29.

Follain, J.R. & Malpezzi, S. (1980a) *Dissecting Housing Value and Rent.* The Urban Institute, Washington, D.C.

Follain, J.R. & Malpezzi, S. (1980b) Estimates of housing inflation for thirty-nine SMSAs: An alternative to the consumer price index. *Annals of Regional Science*, 41–56.

Follain, J.R. & Malpezzi, S. (1981a) Another look at racial differences in housing prices. *Urban Studies*, **18 (2)**, 195–203.

Follain, J.R. & Malpezzi, S. (1981b) Are occupants accurate appraisers? *Review of Public Data Use*, **9 (1)**, 47–55.

Follain, J.R. & Malpezzi, S. (1981c) The flight to the suburbs: Insight from an analysis of central city versus suburban housing costs. *Journal of Urban Economics*, **9 (3)**, 381–98.

Follain, J.R. & Ozanne, L. with Alberger, V. (1979) *Place to Place Indexes of the Price of Housing.* Urban Institute, Washington, D.C.

Follain, J.R., Hendershott, P.H. & Ling, D.C. (1987) Understanding the real estate provisions of tax reform: Motivation and impact. *National Tax Journal*, **3**, 363–72.

Fordham, R. & Brook, R. (1995) *A Methodology for Assessing Housing Need*. Planning Negotiators and National Housing and Town Planning Council, London.

Forrest, R. & Murie, A. (1976) *Social segregation, housing need and the sale of council houses*. Research memorandum 53, Centre for Urban and Regional Studies, University of Birmingham.

Forrest, R. & Murie, A. (1984a) *Right to Buy? Issues of need, equity and polarisation in the sale of council houses*. Working Paper 39, School for Advanced Urban Studies, University of Bristol.

Forrest, R. & Murie, A. (1984b) *Monitoring the Right to Buy 1980–1982*. Working Paper 40, School for Advanced Urban Studies, University of Bristol.

Forrest, R. & Murie, A. (1988) *Selling the Welfare State: the Privatisation of Public Housing*. Routledge, London.

Forrest, R. & Murie, A. (1990a) *Moving the Housing Market*. Avebury, Aldershot.

Forrest, R. & Murie, A. (1990b) *Residualisation and council housing: a statistical update*. Working Paper 91, School for Advanced Urban Studies, University of Bristol.

Foulis, M.B. (1983) *Council House Sales in Scotland*. HMSO, Edinburgh.

Freeman, A.M. (1979) Hedonic prices, property values and measuring environmental benefits: A survey of the issues. *Scandinavian Journal of Economics*, **81 (2)**, 154–73.

Friedman, J. & Weinberg, D.H. (1981) The demand for rental housing: Evidence from the housing allowance demand experiment. *Journal of Urban Economics*, **9 (3)**, 311–31.

Fujita, M. (1987) *Urban Economic Theory*. Cambridge University Press, Cambridge.

Gabriel, S.A. (1984) A note on housing market segmentation in an Israeli development town. *Urban Studies*, **21**, 189–94.

Galster, G.C. (1987) *Homeowners and Neighborhood Reinvestment*. Duke University Press, Durham, NC.

Galster, G.C. (1992) Research on discrimination in housing and mortgage markets: Assessment and future directions. *Housing Policy Debate*, **3 (2)**, 639–84.

Galster, G. (1996) William Grigsby and the analysis of housing submarkets and filtering. *Urban Studies*, **33 (10)**, 1797–1806.

Galster, G. (1997) Comparing demand-side and supply-side housing policies: submarket and spatial perspectives. *Housing Studies*, **12 (4)**, 561–77.

Galster, G.C. (forthcoming) The effects of MTO on sending and receiving neighborhoods. In: *Choosing a better life? A Social Experiment in Leaving Poverty Behind* (eds J. Goering, T. Richardson & J. Feins). Urban Institute Press, Washington, DC.

Galster, G.C. & Daniell, J. (1996) Housing. In: *Reality and Research: Social Science and U.S. Urban Policy Since 1960* (ed. G.C. Galster), 85–112. Urban Institute Press, Washington, DC.

Galster, G.C. & Killen, S. (1995) The geography of metropolitan opportunity – a reconnaissance and conceptual framework. *Housing Policy Debate*, **6 (1)**, 7–43.

Galster, G.C. & Rothenberg, J. (1991) Filtering in urban housing: a graphical analysis of a quality-segmented market. *Journal of Planning Education and Research*, **11**, 37–50.

Galster, G.C., Quercia, R.G., & Cortes, A. (2000) Identifying neighborhood thresholds: an empirical exploration. *Housing Policy Debate*, **11 (3)**, 701–32.

Garrod, G. & Willis, K.G. (1992a) The environmental economic impact of woodland: A two-stage hedonic price model of the amenity value of forestry in Britain. *Applied Economics*, **24 (7)**, 715–28.

Garrod, G. & Willis, K.G. (1992b) Valuing goods characteristics: An application of the hedonic price method to environmental attributes. *Journal of Environmental Management*, **34 (1)**, 59–76.

Gatzlaff, D.H. & Haurin, D.R. (1997) Sample selection bias and repeat-sales index estimates. *Journal of Real Estate Finance and Economics*, **14**, 33–50.

Gatzlaff, D.H. & Tirtiroglu, D. (1995) Real estate market efficiency: Issues and evidence. *Journal of Real Estate Literature*, **3**, 157–92.

Gatzlaff, D.H., Green, R.K. & Ling, D.L. (1998) Revisiting cross-tenure differences in housing maintenance. *Land Economics*, **74 (3)**, 328–42.

Genesove, D. & Mayer, C. J. (2001) Loss aversion and seller behavior: Evidence from the housing market. *Quarterly Journal of Economics*, **116 (4)**, 1233–60.

Gibb, K. (1989) *Housing Economics and the Urban Public Sector*. Centre for Housing Research Discussion Paper 26. University of Glasgow.

Gibb, K. & MacKay, D. (2001) *The demand for housing in Scotland: new estimates from the Scottish House Condition Survey*. University of Glasgow, Department of Urban Studies Discussion Paper.

Gibb, K., Meen, G. & Mackay, D. (2000) *The Demand for Social Rented Housing in Glasgow: Citywide Needs and Demand*. Glasgow City Council/Scottish Homes, Glasgow.

Gillen, K., Thibodeau, T. & Wachter, S. (2001) Anisotropic autocorrelation in house prices. *Journal of Real Estate Finance and Economics*, **23 (1)**, 5–30.

Gilley, O.W. & Kelley Pace, R. (1995) Improving hedonic estimation with an inequality restricted estimator. *Review of Economics and Statistics*, **77 (4)**, 609–21.

Goldberger, A.S. (1968) The interpretation and estimation of Cobb-Douglas functions. *Econometrica*, **35**, 464–72.

Goodlad, R. (1993) *The Housing Authority as Enabler*. Longman/Chartered Institute of Housing, Essex and Coventry.

Goodman, A.C. (1981) Housing submarkets within urban areas: definitions and evidence. *Journal of Regional Science*, **21**, 175–85.

Goodman, A.C. (1998) Andrew Court and the invention of hedonic price analysis. *Journal of Urban Economics*, **44 (2)**, 291–8.

Goodman, A.C. & Thibodeau, T.G. (1995) Age-related heteroskedasticity in hedonic house price equations. *Journal of Housing Research*, **6 (1)**, 25–42.

Goodman, A.C. & Thibodeau, T.G. (1998) Housing market segmentation. *Journal of Housing Economics*, **7**, 121–43.

Goodman, J.L. Jr. & Ittner, J.B. (1992) The accuracy of home owners' estimates of House Value. *Journal of Housing Economics*, **2(4)**, 339–57.

Gordon, I. (1990) Housing and labour market constraints on migration across the North-South divide. In: *Housing and the National Economy* (ed. J. Ermisch). Avebury.

Gordon, I. (1991) Multi-stream migration modelling. In: *Migration models; macro and micro approaches* (ed. J. Stillwell & P. Congdon). Belhaven, London.

Gordon, R.H., Hines, J.R. (Jr), & Summers, L.H. (1987) Notes on the tax treatment of structures. In: *The Effects of Taxation on Capital Accumulation* (ed. M. Feldstein). Chicago University Press, Chicago.

Goss, S. & Blackaby, B. (1998) *Designing Local Housing Strategies*. Local Government Association/Chartered Institute of Housing, Coventry and London.

Granovetter, M. (1978) Threshold models of collective behavior. *American Journal of Sociology*, **83**, 1420–43.

Granovetter, M. & Soong, R. (1986) Threshold models of diversity: Chinese restaurants, residential segregation, and the spiral of silence. *Journal of Sociology*, **18,** 69–104.

Grant, M. (1992) Planning law and the British land use planning system. *Town Planning Review*, **63 (1)**, 3–12.

Grant, R.A., Thomson, B.W., Bible, J.K. & Randall, J.N. (1976) *Local Housing Needs and Strategies: A case study of the Dundee sub-region*. Scottish Development Department, Edinburgh.

Gravelle, J.G. (1994) *The Economic Effects of Taxing Capital Income*. MIT Press, Cambridge, Mass.

Green, R.K. & Hendershott, P.H. (2001a) Homeownership and unemployment in the U.S. *Urban Studies*, **38 (9),** 1509–20.

Green, R.K. & Hendershott, P.H. (2001b) *Homeownership and the duration of unemployment: a test of the Oswald hypothesis*. Paper presented at the AREUEA Annual Meeting, January 2002.

Green, R.K. & Malpezzi, S. (2001) *A Primer on U.S. Housing Markets and Policies*. The Urban Institute Press for the American Real Estate and Urban Economics Association.

Green, R.K. & Vandell, K.D. (1999) Giving households credit: How changes in the U.S. Tax Code could promote homeownership. *Regional Science and Urban Economics*, **29,** 419–44.

Green, R.K. & White, M.J. (1997) Measuring the benefits of homeowning: Effects on children. *Journal of Urban Economics*, **41 (3)**, 441–61.

Greer, S. (1962) *The Emerging City: Myth and Reality*. Free Press, New York.

Grey, A., Hepworth, N., & Odling-Smee, J. (1981) *Housing rents, costs and subsidies*: a *discussion document* (2nd edn). The Chartered Institute of Public Finance and Accountancy, London.

Grigsby, W. (1963) *Housing Markets and Public Policy*. University of Pennsylvania Press, Philadelphia.

Grigsby, W., Baratz, G., Galster, G.C., & Maclennan, D. (1987) *The Dynamics of Neighborhood Change and Decline*. Pergamon, London, Progress in Planning series no. 28.

Griliches, Z. (1961) Hedonic price indexes for automobiles: An econometric analysis quality change. In: *The price statistics of the Federal Government*, General Series, **73**, 137–96. NBER, New York.

Gross, D.J. (1986) *Designing a suitable project: integration of a demand module into a supply side planning model*. World Bank, Water Supply and Urban Development Department Discussion Paper No. UDD-103.

Grossman, S. & Laroque, G. (1990) Asset pricing and optimal portfolio choice in the presence of illiquid durable consumption goods. *Econometrica*, **58**, 25–51.

Guisanni, B. & Hadjimatheou, G. (1991) Modelling regional house prices in the United Kingdom. *Papers in Regional Science*, **70**, 201–19.

Gyourko, J. & Linneman, P. (1993) The affordability of the American dream: An examination of the last 30 years. *Journal of Housing Research*, **4 (1)**, 39–72.

Gyourko, J. & Tracy, J. (1999) A look at real housing prices and incomes: Some implications for housing affordability and quality. *Economic Policy Review*, **5 (3)**, 63–77.

Gyourko, J., Linneman, P. & Wachter, S. (1999) Analyzing the relationships among race, wealth, and home ownership in America. *Journal of Housing Economics*, **8 (2)**, 63–89.

Haas, G.C. (1922) *Sales prices as a basis for farm land appraisal*. Technical Bulletin 9, University of Minnesota Agricultural Experiment Station, St. Paul, Minnesota.

Haavio, M. & Kauppi, H. (2001) *Housing markets, borrowing constraints and labor mobility*. Paper presented at the Sixth Nordic Conference on Local Public Finance, Helsinki, November 2001.

Hall, P., Land, H., Parker, R. & Webb, A. (1975) *Change, Choice and Conflict in Social Policy*. Heinemann, London.

Hall, S., Psaradakis, Z. & Sola, M. (1997) Switching error-correction models of house prices in the United Kingdom. *Economic Modelling*, **14**, 517–28.

Hall, S., Lazarova, S. & Urga, G. (1999) A principal components analysis of common stochastic trends in heterogeneous panel data: Some Monte Carlo evidence. *Oxford Bulletin of Economics and Statistics*, **Special Issue 61**, 749–67.

Hallman, H.W. (1984) *Neighborhoods: Their Place in Urban Life*. SAGE Publications, Beverly Hills, California.

Halvorsen, R. & Palmquist, R. (1980) The interpretation of dummy variables in semilogarithmic regressions. *American Economic Review*, **70**, 474–5.

Halvorsen, R. & Pollakowski, H. (1981) Choice of functional form for hedonic price functions. *Journal of Urban Economics*, **10**, 37–49.

Hamilton, B. (1975) Zoning and property taxation in a system of local government. *Urban Studies*, **12**, 205–11.

Hancock, K. (1991) *The economic principles of affordability*. Paper given at Housing Studies Association Conference, York.

Hancock, K. & Maclennan, D. (1989) *House price monitoring systems and housing planning in Scotland: a feasibility study*. Report for the Scottish Office, Centre for Housing Research, Glasgow University.

Hansmann, H. (1996) *The Ownership of Enterprise*. Harvard University Press, Cambridge, Mass.

Harrison, A.J. (1977) *Economics and Land Use Planning*. Policy Journals, Newbury.

Harsman, B. & Quigley, J.M. (1991) *Housing Markets and Housing Institutions: An International Comparison*. Kluwer, Boston.

Haurin, D.R. (1991) Income variability, homeownership and housing demand. *Journal of Housing Economics*, **1**, 60–74.

Haurin, D.R., Hendershott, P. & Wachter, S. (1997) Borrowing constraints and the tenure choice of young households. *Journal of Housing Research*, **8**, 137–54.

Hausman, J.A. (1978) Specification tests in econometrics. *Econometrica*, **46**, 1251–72.

Hawtin, M. (1996) Assessing housing needs. In: *Needs Assessments in Public Policy* (ed. J. Percy-Smith), 98–116. Open University Press, Buckingham.

Heal, G.M. (1973) *The Theory of Economic Planning*. North Holland, Amsterdam.

Healey, P., Purdue, M. & Ennis, F. (1993) *Gains from Planning? Dealing with the impacts of development*. Joseph Rowntree Foundation, York.

Hendershott, P.H. (1980) Real user costs and the demand for single family housing. *Brookings Papers on Economic Activity*, 401–42.

Hendershott, P.H. (1988) Home ownership and real house prices: Sources of change, 1965–1985. *Housing Finance Review*, **7**, 1–18.

Hendershott, P.H. & Hu, S.C. (1981) Inflation and extraordinary returns on owner-occupied housing: Some implications for capital allocation and productivity growth. *Journal of Macroeconomics*, **3 (2)**, 177–203.

Hendershott, P.H. & Ling, D.C. (1984) Prospective changes in tax law and the value of depreciable real estate. *AREUEA Journal*, **12 (3)**, 297–317.

Hendershott, P.H. & Shilling, J.D. (1982) Capital allocation and the economic recovery Tax Act of 1981. *Public Finance Quarterly*, **10 (2)**, 242–73.

Hendershott, P.H. & Slemrod, J. (1983) Taxes and the User Cost of Capital for Owner-Occupied Housing. *American Real Estate and Urban Economics Association Journal*, **10 (4)**, 375–93.

Hendershott, P.H., Follain, J.R. & Ling, D.C. (1987) Effects on real estate. In: *Tax Reform and the US Economy* (ed. J.A. Pechman), 71–102. Brookings Institute, Washington, DC.

Henderson, J.V. (1985) *Economic Theory and the Cities*. Academic Press, New York.

Henderson, J.V. & Ioannides, Y. (1983) A model of housing tenure choice. *American Economic Review*, **73**, 98–113.

Henderson, J.V. & Ioannides, Y. (1987) Owner-occupancy: Investment vs. consumption demand. *Journal of Urban Economics*, **21**, 228–41.

Henley, A. (1998) Residential mobility, housing equity and the labour market. *Economic Journal*, **108**, 414–27.

Hicks, J.R. (1939) *Value and Capital*. Clarendon Press, Oxford.

Hicks, J.R. (1960) Linear Theory. *Economic Journal*, **70**, 671–709.

Hill, R.C., Sirmans, C.F. & Knight, J.R. (1999) A random walk down Main Street? *Regional Science and Urban Economics*, **29 (1)**, 89–103.

Hills, J. (1991) *Unravelling Housing Finance: Subsidies, Benefits and Taxation*. Clarendon Press, Oxford.

Hills, J. (1995) *Inquiry into Incomes and Wealth, vol. 2: A summary of the evidence.* Joseph Rowntree Foundation, York.

Hills, J. (2000) *Reinventing Social Housing Finance.* IPPR, London.

Hills, J., Hubert, F., Tomann, H. & Whitehead, C. (1990) Shifting subsidies from bricks and mortar to people. *Housing Studies,* **5,** 147–67.

Hirsch, F. (1976) *Social Limits to Growth.* Harvard University Press, Cambridge, Mass.

Hirshleifer, J. (1970) *Investment, Interest and Capital.* Prentice Hall, Englewood Cliffs, NJ.

Hocking, R.R. (1976) The analysis and selection of variables in linear regression. *Biometrics,* **32,** 1–49.

Hoffman, J. & Kurz, C. (2002) *Rent Indices for Housing in West Germany: 1985 to 1998.* European Central Bank Working Paper No. 116.

Holmans, A. (1996) A decline in young owner-occupiers in the 1990s. *Housing Finance,* **29,** 13–20.

Holmans, A. (2001) *Housing Demand and Need in England 1996–2016.* Town and Country Planning Association, London.

Hölmstrom, B. (1979) Moral hazard and observability. *Bell Journal of Economics,* **10,** 74–91.

Hölmstrom, B. (1982) Moral hazard in teams. *Bell Journal of Economics,* **13,** 324–40.

Holt, C.C. & Shelton, J.P. (1962) The lock-in effect of the Capital Gains Tax. *National Tax Journal,* **XV, (4),** 337–52.

Hopkins, C. Benjamin, C. & Carter, A. (1997) *Regeneration: Some Legal and Practical Issues.* Lawrence Graham, BURA.

Hort, K. (1997) On price formation and quantity adjustment in Swedish housing markets. *Economic Studies Number 34.* University of Uppsala, Sweden.

Housing Research Findings no. 19 (1990) *Survey of 10,000 households in six conurbations.* Nov. 1990, Joseph Rowntree Foundation, York.

Housing Studies (2000) Special issue: Housing and Health. *Housing Studies,* **15,** 3.

Housing Studies (2002) Special Issue: Opportunity, Deprivation and the Housing Nexus: Trans-Atlantic Perspectives. *Housing Studies,* **17,** 1.

Hoyt, Homer (1939) *The Structure and Growth of Residential Neighborhoods in American Cities.* Federal Housing Administration, Washington, D.C.

Hsiao, C. (1986) *Analysis of Panel Data.* Econometric Society Monographs. Cambridge University Press, Cambridge.

Hughes, G.A. & McCormick, B. (1981) Do council house policies reduce migration between regions? *Economic Journal,* **91,** 919–39.

Hughes, G.A. & McCormick, B. (1985) Migration intentions in the UK. Which households want to migrate and which succeed? *Economic Journal,* **95 (Suppl.),** 113–23.

Hughes, G.A. & McCormick, B. (1987) Housing markets, unemployment and labour market flexibility in the U.K. *European Economic Review,* **31,** 615–45.

Hughes, G.A. & McCormick, B. (1990) Housing and labour market mobility. In: *Housing and the National Economy* (ed. J. Ermisch). Avebury, Aldershot.

Hughes, G.A. & McCormick, B. (2000) *Housing Policy and Labour Market Performance*. DETR, London.

Hunter, A. (1974) *Symbolic Communities*. University of Chicago Press, Chicago, IL.

Hunter, A. (1979) The urban neighborhood: its analytical and social contexts. *Urban Affairs Quarterly*, **14 (3)**, 267–88.

Industrial Systems Research (1999) *Political barriers to housebuilding in Britain: a critical case study of protectionism and its industrial-commercial effects.* ISR Business and Political-Legal Environment Reports, ISR, Manchester.

Ingram, G. (1979) Simulation and econometric approaches to modelling urban areas. In: *Current Issues in Urban Economics* (eds M. Straszheim & P. Mieszkowski). Johns Hopkins University Press, Baltimore.

Jaffe, A.J. (1996) On the role of transaction costs and property rights in housing markets. *Housing Studies*, **11 (3)**, 425–35.

Jones, C. (2002) The definition of housing market areas and strategic planning. *Urban Studies*, **34**, (Forthcoming).

Jones, C. & Murie, A. (1999) *Reviewing the Right to Buy.* University of Birmingham Press.

Jones, C. & Watkins, C. (1999) Planning and the Housing System. In: *Planning Beyond 2000* (ed. P. Allmendinger & M. Chapman), 89–104. Wiley, Chichester.

Jones, C., Leishman, C. & Watkins, C. (2000) *Structural change in local urban housing markets.* Paper presented at the American Real Estate Society Conference, Santa Barbara, California, March.

Jones, C., Leishman, C. & Watkins, C. (2001a) *Migration Linkages Between Urban Housing Submarkets: Theory and Evidence.* (Unpublished).

Jones, C., Leishman, C. & Watkins, C. (2001b) *Housing market processes, urban housing sub markets and planning policy.* Paper presented at Royal Institute of Chartered Surveyors 'Cutting Edge' Conference, Oxford, U.K., September.

Jones, L.D. (1989) Current wealth and tenure choice. *AREUEA Journal*, **17 (1)**, 7–40.

Jones, L.D. (1995) Testing the central prediction of housing tenure transition models. *Journal of Urban Economics*, **38**, 50–73.

Joseph Rowntree Foundation (1994) *Inquiry into planning for housing.* Report. Joseph Rowntree Foundation, York.

Jud, G.D. & Seaks, T.G. (1994) Sample selection bias in estimating housing sales prices. *Journal of Real Estate Research*, **9(3)**, 289–98.

Kain, J. & Agpar, W. (1985) *Housing and Neighborhood Dynamics*. Harvard University Press, Cambridge, Massachusetts.

Kain, J.F. & Quigley, J. (1972a) Housing market discrimination, homeownership, and savings behavior. *American Economic Review*, **62 (3)**, 263–77.

Kain, J.F. & Quigley, J.M. (1972b) Note on owners' estimates of housing value. *Journal of the American Statistical Association*, **67**, 803–6.

Kaufman, D. & Quigley, J. (1987) The consumption benefits of investment in infrastructure: The evaluation of sites and services programs in underdeveloped countries. *Journal of Development Economics*, **25**, 263–84.

Keeble, D. & Walker, S. (1994) New firms, small firms and dead firms: Spatial patterns and determinants in the United Kingdom. *Regional Studies*, **28**, 411–28.

Kellet, J. (1989) Health and housing. *Journal of Psychosomatic Research*, **33**, 255–68.

Kennedy, P.E. (1981) Estimation with correctly interpreted dummy variables in semi logarithmic equations. *American Economic Review*, **71**, 801.

Kerr, M. (1988) *The Right to Buy: a National Survey of Tenants and Buyers of Council Houses*. HMSO, London.

Kiefer, D.M. (1978) The equity of alternative policies for the Australian homeowner. *The Economic Record*, **54**, 127–39.

Kiefer, D.M. (1980) The interaction of inflation and the U.S. income tax subsidies of housing. *National Tax Journal*, **34 (4)**, 433–45.

King, A.T. (1975) The demand for housing: Integrating the roles of journey-to-work, neighborhood quality, and prices. In: *Household Production and Consumption* (ed. N. Terlecky). NBER.

King, A.T. (1977) Estimating property tax capitalization: A critical comment. *Journal of Political Economy*, **85 (2)**, 425–31.

King, M.A. (1981) An econometric model of tenure choice and demand for housing as a joint decision. *Journal of Public Economics*, **14**, 137–59.

King, M. (1990) Discussion of J. Muellbauer and A. Murphy; is the U.K. balance of payments sustainable? *Economic Policy*, **11**, 383–87.

Kleinman, M.P. & Whitehead, C.M.E. (1991) *Setting a Rent Structure: A Handbook for Social Landlords*. Scottish Homes, Glasgow.

Knight, J.R., Dombrow J. & Sirmans, C.F. (1995) A varying parameters approach to constructing house price indexes. *Real Estate Economics*, **23 (2)**, 187–205.

Knight, J.R., Carter Hill, R. & Sirmans, C.F. (1992) Biased prediction of housing values. *AREUEA Journal*, **20 (3)**, 427–56.

Koskela, E. & Viren, M. (1992) Inflation, capital markets and household saving in the Nordic countries. *Scandinavian Journal of Economics*, **94**, 215–27.

Kotlikoff, L. (1988) Intergenerational transfers and savings. *Journal of Economic Perspectives*, **2**, 41–58.

Laidler, D. (1969) Income tax incentives for owner-occupied housing. In: *Taxation of Income from Capital* (eds A.C. Harberger & M. J. Bailey), 50–76. Brookings Institute, Washington, D.C.

Lambert, C. & Bramley, G. (2002) Managing urban development: Land use planning and city competitiveness. In: *Urban Competitiveness: Policies for dynamic cities* (ed. I. Begg). Policy Press, Bristol.

Lancaster, K. (1966) A new approach to consumer theory. *Journal of Political Economy*, **74**, 132–57.

Lancaster, K. (1971) *Consumer Demand: A New Approach*. Columbia University Press, New York.

Leamer, E.E. (1978) *Specification Searches: Ad Hoc Inference With Nonexperimental Data*. Wiley, New York.

Leishman, C. & Bramley, G. (forthcoming) A Local Housing Market Model with Spatial Interaction and Land Use Planning Controls. Under review, *Environment and Planning, A*.

Leven, C., Little, J., Nourse, H., & Reed, R. (1976) *Neighborhood Change: The Dynamics of Urban Decay*. Praeger, New York.

Levine, D.N. (Ed.) (1971) *George Simmel: On Individuality and Social Forms*. University of Chicago Press, Chicago.

Ling, D.C. (1992) Real estate values, Federal income taxation and the importance of local market conditions. *Journal of the American Real Estate and Urban Economic Association*, **20 (1)**, 122–39.

Ling, D.C. & McGill, G.A. (1992) Measuring the size and distributional effects on homeowner tax preferences. *Journal of Housing Research*, **3 (2)**, 273–304.

Linneman, P. (1981) The demand for residence site characteristics. *Journal of Urban Economics*, **9,** 129–48.

Linneman, P. (1985) An economic analysis of the homeownership decision. *Journal of Urban Economics*, **17 (2)**, 230–46.

Linneman, P. & Megbolugbe, I.F. (1992) Housing affordability: Myth or reality? *Urban Studies*, **29 (1)**, 369–92.

Linneman, P. & Wachter, S. (1989) The impacts of borrowing constraints on homeownership. *AREUEA Journal*, **17 (4)**, 389–402.

Litzenberger, R.H. & Sosin, H.B. (1978) Taxation and the incidence of homeownership across income groups. *Journal of Finance*, **XXXIII (3)**, 947–61.

Liu, C.H., Grisson, T.V. & Hartzell, D.J. (1995) Superior real estate investment performance: Enigma or illusion? A critical review of the literature. In: *Alternative ideas in real estate investment* (eds A.L. Schwartz, Jr. & D.D. Kaplin). Kluwer, Boston.

Llewellyn-Davies (1994) *Providing more homes in urban areas*. Report to Joseph Rowntree Foundation. SAUS Publications (now the Policy Press), Bristol.

Lowry, I. (1960) Filtering and housing standards: A conceptual analysis. *Land Economics*, **36,** 362–70.

Lusht, K.M. (1976) The use of design stratification in mass appraisal. *Assessors Journal*, March, 47–57.

Lynn, P. (1991) *The Right to Buy: a National Follow-up Survey of Tenants of Council Homes in England*. HMSO, London.

Macho-Stadler, I. & Pérez-Castrillo, D. (1997) *An Introduction to the Economics of Information*. Oxford University Press, Oxford.

Maclennan, D. (1977a) *The economics of selling council houses in the Scottish housing system*. Occasional Paper 77–104, Department of Political Economy, University of Aberdeen.

Maclennan, D. (1977b) Some thoughts on the nature and purpose of house price studies. *Urban Studies*, **14,** 39–71.

Maclennan, D. (1982) *Housing Economics: An Applied Approach*. Longmans, London and New York.

Maclennan, D. (1989) Housing in Scotland, 1977–87. In: *Guide to Housing*, 3rd edn. (ed. M. E. H. Smith), 671–704. The Housing Centre Trust, London.

Maclennan, D. (1986a) *The Demand for Housing: economic perspectives and planning practices*. Scottish Development Department, Edinburgh.

Maclennan, D. (1986b) The rents of public housing in Britain. In: *Papers for the Duke of Edinburgh's Inquiry into British Housing* (ed. R. Best). NFHA, London.

Maclennan, D. (1986c) The pricing of public housing in the United Kingdom. *Inquiry into British Housing: Supplement.* National Federation of Housing Associations, London.

Maclennan, D. (1991) Extending the strategic role. In: *The Housing Service of the Future* (eds D. Donnison & D. Maclennan), 185–211. Institute of Housing and Longman, Coventry and Harlow.

Maclennan, D. (1993a) *Housing policy and economic recovery: housing and the economy – what next?* Housing policy and economic recovery, Briefings 2. Joseph Rowntree Foundation, York.

Maclennan, D. (1993b) Spillovers, Expectations and Residents Benefits in a Housing Revitalisation Programme: Glasgow 1977–1987. *Tidjschrift voor Economische en Sociale Geografie*, **84,** 294–303.

Maclennan, D. (1994) *A competitive U.K. economy: the challenges for housing policy.* Housing Research Summary, Joseph Rowntree Foundation, York.

Maclennan, D. (2000) *Changing places, engaging people.* Joseph Rowntree Foundation, York.

Maclennan, D. (2002) *Recognising place and managing territory.* (Unpublished paper).

Maclennan, D. & Gibb, K. (1993) Housing Indicators and Research for Policy from the Perspective of Applied Economics. *Netherlands Journal of Housing and the Built Environment*, **8(1)**, 49–60.

Maclennan, D. & Gibb, K. (1994) *Modelling metropolitan housing systems and seeking new micro foundations: big ideas in a cold climate?* Paper presented to the seminar 'Housing Policy and Research Priorities'. Centre for Housing Research, Glasgow University, Glasgow, 22–24 March.

Maclennan, D. & Meen, G. (1993) *Housing markets and national economic performance in OECD countries: lessons for the UK.* Housing Policy and Economic Recovery, Briefings 3. Joseph Rowntree Foundation, York.

Maclennan, D. & O'Sullivan, A.J. (1987) Housing Policy in the United Kingdom: Efficient or Equitable? In: *Housing Markets and Policies under Fiscal Austerity* (ed. W. van Vliet). Greenwood Press, Westport.

Maclennan, D. & Tu, Y. (1996) Economic perspectives on the structure of local housing markets. *Housing Studies*, **11**, 387–406.

Maclennan, D. & Williams, R. (1990a) *Affordable Housing in Europe.* Joseph Rowntree Foundation, York.

Maclennan, D. & Williams, R. (1990b) *Housing Subsidies and the Market: An International Perspective.* Joseph Rowntree Foundation, York.

Maclennan, D. & Wood, G.A. (1982a) Information acquisition: Patterns and strategies. In: *Modelling Housing Market Search* (ed. W. A. V. Clark), 134–59. Croom Helm, London.

Maclennan D. & Wood, G.A. (1982b) *The Pricing of Public Housing: Principles and Implementation.* Northern Ireland Housing Executive.

Maclennan, D., Munro, M. & Wood, G.A. (1987) Housing choice and the structure of urban housing markets. In: *Between State and Market Housing in the Post-industrial Era* (eds B. Turner, J. Kemeny & L. Lundquist), 26–52. Almquist and Hicksell International, Gothenburg.

Maclennan, D., Gibb, K., & More, E.A. (1990) *Paying for Britain's Housing*. Joseph Rowntree Foundation, York.

Maclennan, D., Gibb, K. & More, E.A. (1991a) *Fairer Subsidies, Faster Growth*. Joseph Rowntree Foundation, York.

Maclennan, D., More, E.A. & Gibb, K.D. (1991b) *Subsidising home-ownership*. Housing Research Findings No 35, May 1991. Joseph Rowntree Foundation, York.

Maclennan, D., More, E.A. & Gibb, K.D. (1991c) *Subsidising the independent rented sector*. Housing Research Findings No 37, May 1991. Joseph Rowntree Foundation, York.

Maclennan, D., More, E.A. & Gibb, K.D. (1991d) *Inconsistent rent-setting for council housing*. Housing Research Findings No 36, May 1991. Joseph Rowntree Foundation, York.

Maclennan, D., More, A. & Munro, M. (1994) *Analysing local housing systems: new wine, new bottles or new tastes?* Paper presented to the seminar 'Housing Policy and Research Priorities'. Centre for Housing Research and Urban Studies, Glasgow University, Glasgow, 22–24 March.

Maclennan, D., Meen, G., Stephens, M. & Gibb, K. (1997) *Fixed Commitments, Uncertain Incomes: Sustainable Owner Occupation and the Economy*. Joseph Rowntree Foundation, York.

Maclennan, D., More, A., O'Sullivan, A. & Young, G. (1998a) *Local Housing Systems Analysis: best practice guide*. Scottish Homes, Edinburgh.

Maclennan, D., Muellbauer, J. & Stephens, M. (1998b) Asymmetries in housing and financial market institutions and EMU. *Oxford Review of Economic Policy*, **14**, 54–80.

Maclennan, D., O'Sullivan, A. & Macintyre, C. (2000) *Evolving the Right to Buy: Evidence for Scotland*. Scottish Executive, Edinburgh.

MacNee, K. (1993) *The Right to Buy in Scotland: an Assessment of the Impact of the First Decade of the Right to Buy*. Scottish Office Central Research Unit, Edinburgh.

MacNevin, A.S. (1997) Tax Effects on Rental Housing in Halifax, Nova Scotia. *Canadian Tax Journal*, **45, (1)**, 87–113.

Maddala, G.S. (1983) *Limited Dependent and Qualitative Variables in Econometrics*. Cambridge University Press.

Malatesta, P.H. & Hess, E. (1986) Discount mortgage financing and housing prices. *Housing Finance Review*, **5**, 25–41.

Malpass, P. (1980) Council house sales in Yeovil District. *Policy and Politics*, **8**, 308–15.

Malpass, P. (1983) Residualization and the restructuring of housing tenure. *Housing Review*, **32**, 44–45.

Malpezzi, S. (1990) Urban housing and financial markets: some international comparisons. *Urban Studies*, **27 (6)**, 971–1022.

Malpezzi, S. (1996) Housing prices, externalities and regulation in U.S. metropolitan areas. *Journal of Housing Research*, **7 (2)**, 209–41.

Malpezzi, S. (1998) Welfare analysis of rent control with side payments: A natural experiment in Cairo, Egypt. *Regional Science and Urban Economics*, **28 (6)**, 773–96.

Malpezzi, S. (1999) A simple error correction model of house prices. *Journal of Housing Economics*, **8**, 27–62.

Malpezzi, S. (2000) Housing. In: *Designing Household Survey Questionnaires for Developing Countries: Lessons from Fifteen Years of the Living Standards Measurement Study* (eds M. Grosh & P. Glewwe). Oxford University Press.

Malpezzi, S. & Green, R.K. (1996) What has happened to the bottom of the U.S. housing market? *Urban Studies*, **33 (10)**, 1807–20.

Malpezzi, S. & Mayo, S.K. (1987) The demand for housing in developing countries. *Economic Development and Cultural Change*, **35 (4)**, 687–721.

Malpezzi, S. & Mayo, S.K. (1994) *A Model Design for a Developing Country Housing Market Study*. University of Wisconsin-Madison, Center for Urban Land Economics Research Working Paper.

Malpezzi, S. & Mayo, S.K. (1997) Housing and urban development indicators: A good idea whose time has returned. *Real Estate Economics*, **25 (1)**, 1–11.

Malpezzi, S., Ozanne, L. & Thibodeau, T. (1980) *Characteristic Prices of Housing in 59 SMSAs*. The Urban Institute, Washington, DC.

Malpezzi, S., Ozanne, L. & Thibodeau, T. (1987) Microeconomic estimates of housing depreciation. *Land Economics*, **63(4)**, 373–85.

Malpezzi, S., Chun, G. & Green, R. (1998) New place-to-place housing price indexes for U.S. metropolitan areas, and their determinants: An application of housing indicators. *Real Estate Economics*, **26 (2)**, 235–75.

Mankiw, N.G. & Weil, D.N. (1989) Baby boom, baby bust and the housing market. *Regional Science and Urban Economics*, **19**, 235–58.

Marmot, M. & Wilkinson, R. (eds) (1999) *Social Determinants of Health*. University Press, Oxford.

Marris, P. (1997) *Witnesses, Engineers, and Story Tellers*. University of Maryland, Urban Studies and Planning Program.

Mason, C. & Quigley, J.M. (1996) Non-parametric housing prices. *Housing Studies*, **11 (3)**, 373–85.

Mayer, C. & Somerville, T. (2000) Land use regulation and new construction. *Regional Science and Urban Economics*, **30**, 639–62.

Mayo, S.K. (1981) Theory and estimation in the economics of housing demand. *Journal of Urban Economics*, **10**, 95–116.

Mayo, S.K. & Gross, D.J. (1987) Sites and services and subsidies: The economics of low cost housing in developing countries. *World Bank Economic Review*, **1 (2)**, 301–35.

McBeath, J. (1997) *Learning, school and neighbourhood*. Paper presented at seminar on 'The Wider Impacts of Housing', Scottish Homes.

McCarthy, G., Van Zandt, S. & Rohe, W. (2001) *The economic benefits and costs of homeownership: a critical assessment of the research*. Research Institute for Housing America, Working Paper No. 01–02.

McClure, K. (2000) The low-income housing tax credit as an aid to housing finance: How well has it worked? *Housing Policy Debate*, **11 (1)**, 91–114.

McDonald, J. (1997) *Fundamentals of Urban Economics.* Prentice-Hall, Upper Saddle River, NJ.

McFadden, D. (1978) Modelling the choice of residential location. In: *Planning Models* (ed. A. Karlquist), 75–96. North Holland, Amsterdam.

Meen, G.P. (1990) The removal of mortgage market constraints and the implications for econometric modelling of U.K. house prices. *Oxford Bulletin of Economics and Statistics*, **52**, 1–24.

Meen, G. (1993) *The treatment of house prices in macroeconomic models: a comparison exercise.* DOE Occasional Paper, Housing and Urban Monitoring Analysis.

Meen, G.P. (1996) Ten propositions in U.K. housing macroeconomics: An overview of the eighties and early nineties. *Urban Studies*, **33**, 425–44.

Meen, G.P. (1998) Modelling sustainable home-ownership: Demographics or economics? *Urban Studies*, **35**, 1919–34.

Meen, G.P. (1999a) *Models of housing in London and the South East.* Paper presented at Citywide seminar, April, Glasgow Clyde Port Authority.

Meen, G.P. (1999b) Regional house prices and the ripple effect: A new interpretation. *Housing Studies*, **14**, 733–53.

Meen, G.P. (2000) Housing cycles and efficiency. *Scottish Journal of Political Economy*, **47**, 114–40.

Meen, G.P. (2001) *Modelling spatial housing markets: Theory, analysis and policy.* Kluwer Academic Publishers, Boston.

Meen, G.P. & Andrew, M. (1998) On the aggregate housing market implications of labour market change. *Scottish Journal of Political Economy*, **45**, 393–419.

Meen, G.P. & Andrew, M. (1999) S*patial structure and social exclusion.* Discussion Papers in Urban and Regional Economics 140: Department of Economics, University of Reading.

Meen, G.P., Gibb, K., Mackay, D. & White, M. (2001) *The Economic Role of New Housing.* NHBC, London.

Meese, R. & Wallace, N. (1991) Nonparametric estimation of dynamic hedonic price models and the construction of residential house price indices. *Journal of American Real Estate and Urban Economics Association*, **19**, 308–32.

Meese, R.A. & Wallace, N.E. (1994) Testing the present value relation for housing prices: Should I leave my house in San Francisco? *Journal of Urban Economics*, **35**, 245–66.

Memery, C. (2001) The housing system and the Celtic Tiger: the state response to a housing crisis of affordability and access. *European Journal of Housing Policy*, **1 (1)**, 79–104.

Michaels, R. & Smith, V.K. (1990) Market segmentation and valuing amenities with hedonic models: the case of hazardous waste sites. *Journal of Urban Economics*, **28,** 223–42.

Miles, D. (1997) A household level study of the determinants of incomes and consumption. *Economic Journal*, **107**, 1–25.

Mills, E. (1967) An aggregative model of resource allocation in a metropolitan area. *American Economic Review*, **57**, 197–210.

Mills, E. (1972) *Studies in the Structure of the Urban Economy*. Johns Hopkins University Press, Baltimore.

Mills, E.S. (1987) Has the United States over-invested in housing? *Journal of the American Real Estate and Urban Economics Association*, **15 (1)**, 601–16.

Mills, E.S. & Simenauer, R. (1996) New hedonic estimates of regional constant quality housing prices. *Journal of Urban Economics*, **39 (2)**, 209–15.

Minford, P., Ashton, P. & Peel, M. (1988) The effects of housing distortions on unemployment. *Oxford Economic Paper*s, **40,** 322–45.

Ministry of Reconstruction (1945) *Housing*. **Cd 6609**, HMSO, London.

Monk, S. (2000a) The 'key worker' problem: The link between employment and housing. In: *Restructuring Housing Systems* (eds S. Monk & C. M. E. Whitehead). Joseph Rowntree Foundation, York.

Monk, S. (2000b) The use of price in planning for housing. In: *Restructuring Housing Systems* (eds S. Monk & C. M.E. Whitehead), 198–207. Joseph Rowntree Foundation, York.

Monk, S. & Whitehead, C.M.E. (2000) *The use of housing and land prices as a planning tool: a summary document*. Cambridge Housing and Planning Research, Research Report 1, Cambridge.

Monk, S., Pearce, B. & Whitehead, C. (1991) *Planning, land supply and house prices: a literature review*. Monograph 21. Department of Land Economy, University of Cambridge. Granta Publications, London & Cambridge.

Monk, S., Pearce, B., & Whitehead, C.M.E. (1996) Land-use planning, land supply, and house prices. *Environment & Planning A*, **28,** 495–511.

More, A. (2002) Planning and Strategy. In: *Introduction to Management*, 2nd edn. (ed. D. Boddy). (Forthcoming, Pearson).

Moulton, B.R. (1995) Inter-area indexes of the cost of shelter using hedonic quality adjustment techniques. *Journal of Econometrics*, **68 (1)**, 181–204.

Mozolin, M. (1994) The geography of housing values in the transformation to a market economy – A case study of Moscow. *Urban Geography*, **15 (2)**, 107–27.

Muellbauer, J. (1990) The housing market and the U.K. economy: Problems and opportunities. In: *Housing and the National Economy* (ed. J. Ermisch). Avebury, Aldershot.

Muellbauer, J. & Murphy, A. (1990) Is the U.K. balance of payments sustainable? *Economic Policy*, **11,** 347–82.

Muellbauer, J. & Murphy, A. (1997) Booms and busts in the U.K. housing market. *Economic Journal*, **107,** 1701–27.

Munnell, A.H., Tootell, G.M.B., Browne, L.E., & McEneaney, J. (1996) Mortgage Lending in Boston: Interpreting HMDA Data. *American Economic Review*, **86 (1),** 25–53.

Munro, M. & Tu, Y. (1997) *U.K. House Price Dynamics: past and future trends*. CML Research Report, Council of Mortgage Lenders, London.

Murie, A. (1975) *The sale of council houses*. Occasional Paper 35, Centre for Urban and Regional Studies, University of Birmingham.

Murie, A. (1989) *Lost opportunities? Council house sales and housing policy in Britain 1979–89*. Working Paper 80, School for Advanced Urban Studies, University of Bristol.

Murie, A. & Nevin, B. (1997) *Beyond a Half Way Housing Policy.* NHF, London.

Murray, C. (1984) *Losing Ground: America's Social Policy, 1950–1980.* Basic Books, New York.

Musgrave, R.A. (1959) *The Theory of Public Finance.* McGraw-Hill, New York.

Muth, R. (1969) *Cities and Housing.* University of Chicago Press, Chicago.

Muth, R. (1985) Models of land-use, housing and rent: An evaluation. *Journal of Regional Science,* **25**, 593–606.

Narwold, A. (1992) The distribution of the benefits of tax arbitrage in the housing market. *Journal of Urban Economics,* **32,** 367–76.

National Council of Social Service (1980) *Rural Housing in East Hampshire.* NCSS.

Needham, B. & Lie, R. (1994) The public regulation of property supply and its effects on private prices, risks and returns. *Journal of Property Research,* **11,** 199–213.

Nelson, J.P. (1982a) Estimating demand for product characteristics: Comment. *Journal of Consumer Research,* **9 (2),** 219–20.

Nelson, J.P. (1982b) Highway noise and property values: A survey of recent evidence. *Journal of Transport Economics and Policy,* **16,** 117–38.

Neutze, M. (1987) The supply of land for a particular use. *Urban Studies,* **24,** 379–88.

Nevin, B., Lee, P., Murie, A., Goodson, L. & Phillimore, J. (2001) *The West Midlands Housing Markets: Changing Demand, Decentralisation and Urban Regeneration.* Centre for Urban and Regional Studies, University of Birmingham.

Niskanen, W.A. (1994) *Bureaucracy and Public Economics.* Edward Elgar, Aldershot.

Nordvik, V. (2000) Tenure flexibility and the supply of private rental housing. *Regional Science and Urban Economics,* **30,** 59–76.

Nourse, H.O. (1963) The effect of public housing on property values in St Louis. *Land Economics,* **39,** 434–41.

Nozick, R. (1974) *Anarchy, State, and Utopia.* Basil Blackwell, Oxford.

Oates, W. (1981) On local finance and the Tiebout Model. *American Economic Review,* **71 (2),** 93–8.

Ohta, M. & Griliches, Z. (1975) Automobile prices revisited: Extensions of the hedonic price hypothesis. In: *Household Production and Consumption, Studies in Income and Wealth.* Vol. 40 (ed. N. E. Terleckyj). [325–398.] University of Chicago Press, for the National Bureau of Economic Research, Chicago.

Olsen, E.O. (1968) A competitive theory of the housing market. *American Economic Review,* **58**, 612–22.

Olsen, E.O. (1972) An econometric analysis of rent control. *Journal of Political Economy,* **80,** 1081–1100.

Olsen, E.O. (1987) The demand and supply of housing services: A critical review of the empirical literature. In: *Handbook of Regional and Urban Economics* (ed. E.S. Mills), Vol. 2, Elsevier.

Olsen, E.O. & Barton, D.M. (1983) The benefits and costs of public housing in New York City. *Journal of Public Economics,* **20,** 299–332.

O'Sullivan, A. (1984) Misconceptions in the current housing subsidy debate. *Policy and Politics,* **12,** 119–44.

O'Sullivan, A. (1987) *The Definition and Measurement of Housing Subsidies for the U.K., 1977.* Unpublished doctoral thesis, University of Sussex.

Oswald, A.J. (1996) *A conjecture on the explanation for high unemployment in the industrialised nations.* University of Warwick Working Paper.

Oswald, A.J. (1997a) Thoughts on NAIRU. Correspondence to *Journal of Economic Perspectives*, **11**, 227–28.

Oswald, A.J. (1997b) *The missing piece of the unemployment puzzle.* An inaugural lecture. Unpublished.

Oswald, A.J. (1999) *The housing market and Europe's unemployment*: a non-technical paper. University of Warwick Working Paper.

Ozanne, L. & Malpezzi, S. (1985) The efficacy of hedonic estimation with the annual housing survey: Evidence from the demand experiment. *Journal of Economic and Social Measurement*, **13 (2)**, 153–72.

Pace, R.K. (1993) Nonparametric methods with applications to hedonic models. *Journal of Real Estate Finance and Economics*, **7 (3)**, 185–204.

Pace, R.K. & Gilley, O.W. (1990) Estimation employing a priori information within mass appraisal and hedonic pricing models. *Journal of Real Estate Finance and Economics*, **3 (1)**, 55–72.

Pace, R.K. & Gilley, O.W. (1997) Using the spatial configuration of the data to improve estimation. *Journal of Real Estate Finance and Economics*, **14 (3)**, 333–40.

Palm, R. (1978) Spatial segmentation of the urban housing market. *Economic Geography*, **54**, 210–21.

Paris, C. & Blackaby, B. (1979) *Not Much Improvement*, Heinemann, London.

Pasha, H.A. & Butts, M.S. (1996) Demand for housing attributes in developing countries: A case study of Pakistan. *Urban Studies*, **33 (7)**, 1141–54.

Pawson, H. & Watkins, C. (1999) Resale of former public sector homes in rural Scotland. *Scottish Geographical Magazine*, **114**, 157–63.

Pawson, H., Watkins, C. & Morgan, J. (1997) *Right to Buy Resales in Scotland.* Scottish Office, Edinburgh.

Pesaran, M.H. & Smith, R. (1995) Estimating long-run relationships from dynamic heterogeneous panels. *Journal of Econometrics*, **68**, 79–113.

Peterson, A.W.A., Pratten, C.F. & Tatch, J. (1998) *An Economic Model of Demand and Need for Social Housing.* DETR, London.

Phillips, R.S. (1988) Unraveling the rent-value puzzle: An empirical investigation. *Urban Studies*, **25**, 487–96.

Plaut, S.E. (1987) The timing of housing tenure transition. *Journal of Urban Economics*, **21**, 312–22.

Podogzinski, H.U. & Sass, T.R. (1991) Measuring the effects of municipal zoning regulations: a survey. *Urban Studies*, **28**, 597–621.

Pollak, R. (1985) A transaction cost approach to families and households. *Journal of Economic Literature*, **23**, 581–608.

Posner, R.A. (1972) The appropriate scope of regulation in the cable television industry. *The Bell Journal of Economics and Management Science*, **3**, 98–129.

Potepan, M.J. (1989) Interest rates, income, and home improvement decisions. *Journal of Urban Economics*, **25**, 282–94.

Poterba, J. (1991) House price dynamics: The role of tax policy and demography. *Brookings Papers on Economic Activity*, 143–99.

Priemus, H. (1992) Housing indicators: An instrument in international housing policy? *Netherlands Journal of Housing and the Built Environment*, **7 (3)**, 217–38.

Pryce, G. (1999) Construction elasticities and land availability: a two-stage least squares model of housing supply using the variable elasticity approach. *Urban Studies*, **36 (13)**, 2283–2304.

Quercia, R.G. & Galster, G.C. (2000) Threshold effects and neighborhood change. *Journal of Planning Education and Research*, **20**, 146–63.

Quigley, J.M. (1979) What have we learned about urban housing markets? In: *Current Issues in Urban Economics* (eds M. Straszheim & P. Mieskowski). The Johns Hopkins University Press, Baltimore.

Quigley, J.M. (1982a) Nonlinear budget constraints and consumer demand: An application to public programs for residential housing. *Journal of Urban Economics*, **12**, 177–201.

Quigley, J.M. (1982b) Estimates of a more general model for consumer choice in the housing market. In: *The Urban Economy and Housing* (ed. R. Grieson), 125–40. Heath/Lexington, Lexington, Mass.

Quigley, J.M. (1987) Interest rate variations, income, and home improvement decisions. *Review of Economics and Statistics*, **69 (4)**, 636–43.

Quigley, J.M. (1995) A simple hybrid model for estimating real estate price indexes. *Journal of Housing Economics*, **4 (1)**, 1–12.

Quigley, J.M. (1996) Mortgage performance and housing market discrimination. *Cityscope: A Journal of Policy Development and Research*, **2 (1)**, 59–64.

Quigley, J.M. (ed.) (1998) *The Economics of Housing Markets*. Edward Elgar, Cheltenham.

Quigley, J.M. (2002) Homeowner mobility and mortgage interest rates: New evidence from the 1990s. *Real Estate Economics*. Forthcoming.

Ram, R. (1986) Government size and economic growth: A new framework and some evidence from cross-section and time-series data. *American Economic Review*, **76**, 191–203.

Richmond, P. (1980) The sale of council houses in Worcester. *Policy and Politics*, **8**, 316–17.

Robertson, D.S. (1998) Pulling in opposite directions: the failure of post war planning to regenerate Glasgow. *Planning Perspectives*, **13**, 53–67.

Robinson, R. (1979) *Housing Economics and Public Policy*. Macmillan, Basingstoke.

Robinson, R. (1981) Housing tax expenditure, subsidies and the distribution of income. *The Manchester School*, **49**, 91–110.

Rodgers, B. & Pryor, J. (1998) *Divorce and Separation: the outcomes for children*. Joseph Rowntree Foundation, York.

Rohe, W., McCarthy, G. & Van Zandt, S. (2000) *The social benefits and costs of homeownership; a critical assessment of the research*. Research Institute for Housing America, Working Paper No. 01–01.

Rosen, H.S. (1979) Housing decisions and the U.S. income tax: An econometric analysis. *Journal of Public Economics*, **11**, 1–23.

Rosen, H.S. (1985) Housing subsidies: Effects on decisions, efficiency, and equity. In: *Handbook of Public Economics* (eds A.T. Aurbach & M.S. Feldstein), vol. 1, 375–420. Holland, New York.

Rosen, H.S. & Rosen, K.T. (1980) Federal taxes and homeownership: Evidence from Time Series. *Journal of Political Economy*, **88 (1)**, 59–75.

Rosen, H.S., Rosen, K.T. & Holtz-Eakin, D. (1984) Housing tenure, uncertainty, and taxation. *Review of Economics and Statistics*, **66 (3)**, 405–16.

Rosen, S. (1974) Hedonic prices and implicit markets: product differentiation in pure competition. *Journal of Political Economy*, **82**, 34–55.

Rothenberg, J. (1967) *Economic Evaluation of Urban Renewal*. Brookings Institute, Washington, DC.

Rothenberg, J., Galster, G., Butler, R., & Pitkin, J. (1991) *The Maze of Urban Housing Markets: Theory, Practice and Evidence*. University of Chicago Press, Chicago.

Rothschild, N.M.V. (1971) The organisation and management of government R&D. *A Framework for Government Research and Development* (The Rothschild Report), **Cmnd.4814**, HMSO, London.

Rouwendal, J. (1992) The hedonic price function as an envelope of bid functions: An exercise in applied economic theory. *Netherlands Journal of Housing and the Built Environment*, **7(1)**, 59–80.

Royal Commission on Environmental Pollution (1994) *Transport and the Environment*. Eighteenth Report. **Cmnd. 2674**, HMSO, London.

Rydin, Y. (1985) *Residential Development and the Planning System*. Pergamon, Oxford.

Rydin, Y. (1986) *Housing Land Policy*. Gower, Aldershot.

Satsangi, M. (1991) *Fair's Fair? A Measurement of Subsidies to Tenants of Glasgow's Housing Associations*. University of Glasgow, Centre for Housing Research. Unpublished.

Schelling, T.C. (1971) Dynamic models of segregation. *Journal of Mathematical Sociology*, **1**, 143–86.

Schelling, T.C. (1978) *Micromotives and Macrobehavior*. Norton, New York.

Schnare, A.B. & MacRae, C.D. (1975) *A model of neighborhood change*. The Urban Institute, Contract Report no. 225–4, Washington, DC.

Schnare, A. & Struyk, R.J. (1976) Segmentation in urban housing markets. *Journal of Urban Economics*, **3**, 146–66.

Schoenberg, S. (1980) *Neighborhoods that Work*. Rutgers University Press, New Brunswick, NJ.

School of Planning & Housing (Edinburgh College of Art) in association with the Department of Building Engineering and Surveying, Heriot-Watt University (2001) *The Role of the Planning System in the Provision of Housing*. Scottish Executive, Edinburgh.

Schwirian, K.P. (1983) Models of neighborhood change. *Annual Review of Sociology*, **9**, 83–102.

Scottish Development Department (1977) *Assessing Housing Needs: a manual of guidance*. Scottish Housing Handbook no. 1, HMSO, Edinburgh.

Scottish Federation of Housing Associations (2000) *Financial Impact of Extending Right to Buy to Housing Associations.* SFHA, Edinburgh.

Scottish Homes (1996) *Sales of Public Sector Dwellings in Scotland 1980–95.* Edinburgh.

Scottish Housing Advisory Committee (1972) *Planning for housing needs: pointers towards a comprehensive approach.* HMSO, Edinburgh.

Scottish Office (1977) *Scottish Housing: a consultative document.* **Cmnd 6852**, HMSO, Edinburgh.

Sheppard, S. (1999) Hedonic analysis of housing markets. In: *Handbook of Regional and Urban Economics* (eds P. C. Chesire & E. S. Mills), Vol.3. Elsevier.

Shilling, J.D., Sirmans, C.F. & Dombrow, J.F. (1991) Measuring depreciation in single family rental and owner-occupied housing. *Journal of Housing Economics*, **1(4)**, 368–83.

Short, J., Fleming, S., & Witt, S. (1986) *Housebuilding, Planning and Community Action.* Routledge, London.

Short, K., Garner, T., Johnson, D. & Doyle, P. (1999) *Experimental poverty measures: 1990 to 1997.* Census Report, 60–205, June.

Simpson, D.G. (1998) Why most strategic planning is a waste of time and what you can do about it – Part II. *Long Range Planning*, **31**, 623–27.

Smith, G.R. (1999) *Area-based initiatives: the rationale and options for area targeting.* LSE Case Paper no. 25, London School of Economics, Centre for the Study of Social Exclusion, London.

Smith, L., Rosen, K. & Fallis, G. (1988) Recent developments in economic models of housing markets. *Journal of Economic Literature*, **XXVI**, 29–64.

Smith, M.E.H. (ed.) (1989) *Guide to Housing*, 3rd edn. The Housing Centre Trust, London.

Social Exclusion Unit (1998) *Bringing People Together: A National Strategy for Neighbourhood Renewal.* HMSO, London.

Social Exclusion Unit (2001) *A New Commitment to Neighbourhood Renewal: National Strategy Action Plan.* January, Cabinet Office, London.

Soderberg, B. & Janssen, C. (2001) Estimating distance gradients for apartment properties. *Urban Studies*, **38 (1)**, 61–79.

Solow, R. (1973) On equilibrium models of urban location. In: *Essays in Modern Economics* (eds M. Parkin & A. Nobay). Longmans, London.

Somerville, C.T. & Holmes, C. (2001) Dynamics of the affordable housing stock: Microdata analysis of filtering. *Journal of Housing Research*, **12 (1)**, 115–40.

Stein, J. (1993) Prices and trading volume in the housing market: A model with downpayment effects. *Quarterly Journal of Economics*, **110**, 379–406.

Stephens, M. (2000) Convergence in European mortgage systems before and after EMU. *Journal of Housing and the Built Environment*, **15**, 29–52.

Stephens, M., Burns, N. & Mackey, L. (2002) *Social market or safety net?* Policy Press, Bristol.

Stone, E. (1997) *All About Homelessness.* Shelter, London.

Strassman, P.W. (1991) Housing market interventions and mobility: An international comparison. *Urban Studies*, **28**, 759–71.

Straszheim, M. (1974) Hedonic estimation of housing prices: a further comment. *Review of Economics and Statistics*, **56(3)**, 404–6.

Straszheim, M. (1975) *An Econometric Analysis of the Urban Housing Market.* NBER, New York.

Straszheim, M. (1987) The theory of urban residential location. In: *Handbook of Regional and Urban Economics. Volume II Urban Economics* (ed. E. Mills). Elsevier Science, BV.

Stretton, H. (1971) *Ideas for Australian Cities.* Georgian House, Melbourne.

Stretton, H. (1974) *Housing and Government.* Australian Broadcasting Corporation, Boyer Lectures.

Stretton, H. (1978) *Urban Planning in Rich and Poor Countries.* Oxford University Press, Oxford.

Struyk, R. (with Malpezzi, S. & Wann, F.) (1980) *The Performance Funding System Inflation Factor: Analysis of Predictive Ability of Candidate Series and Models.* Urban Institute Working Paper 1436–02.

Suits, D.B. (1984) Dummy variables: mechanics vs. interpretation. *Review of Economics and Statistics*, **66**, 177–80.

Suits, D.B., Mason, A. & Chan, L. (1978) Spline Functions Fitted by Standard Regression Methods. *Review of Economics and Statistics*, **60**, 132–9.

Sunley, E.M. (1987) Comment on Gordon, R.H., Hines J.R. (Jr), & Summers, L.H. In: *The Effects of Taxation on Capital Accumulation* (ed. M. Feldstein), 254–57. Chicago University Press, Chicago.

Sweeney, J. (1974) A Commodity Hierarchy Model of the Rental Housing Market. *Journal of Urban Economics*, **1**, 288–323.

Taub, R.D., Taylor, G. & Dunham, J. (1984) *Paths of Neighborhood Change.* University of Chicago Press, Chicago.

Temkin, K. & Rohe, W. (1996) Neighborhood change and urban policy. *Journal of Planning Education and Research*, **15**, 159–70.

Tewdyr-Jones, M. (1996) *British Planning Policy in Transition: planning in the 1990s.* UCL Press, London.

Thibodeau, T.G. (2002) *Marking Single-Family Property Values to Market Using Hedonic House Price Equations.* Presidential Address to the American Real Estate and Urban Economics Association, Atlanta, January 5.

Thomas, A. (1993) The influence of wages and house prices on British interregional migration decisions. *Applied Economics*, **25**, 1261–68.

Tiebout, C. (1956) A pure theory of local expenditures. *Journal of Political Economy*, **64 (5)**, 416–24.

Titman, S. D. (1982) The effect of anticipated inflation on housing market equilibrium. *Journal of Finance*, **37**, 827–42.

Tiwari, P. & Hasegawa, H. (2000) House price dynamics in Mumbai, 1989–1995. *Review of Urban and Regional Development Studies*, **12(2)**, 149–63.

Tracy, J., Schneider, H., & Chan, S. (1999) Are stocks overtaking real estate in household portfolios? *Current Issues in Economics and Finance*, **5 (5)**, 1–6.

Triplett, J.E. (1974) *Consumer Demand and Characteristics of Consumption Goods.* BLS Working Paper No. 22.

Truesdale, D. (1980) House sales and owner occupation in Stevenage New Town. *Policy and Politics*, **8,** 318–23.

Tsoukis, C. & Westaway, P. (1991) A forward-looking model of housing construction in the U.K. *Econometric Modelling*, **11**, 266–78.

Tu, Y. (1997) The local housing submarket structure and its properties. *Urban Studies*, **34 (2)**, 337–53.

Tu, Y. & Goldfinch, J. (1996) A two stage housing choice forecasting model. *Urban Studies*, **33 (3)**, 517–37.

Turner, B. (1997) Housing cooperatives in Sweden: The effects of financial deregulation. *Journal of Real Estate Finance and Economics*, **15 (2)**, 193–217.

Turner, B. & Whitehead, C.M.E. (1993) *Housing Finance in the 1990s*. Research Report SB:56, The National Swedish Institute for Building Research, Gavle.

Turner, B. & Whitehead, C.M.E. (2002) Reducing housing subsidy: Swedish housing policy in an international context. *Urban Studies*, **39 (2)**, 201–17.

Turner, B., Whitehead, C.M.E. & Jakobsson, J. (1996) *Comparative Housing Finance*. Swedish Government Housing Commission, Bosdstadspolitik 2000, Expertrapporter, SOU.

Vandell, K.D. (1995) Market factors affecting spatial heterogeneity among urban neighborhoods. *Housing Policy Debate*, **6 (1)**, 103–39.

Vandell, K.D. (2000) Comment on Steven C. Bourassa and William G. Grigsby's 'Income Tax Concessions for Owner-Occupied Housing'. *Housing Policy Debate*, **11 (3)**, 561–74.

Van Zilj, V. (1993) *A Guide to Local Housing Needs Assessments*. Institute of Housing, Coventry.

Varady, D.P. (1996) Local Housing Plans: Learning from Great Britain. *Housing Policy Debate*, **7**, 253–92.

Venti, F. & Wise, D.A. (1984) Moving and housing expenditure: Transaction costs and disequilibrium. *Journal of Public Economics*, **23**, 207–43.

Von Boventer, E. (1978) Bandwagon effects and product cycles in urban dynamics. *Urban Studies*, **15**, 261–72.

Wallace, H.A. (1926) Comparative farmland values in Iowa. *Journal of Land and Public Utility Economics*, **2**, 385–92.

Wang, F.T. & Zorn, P.M. (1997) Estimating house price growth with repeat sales data: What's the aim of the game? *Journal of Housing Economics*, **6**, 93–118.

Warren, D. (1975) *Black Neighborhoods: An Assessment of Community Power*. University of Michigan Press, Ann Arbor, MI.

Warren, R. & Warren, D. (1977) *The Neighborhood Organizer's Handbook*. Notre Dame University Press, South Bend, IN.

Watkins, C. (1998) The definition and identification of housing submarkets. *Discussion Paper* 98–10, Centre for Property Research, Department of Land Economy, University of Aberdeen, Scotland.

Watts, H. (1964) *An Introduction to the Theory of Binary Variables (Or, All About Dummies)*. University of Wisconsin. Unpublished.

Weber, M. (1978) *Economy and Society*. University of California Press, Berkeley, California.

Weibull, W.J. (1983) A dynamic model of trade frictions and disequilibrium in the housing market. *Scandinavian Journal of Economics*, **85**, 373–92.

Weibull, W.J. (1984) A stock flow approach to general equilibrium with trade frictions. *Applied Mathematics and Computation*, **14**, 251–76.

Weicher, J.C. (2000) Comment on Steven C. Bourassa and William G. Grigsby's 'Income Tax Concessions for Owner-Occupied Housing'. *Housing Policy Debate*, **11 (3)**, 547–59.

Weinberg, D.J., Friedman, J. & Mayo, S.K. (1981) Intraurban residential mobility: The role of transactions costs, market imperfections, and household disequilibrium. *Journal of Urban Economics*, **9 (3)**, 332–48.

Weiss, Y. (1978) Capital gains, discriminatory taxes, and the choice between renting and owning a house. *Journal of Public Economics*, **10 (1)**, 45–55.

Wheaton, W. (1974) A Comparative Static Analysis of Urban Spatial Structure. *Journal of Economic Theory*, **9**, 223–37.

Wheaton, W. & DiPasquale, D. (1996) *Urban Economics and Real Estate Markets*. Prentice Hall, Englewood Cliffs, NJ.

Whitehead, C.M.E. (1974) *The U.K. Housing Market: An Econometric Model*. Gower, Aldershot.

Whitehead, C.M.E. (1983) The rationale of government interventions. In: *Urban Land Policies: Issues and Opportunities* (ed. H. Dunkerley). Oxford University Press, Oxford.

Whitehead, C.M.E. (1984) Privatisation and housing. In: *Privatisation and the Welfare State* (eds J. Le Grand & R. Robinson). Allen & Unwin, London.

Whitehead, C.M.E. (1991) From need to affordability: an analysis of U.K. housing objectives. *Housing Studies*, **28 (6)**, 871–87.

Whitehead, C.M.E. (1993) Privatising housing: An assessment of U.K. experience. *Housing Policy Debate*, **4 (1)**, 104–39.

Whitehead, C.M.E. (1998) *The Benefits of Better Homes*. Shelter, London.

Whitehead, C.M.E. (1999) Urban Housing Markets: Theory and Policy. In: *Handbook of Regional and Urban Economics* (eds P. Chesire & E.S. Mills), Vol. 3. Elsevier.

Whitehead, C. & Odling-Smee, J. (1975) Long-run equilibrium in urban housing. *Urban Studies*, **12**, 315–18.

Wilcox, S. (1998) The numbers game. *Inside Housing*, February, 17–18.

Wilkinson, R. (1996) *Unhealthy Societies: Afflictions of Inequality*. Routledge, London.

Williams, N.J. (1993) Homeownership and the Sale of Public Sector Housing in Great Britain. In: *Ownership, Control and the Future of Housing Policy* (ed. R. Allen Hays), Ch.5. Greenwood Press, Westport.

Williams, N.J. & Sewel, J.B. (1987) *Council house sales in the rural environment*. In: *Rural Housing in Scotland* (eds B.D. MacGregor, D.S. Robertson & M. Shucksmith), Chap. 7. Aberdeen University Press, Aberdeen.

Williams, N.J. & Twine, F.E. (1992) Increasing access or widening choice: the role of resold public sector dwellings in the housing market. *Environment and Planning A*, **24**, 1585–98.

Williams, N.J. & Twine, F.E. (1993) Moving on and trading up: the experience of households who resell public sector dwellings. *Housing Studies*, **8**, 60–69.

Williams, N.J., Sewel, J.B. & Twine, F.E. (1984) The sale of council houses – some empirical evidence. *Urban Studies*, **21**, 439–50.

Williams, N.J., Sewel, J.B. & Twine, F.E. (1986) Council house sales and residualisation. *Journal of Social Policy*, **15**, 273–92.

Williams, N.J., Sewel, J.B. & Twine, F.E. (1987) Council house sales and the electorate: voting behaviour and ideological implications. *Housing Studies*, **2**, 274–82.

Williams, N.J., Sewel, J.B. & Twine, F.E. (1988) Council house sales: an analysis of the factors associated with purchase and implications for the future of public sector housing. *Tijdschrift voor Economische en Sociale Geografie*, **79**, 39–49.

Williams, N.J. & Twine, F.E. (1994) Locals, incomers and second homes: the role of resold public sector dwellings in rural Scotland. *Scandinavian Housing and Planning Research*, **11**, 193–209.

Williamson, O. (1975) *Markets and Hierarchies: Analysis and antitrust implications: A study in the economics of internal organisation.* The Free Press, New York.

Williamson, O.E. (1979) Transaction costs economics: the governance of contractual relations. *Journal of Law and Economics*, **22**, 233–61.

Williamson, O. (1985) *The Economic Institutions of Capitalism: Firms, markets and relational contracting.* The Free Press, New York.

Williamson, O. (1986) *Economic Organisation.* Wheatsheaf Books, Brighton.

Willis, K.G. & Cameron, S.J. (1993) Costs and benefits of housing subsidies in the Newcastle area: A comparison of alternative subsidy definitions across tenure sectors and income definitions. In: *Housing Finance and Subsidies in Britain*, (eds D. Maclennan, & K. Gibb). Avebury, Aldershot.

Willis, K.G. & Nicholson, M. (1991) Costs and benefits of housing subsidies to tenants from voluntary and involuntary rent control: A comparison between tenures and income groups. *Applied Economics*, **23 (6)**, 1103–15.

Wilson, W. J. (1987) *The Truly Disadvantaged.* University of Chicago Press, Chicago IL.

Wilson, W. (1999) *The Right to Buy.* House of Commons Research Paper 99/36.

Wiltshaw, D.G. (1985) The supply of land. *Urban Studies*, **22**, 49–56.

Witte, A.D., Sumka, H. & Erekson, J. (1979) An estimate of a structural hedonic price model of the housing market: An application of Rosen's Theory of Implicit Markets. *Econometrica*, **47**, 1151–72.

Wood, G.A. (1988a) *The role of housing in economic growth.* Working Paper No.21, Murdoch University.

Wood, G.A. (1988b) Housing tax expenditures in OECD countries: Economic impacts and prospects for reform. *Policy and Politics*, **16 (4)**, 235–50.

Wood, G.A. (1992) How do Australian State and Local Governments tax residential housing? *Australian Tax Forum*, **9 (4)**, 441–72.

Wood, G.A. (1995) *The taxation of owner occupied housing in Australia: affordability and distributional issues.* PhD dissertation, Murdoch University.

Wood, G.A. (1996) The contribution of selling costs and local and state government taxes to home buyers' user-cost of capital. *Australian Economic Papers*, **35 (66)**, 60–73.

Wood, G.A. (2001) Are there tax arbitrage opportunities in private rental housing markets? *Journal of Housing Economics*, **10 (1)**, 1–20.

Wood, G.A. & Kemp, P.A. (2001) *The taxation of British landlords: an international comparison.* Paper presented at Tenth Annual International Real Estate Conference (AREUEA). Cancun, Mexico, 6–8 May.

Wood, G.A. & Maclennan, D. (1982) Search adjustment in local housing markets. In: *Modelling Housing Market Search* (ed. W.A.V. Clark), 54–80. Croom Helm, London.

Wood, G.A. & Watson, R. (2001) Marginal suppliers, taxation and rental housing: Evidence from microdata. *Journal of Housing Research,* **12 (1),** 91–114.

Wood, G.A. & Tu, Y. (2001) *Are there rent clientele groups among investors in rental housing?* Paper accepted for presentation at 10th Annual International Real Estate Conference, May 6–8, 2001, Cancun, Mexico.

Wood, G.A., Watson, R. & Flatau, P. (2001) Tax preferences, effective marginal tax rates and the incentive to invest in residential rental housing. School of Economics Working Paper, presented at 30th Annual Conference of Australia Economists, Perth, September 23–26.

Wood, P.W. & Preston, J. (1997) *Assessing Housing Need: a guidance manual.* Scottish Office Development Department, Edinburgh.

Yates, J. & Flood, J. (1987) *Housing Subsidies Study.* Housing Research Council, Project Series No.160.

Yates, J. & Whitehead, C.M.E. (1998) In defence of greater agnosticism: a response to Galster's 'Comparing demand-side and supply-side subsidies.' *Housing Studies,* **13 (3),** 415–23.

Yates, J. & Wulff, M. (2000) Whither low cost private rental housing? *Urban Policy and Research,* **18 (1),** 45–64.

Zodrow, G. (1983) *Local Provision of Public Services: The Tiebout Model After Twenty-Five Years.* Academic Press, NY.

图书在版编目(CIP)数据

住房经济学与公共政策/（英）奥沙利文，（英）吉布主编；孟繁瑜译. —北京：中国人民大学出版社，2014.10
　（房地产经典译丛）
　ISBN 978-7-300-20203-7

Ⅰ.①住…　Ⅱ.①奥…②吉…③孟…　Ⅲ.①住宅经济学-研究②住房政策-研究　Ⅳ.①F293.3

中国版本图书馆 CIP 数据核字（2014）第 240748 号

房地产经典译丛
住房经济学与公共政策
［英］托尼·奥沙利文（Tony O'Sullivan）
　　　肯尼思·吉布（Kenneth Gibb）　　　主编
孟繁瑜　译
Zhufang Jingjixue yu Gonggong Zhengce

出版发行	中国人民大学出版社			
社　　址	北京中关村大街 31 号		**邮政编码**	100080
电　　话	010 - 62511242（总编室）		010 - 62511770（质管部）	
	010 - 82501766（邮购部）		010 - 62514148（门市部）	
	010 - 62515195（发行公司）		010 - 62515275（盗版举报）	
网　　址	http://www.crup.com.cn			
	http://www.ttrnet.com（人大教研网）			
经　　销	新华书店			
印　　刷	北京鑫丰华彩印有限公司			
规　　格	185 mm×260 mm　16 开本		**版　　次**	2015 年 1 月第 1 版
印　　张	15.5 插页 1		**印　　次**	2015 年 1 月第 1 次印刷
字　　数	323 000		**定　　价**	58.00 元